AF459185

N° 11. COLLECTION ARTHUR SAVAÈTE A 3 FR. 50.

AU CŒUR DU FÉMINISME

PAR

THÉODORE JORAN

AVEC UNE *LETTRE-PRÉFACE* DE M. FRÉDÉRIC MASSON,

DE L'ACADÉMIE FRANÇAISE

PARIS

ARTHUR SAVAÈTE, ÉDITEUR

15, RUE MALEBRANCHE, 15 (PANTHÉON)

Nº 11 Collection Arthur Savaète à 3 fr. 50.

CŒUR DU FÉMINISME

PAR

THÉODORE JORAN

AVEC UNE *LETTRE-PRÉFACE* DE M. FRÉDÉRIC MASSON,
DE L'ACADÉMIE FRANÇAISE

PARIS
ARTHUR SAVAÈTE, ÉDITEUR
15, rue Malebranche, 15 (Panthéon)

AU CŒUR DU FÉMINISME

N° 11. COLLECTION ARTHUR SAVAÈTE A 3 FR. 50.

AU CŒUR DU FÉMINISME

PAR

THÉODORE JORAN

AVEC UNE *LETTRE-PRÉFACE* DE M. FRÉDÉRIC MASSON,

DE L'ACADÉMIE FRANÇAISE

PARIS

ARTHUR SAVAÈTE, ÉDITEUR

15, RUE MALEBRANCHE, 15 (PANTHÉON)

OUVRAGES DU MÊME AUTEUR

EN VENTE A LA MÊME LIBRAIRIE

CHOSES D'ALLEMAGNE, Ouvrage adopté par le Conseil municipal de Paris pour les Bibliothèques de la Ville, 2me édition. 1 vol. . . . . 4 fr.

UNIVERSITÉ ET ENSEIGNEMENT LIBRE. 1 vol. 2,50

LE MENSONGE DU FÉMINISME, 1 vol. couronné par l'Académie française 3,50

PLAIDOYER POUR LES LANGUES MORTES, 1 brochure (épuisée), POUSSIELGUE (1905) . . . . . . 1 fr.

AUTOUR DU FÉMINISME, 2me édition, 1 vol. . . . 3,50

DÉDICACE

A M. ÉMILE FAGUET,

MEMBRE DE L'ACADÉMIE FRANÇAISE,
PROFESSEUR EN SORBONNE

MON CHER MAITRE,

Permettez-moi d'inscrire votre nom sur la première page de ce livre.

Cet hommage est bien dû à l'éminent critique et au grand libéral que vous êtes. Car, même si l'on n'épouse pas toutes vos idées, on reste toujours votre tributaire pour la méthode et pour l'expression, et souvent même votre obligé.

Veuillez donc agréer la dédicace de ce travail en témoignage de mes sentiments de gratitude et d'affectueux respect.

T. J.

INTRODUCTION

Voici un nouveau volume sur cette question du féminisme où je me suis cantonné comme dans un majorat d'études.

Persuadé que le féminisme, du moins le féminisme outrancier, n'est que la mise en forme d'un criminel sophisme, je ne me lasserai pas de silhouetter les énergumènes qui ourlent cette loque écarlate de leurs festons et de leurs astragales. C'est ma manière, à moi, de servir le vrai féminisme.

Si Dieu me prête vie, tout l'état-major féministe y passera, idées et style, fond et forme. La collection que j'ai déjà réunie de ces grotesques ou de ces révolutionnaires est respectable : Cécile Renooz, Lydie Martial, Nelly Roussel, Avril de Sainte-Croix, Madeleine Pelletier, pour ne parler que des « premiers sujets ».

Il faut que les femmes, du moins les femmes chrétiennes, sachent bien que, en s'engageant dans le féminisme, elles mettent le doigt dans un engrenage qui les roulera tout droit vers le socialisme, le communisme, le néo-malthusianisme, l'anarchie enfin.

Les féministes doctrinaires sont relativement peu nombreuses, et en général elles sont « toquées ». Mais les féministes de sentiment, les femmes qui vont au féminisme comme à une aube de progrès, les féministes en puissance, celles qui apportent aux meneuses équivoques ou tarées l'appoint de leur respectabilité et de leur vertu, celles-là sont légion.

Il importe de leur ouvrir les yeux.

Je ne faudrai pas à cette tâche, si je suis soutenu, comme je l'ai été jusqu'ici, par la sympathie du public sain.

A ce public je dois une explication. Le principal des reproches qu'on a adressés à mes deux précédentes *Philippiques*, c'est que je m'attache trop exclusivement à dévoiler les laideurs du féminisme et que je méconnais ce qu'il a de généreux.

Je l'avoue, mais *c'est exprès.*

Il y a assez de gens sans moi pour vanter les « beautés » du féminisme. Mais il y a fort peu de gens qui se résignent à en dénoncer les turpitudes et les dangers. C'est ce rôle ingrat que j'ai pris. *Fungor vice cotis.* Je ne suis pas un botaniste qui décrit intégralement et patiemment une pomme, je suis un sociologue qui vous fait remarquer l'endroit gâté, que peut-être ne voyiez-vous pas, de cette pomme.

Pomme de discorde en effet que « l'Eve nouvelle » a jetée dans le monde!

Conjuration sourde contre toutes ces choses traditionnelles que nous n'avons pas cessé de respecter : le mariage, la famille, la société, la religion!

TH. J.

A M. Th. Joran

Vous avez été bien inspiré, Monsieur, lorsque vous vous êtes attaché avec une ferme obstination à dénoncer les ravages que fait le féminisme, même chez les femmes de France. Ce mal qui, tel qu'il nous apparaît, nous est venu des pays scandinaves, germains et anglo-saxons et auquel la nature latine semblait rebelle, s'est développé sous l'action de l'anarchie ambiante avec des symptômes de gravité qu'il convient d'observer, de proclamer, peut-être d'enrayer, car, pour les guérir, il y faut renoncer.

Lorsque le féminisme, ainsi qu'il était pendant la Révolution, était réservé à quelques folles comme Olympe de Gouges ou à quelques batteuses de pavé, tricoteuses aux tribunes des Jacobins et bénévoles spectatrices aux théâtres de la mort, on n'avait point à craindre que l'exemple fût suivi : lisez, si vous ne m'en croyez pas, la très intéressante thèse qu'a soutenue à Lyon le Dr Alfred Guillois sur *Olympe de Gouges* et sur la mentalité des femmes pendant la Révolution française. Cela sera d'autant plus opportun que M. Léopold Lacour, l'un des apôtres du féminisme, a répandu dans un livre sur Olympe de Gouges, Théroigne de Méricourt et Rose Lacombe des théories qui semblent aussi hasardées au point de vue historique que peu sûres au point de vue psychologique — ou physiologique ; car l'intéressant est de démontrer que chez ces dames *initiatrices* le moral était aussi perverti que le physique était détraqué. La plupart relèvent uniquement de la médecine légale et c'est pourquoi je vous signale la thèse de M. A. Guillois qui peut être le début de recherches intéressantes.

Le féminisme en tant que doctrine ne vient pas de là, et, quoi que fassent les sectateurs du Bloc, ils ne pourront point rattacher cette doctrine, qui dans la théorie au moins leur est chère, aux Grands Révolutionnaires lesquels avaient pour la plupart, à ce qu'il semble, une conception bourgeoise et quelque peu vieux jeu de la femme. Voyez plutôt Roland, Danton et Camille.

Il faut attendre près d'un demi-siècle et ceci prépare des surprises. Je crois bien qu'il ne faut point donner une attention exagérée aux dames qui s'émancipèrent sous la monarchie de juillet, — et qui firent de leur émancipation ou de leur perversion l'objet de romans, poèmes, traités, théories et doctrines. Cela était ridicule signé Flora Tristan, littéraire, signé George Sand, ennuyeux à mourir, signé Daniel Stern. Sauf Flora, qui peut-être était convaincue, les autres jouaient à l'homme — rien que par le pseudonyme, car, le premier acte d'émancipation de la femme féministe, c'est de changer de sexe et se faire homme.

Dans ce qu'on appelle *le monde* l'influence de ces apôtres féministes se manifesta par le départ retentissant de femmes qui, en tout état de cause, eussent, avec ou sans théorie, mais avec un goût incontestable de la pratique, été vers l'amour, — ce qui de tout temps s'est vu et se verra; pour parer de fleurs philosophiques leurs entreprises joyeuses, ces dames affirmèrent que, en prenant des amants et en les changeant, elles accomplissaient une mission sociale ; cela ne fit point faire un pas à la question et il n'y eut, grâce à elles, que quelques malheureux petits êtres de plus.

Mais, à côté des temples où professaient les prêtresses de l'amour libre, s'érigeaient les constructions idéales où les sociologues prétendaient loger la société future et, tandis que s'effondraient peu à peu et que tombaient dans l'oubli les réalités passionnelles qui avaient fait scandale, les châteaux d'idéalités, palais de la fée Morgane, servaient d'abri à tous les rêves qui devaient, durant le XIXe siècle, hanter l'humanité ; certes, il fut de mode aussi de se moquer de la Mère que le Père, par un effort de paradoxe, envoyait ses disciples chercher sur les bords du Nil ; certes, on trouva des gaietés particulières à l'Evadisme dont le Mapah fut le prophète ; certes, on se prend à rire devant certaines des théories de Fourier et de Cabet, mais toutes ces doctrines ensemble, toutes ces aberrations et même ces apparentes folies firent masse ; elles introduisirent, sinon le féminisme tel qu'on le peut à présent définir, du moins l'idée féministe dans le courant des pensées que les philosophes examinent, dont les religions tiennent compte et qui, quelque jour, se traduisent par des lois ou des règlements.

L'écrivain qui étudiera à un point de vue sociologique l'histoire du XIXe siècle et qui s'efforcera de dégager la progression inattendue de certaines formules, trouvera pour base à la plupart les idées Saint-Simoniennes — et non pas seulement celles de Saint-Simon, mais celles d'Enfantin et de Barrault. Les sillons qu'ont tracés ces hommes sont profonds ; la semence qu'ils y ont jetée a porté parfois d'étranges moissons ; c'est de leurs fruits que se nourrissent encore la plupart des réformateurs et, pour avoir été tardives, elles n'en ont été que plus abondantes.

Mais ces réformateurs n'ont point été des Révolutionnaires. Les doctrines économiques dont ils se sont faits les apôtres après l'échec momentané de leurs doctrines sociologiques et l'échec, sans doute définitif, de leurs doctrines religieuses, ont fait la fortune de la France durant le second Empire. Elles furent, elles restent des doctrines de liberté et de pro-progrès ; et c'est pourquoi elles furent condamnées et leurs applications anéanties. Du Saint-Simonisme on n'a retenu à présent que ce qui en était la tare ; car Saint-Simon ne pensa jamais au féminisme et le dieu Enfantin ne s'arrêta à chercher le messie femelle que lorsqu'il fut amoureux.

Une bonne part de ce qu'est à présent le féminisme vient de là, mais la part la...ne, poétique, séduisante, imprécise, inefficace et stérile.

Le Saint-Simonisme, pour avoir été et pour être encore la secte qui a fourni le plus d'idées aux églises ou aux écoles qui se sont régénérées ou qui ont cru se produire depuis cent ans, n'est plus à la mode ; on s'est habillé de ses défroques, mais on n'a garde de dire de qui on les tient. Si l'on avait laïcisé Saint-Simon, ou si, au lieu de s'appeler Saint-Simonisme, la secte avait pris nom d'Enfantinisme, on hésiterait bien moins à s'en réclamer. Rien ne porte comme un vocable bien choisi et qui peut dire à quel point le mot *Positivisme* a servi la doctrine de Comte, lequel n'était et ne fut dans sa philosophie féministe — si l'on peut ainsi appeler son effervescence amoureuse — qu'un élève égaré d'Enfantin, de même que dans sa philosophie sociale, il n'avait été que le médiocre disciple de Saint-Simon ? C'est pourtant ce *Posi-*

tivisme qui vaut à Comte d'être en statue sur la place de la Sorbonne, tandis que Saint-Simon et Enfantin n'ont pas même un buste sur le Boulevard extérieur où Fourier est coulé en bronze.

Si les Saint-Simoniens avaient l'esprit mathématique et si par là ils se trouvaient disposés à se passer des réalités, à vivre d'abstraction et, en ce qui touche la femme, à pousser jusqu'à des conclusions absurdes à force de logique la raideur de leur raisonnement; si, par la naïveté géniale de leur infatuation polytechnique, ils étaient disposés à donner des ailes à des jeunes dames qui s'en étaient jusque-là fort bien passées, cela était gentil, un peu niais mais inoffensif. Ces gens, tels que je les ai connus, étaient presque tous des Français de bonne race, qui avaient été conduits à de sottes actions et surtout à de sottes idées par l'étude des mathématiques, leur chasteté professionnelle et leur générosité native, mais tous ces côtés gentils laissaient à leur féminisme un tour acceptable pour des Latins, qui n'en tiraient point toutes les conséquences.

C'est pourtant là qu'il faut remonter, c'est de là que tout découle, vicié, rendu odieux par l'esprit germanique, scandinave, protestant surtout, qui s'est approprié les idées, les a dépouillées de leur charme et de leur poésie, les a poussées à des conséquences légales, leur a prêté la sécheresse et la roideur qui les rendent à bon droit odieuses.

Le Saint-Simonisme ne fut porté vers le féminisme que par des sentiments personnels et passionnels — peut-être même par des sensations et non point par des déductions. « L'homme n'est ni ange, ni bête et le malheur veut que qui veut faire l'ange fait la bête. » Avis aux hommes qui se font dieux.

Mais il n'est pas moins sorti de là l'Egalité des sexes, l'Union libre et quantité d'autres paradoxes sur la condition des femmes. C'est là que je voudrais que vous remontiez, Monsieur, pour rendre au féminisme ses origines les plus approchées, pour montrer à quoi il tient et que, comme certaines formes du protestantisme, il ne dérive point d'idées, mais de passions, et de passions qui, pour galantes qu'elles sont, n'en sont pas plus avouables. Vous avez, par vos différents livres : le *Mensonge du féminisme* et *Autour du féminisme*, distingué d'une manière précise l'état présent de la question, l'une des plus graves qui se posent à notre société ; vous abordez à présent certaines autres faces du problème et en même temps que vous révélez un ancêtre lointain du féminisme, que vous critiquez justement son historienne et que vous vous rangez près d'une femme qui se fait votre auxiliaire, vous examinez quelles sont les tares de la doctrine : mais ne pensez-vous pas qu'il sera utile aussi d'en établir le processus et d'en chercher les auteurs directs ?

Et il apparaîtra ceci : que les Prophètes de la Hiérarchie — car, après Saint-Simon, Enfantin fut tel et tout son effort a consisté à imaginer et à créer une hiérarchie sociale qui dût être substituée à une hiérarchie condamnée et détruite — ont été, sur ce point au moins, les prophètes de l'Anarchie. Car le féminisme n'est pas autre chose qu'une des formes de la doctrine anarchique qui, sur toutes les classes, sur tous les êtres de la Société française, sur toutes ses institutions, sur tout ce qui forme l'essentiel de la nation, s'étend avec la rapidité d'une épidémie. Ce qui partout succombe, c'est l'autorité ; à l'école comme dans les ménages, à l'armée comme dans l'administration ; il ne faut plus d'autorité directrice, il ne faut plus de loi, il ne faut plus de règlement; il faut le caprice. Attaquer le féminisme, c'est attaquer — et les journaux révolutionnaires le montrent nettement — la forme d'anarchie sur laquelle comptent davantage les chefs de la bande pour recruter des adeptes chez les femmes et par elles mener les hommes.

Je voudrais avoir le loisir de démontrer que, depuis trente ans, tout a été combiné pour détruire l'autorité en ses manifestations nécessaires : gouvernementale, administrative, judiciaire, militaire, scolaire, paternelle et maritale; pour substituer à ces formes traditionnelles de l'autorité, une forme nouvelle de despotisme qui abolira, en même temps que la civilisation, la famille et la société, et y substituera dans la barbarie du collectivisme, une tyrannie anonyme, irresponsable et sauvage. Tout y concourt, tout y pousse, tout y précipite, et ceux qui prétendent y remédier font un peu l'effet des enfants qui, sur le sable d'une plage, édifient avec leurs petites mains et leurs cuillers de bois peint des digues par lesquelles ils imaginent arrêter les flots montants des marées.

Néanmoins il faut lutter, et lutter contre le féminisme qui hélas ! est bien plus répandu qu'on ne l'imagine, qui a pénétré bien plus profondément dans la société qu'on ne le croirait à voir seulement certaines de ses manifestations grotesques, c'est lutter contre l'anarchie destructrice et pour la durée de la France. Voilà pourquoi j'ai applaudi à vos livres dès que je les ai connus et pourquoi je vous adresse aujourd'hui ce salut cordial.

Frédéric MASSON

AU CŒUR DU FÉMINISME

CHAPITRE PREMIER

LES TARES DU FÉMINISME

I

LE BAS-BLEUISME

Le féminisme tend à devenir une question d'autant plus irritante que c'est une *question mal posée.*

L'origine de ce mouvement n'a, quoi qu'on en pense, rien de social, ni de politique, ni de religieux : elle est purement *littéraire.*

Sous sa précédente forme, il s'appelait en effet le *Bas-Bleuisme.* Engendré par Mme de Staël et tenu sur les fonts baptismaux par George Sand, le Bas-bleu s'attaqua vainement à la philosophie, échoua en histoire, avorta en critique et en sociologie, remporta des succès clairsemés en poésie, mais se montra fécond, sinon original, dans la littérature d'imagination.

Sous la poussée des idées démocratiques et à la faveur du relâchement des croyances religieuses, il s'est accompli depuis quelques années dans le Bas-bleuisme une évolution qui semble consciente tant elle s'est montrée habile. Le nom de « bas-bleu » sonnait mal aux oreilles françaises : « féministe » le remplaça. « Bas-bleu » ne trahissait que des ambitions littéraires, « féministe » symbolise des prétentions politiques. « Bas-bleuisme » n'était qu'une fanfreluche ajoutée à tant d'autres, « féminisme » implique oppression masculine et par conséquent mécontentement et représailles. Le « bas-bleu » n'aspirait qu'à une gloriole, la « féministe » rêve de partager avec l'homme la direction, et l'ultra-féministe (car il y a déjà lieu de distinguer entre la gauche et l'extrême gauche du parti : les féministes vont vite) rêve de supplanter l'homme.

Tel est, dans ses grandes lignes, le *processus* suivi par ce fléau d'importation étrangère, principalement américaine, germanique et scandinave. Est-ce cette influence cosmopolite qui a fait du féminisme un produit si peu assimilable à l'organisme français ? Il est probable. En tous cas, c'est par là que, ainsi qu'il a été dit au début, le problème se complique de *données contradictoires*.

Oui, il n'est pas de question plus mal posée que celle du féminisme *français*.

LE FÉMINISME EN CONTRADICTION AVEC LE CARACTÈRE NATIONAL

Voilà un pays, la France, qui s'est de tout temps signalé par son respect, par son culte de la femme[1]. C'est le berceau de la chevalerie et de la littérature chevaleresque. Si la belle Aude ne joue qu'un rôle effacé dans la plus mémorable de nos Chansons de geste, en revanche la plupart de ces naïfs poèmes font de l'amour de la femme le stimulant et le salaire des prouesses du paladin. Le Roman de la Rose, venant ensuite, raffine sur l'inspiration des trouvères en y mêlant la grâce, parfois un peu mièvre, des troubadours. Cette veine littéraire aboutit, en s'épurant, aux romans héroïques du

---

1. « Les races saxonnes, teutonnes et leurs ramifications sont masculines; les races latines, slaves, celtes sont féminines. *L'élément féminin domine dans l'âme française.* Etudiez son histoire et sa littérature, vous l'y trouverez sans cesse avec ses défauts et ses qualités. » Pierre de Coulevain, *Sur la branche,* roman. Calmann-Lévy, 1907. — Pierre de Coulevain est une femme.

XVIIe siècle, et, en se sublimant, à la tragédie cornélienne, où constamment la femme aimée tutoie l'homme et n'est pas tutoyée par lui. Voyez les rôles de Chimène, de Camille, d'Emilie, de Pauline : la *royauté de la femme*, librement consentie, en est le principe et le charme.

Mode littéraire? convention artistique? Que non pas. Car simultanément la société s'organise à l'image de la littérature : alors la marquise de Rambouillet fonde sa fameuse entreprise de « dévulgarisation » sociale. Elle veut plier les hommes du monde à un ton de décence et à des manières polies : apprentissage docilement subi et couronné de succès. « L'incomparable Arthénice » serait donc bien scandalisée si elle revenait ici-bas et si elle s'apercevait que ces femmes pour lesquelles elle a tant travaillé s'ennuient maintenant au théâtre quand la pièce ne contient pas de gros mots, des m.... et des f...., et la déclarent fade.

La littérature avait donc mis la femme sur le pavois. Avec la littérature conspirèrent les arts et la politique. En effet, comme on l'a dit, « la France n'a de salique que sa monarchie ». Tout le génie de nos peintres et de nos sculpteurs se consacra à faire l'apothéose de la femme. Tout le talent de nos artisans s'employa à parer ce corps « si souef, si délicat et tendre » (Villon). Toute la civilisation se fit tributaire ou esclave de la femme. L'opinion, si sévère parfois pour les fautes des rois ou des ministres, n'eut que de l'admiration pour celles des femmes qui se tiraient de pair : elle fit de Velléda la personnification du prestige dans les temps préhistoriques, canonisa sainte Geneviève, patronne de Paris, pardonna à Blanche de Castille son origine étrangère, adora Jeanne d'Arc, acclama Jeanne Hachette, aima Marguerite de Navarre d'avoir été si dévouée pour son frère, sut gré aux maîtresses royales, Diane de Poitiers, Gabrielle d'Estrées, la Vallière, la Pompadour, de dérider les fronts soucieux des rois et d'encourager les arts, en un mot exalta les mérites et divinisa les faiblesses de la femme.

Il n'y a donc nulle exagération à le proclamer : toute l'humanité masculine en France s'est inclinée devant la grâce, le charme ou les vertus de la femme. Nous avons véritablement idéalisé « le chef-d'œuvre de la création ». Nous n'avons demandé aux femmes que d'être belles et de plaire. En aucun pays du monde la femme n'a eu autant à se louer de l'homme, il n'y a nul pays où l'homme ait ressenti plus profondément le charme de la femme.

Les femmes sont sur la terre
Pour tout idéaliser,

s'écrie Victor Hugo.

C'est chez nous plus que partout ailleurs que la femme pourrait dire, comme cette Américaine : « Je sais que chacun des hommes qui passent est mon chevalier, si j'en ai besoin » (mot cité par Mme A. Lampérière, *Le rôle social de la femme*, p. 113, chez Alcan, 1899). Or, c'est à cette race, chevaleresque entre toutes, cette race où les femmes ont toujours eu moins à faire pour arriver à la gloire que les hommes, où le mérite féminin a toujours été mis bien au-dessus du mérite masculin [1], c'est à une telle race que l'on vient infliger cette humiliation imméritée : le *féminisme !*

Les féministes ignorent l'histoire.

CARACTÈRE DU « CONTRAT SOCIAL » ENTRE LES SEXES

Car enfin cette divinisation de la femme est notre œuvre, à nous, les hommes. Assurément on a mauvaise grâce à reprocher un bienfait, mais c'est à la condition que l'obligé n'impute pas à droit le service rendu. Or les féministes n'ont à la bouche que les mots de « droits de la femme » et de « tyran-

1. Une nouvelle et éloquente attestation vient de nous en être donnée par *Les lettres d'amour de Gambetta* (à Mme Léon), publiées dans *La Revue de Paris* (déc. 1906). Le célèbre tribun reporte tout l'honneur de ses triomphes à sa chère Egérie et lui fait hommage de toute sa popularité.

nie de l'homme ». Ils[1] nous forcent donc à mettre bas tout respect de convention et à parler crûment.

Eh bien! débarrassé de toute galanterie, le commerce de l'homme et de la femme se ramène aux termes très simples que voici. Quand s'établit le christianisme, l'homme tint à la femme à peu près ce langage : « Tu es la plus faible. L'état social où je te trouve a fait de toi mon esclave. Or, je te prendrai désormais pour le principe de mon activité, pour l'inspiratrice[2] de mon effort. Je t'élirai pour ma Reine, je te ferai spontanément abandon d'une partie de la supériorité dont la nature ou, si tu préfères, les circonstances m'ont doué. Ainsi se rétablira la balance entre nous. Je t'environnerai de bien-être; je veux que dorénavant mes peines

Aient pour but ton plaisir ainsi que ton besoin.

D'âge en âge ta condition s'améliorera sans que tu aies rien à faire pour cela que t'en reposer sur ma générosité. Ton bonheur sera ma récompense. Je ne te demande qu'un peu de reconnaissance et ton amour. »

Ce pacte tacite, l'homme l'a tenu fidèlement. Toute l'histoire de notre civilisation en témoigne. Mais de leur côté les femmes, oubliant l'origine et le caractère de leur suprématie, et devenues ingrates envers leur bienfaiteur, se sont mises à réclamer arrogamment des *droits* et des privilèges nouveaux. Et c'est pourquoi les hommes sont fondés à leur crier : Halte-là! C'est nous qui vous avons faites ce que vous êtes!

1. *Ils* n'est pas ici un lapsus. Il y a, en effet, deux sortes de féministes : le féministe-femme, qui a la haine de l'homme, et le féministe-homme, sorte de Bel-Ami, qui se pousse par les femmes et les flagorne. C'est, de tous les types d'*arrivistes*, le plus méprisable et le plus perfide. « Savez-vous pourquoi certains hommes réclament pour vous la suppression du mariage et les unions libres? C'est pour supprimer les protecteurs de vos droits, c'est pour user de vous librement, même sans votre permission au besoin. »

(Jean de Valdor, *Le vrai féminisme*, p. 207, édit. : Savaète).

2. « L'humanité sera faite par l'homme pensant sous *l'inspiration* de la femme », a dit Aug. Comte.

Femme, tu oublies que tu es l'œuvre de Pygmalion et que c'est de lui que tu tiens l'être. Tu te dis « opprimée »! Tu lèves l'étendard de la révolte! Tu me menaces! Toi que je pouvais laisser croupir dans l'ignorance et dans l'esclavage....

II

CARACTÈRE INSURRECTIONNEL DU FÉMINISME

Il y a quelque trente ans, le spirituel Barbey d'Aurevilly disait du « Bas-bleuisme » (le « féminisme » n'était pas encore inventé) qu'il n'était en définitive que « la vanité de la femme en révolte contre l'homme et contre l'ordre religieux et *hiérarchique* du monde » (*Les Bas-bleus*, p. 198). Je souligne le mot « hiérarchique », pour indiquer combien cette définition conviendrait au féminisme lui-même, puisque le féminisme implique la *confusion des sexes*, par une interprétation abusive du mot *égalité*.

Nous avons vu plus haut que la grande *rouerie* des féministes consiste à se poser en victimes de la « tyrannie » masculine. Il ne faut pas douter que ce ne soit là en effet une rouerie, car l'expérience démontre que *les femmes, tant comme individus que comme sexe, ne savent que ce que les hommes leur ont appris*. Où y a-t-il alors « tyrannie »?

Voyons néanmoins quelles sont les principales de leurs actuelles doléances. Faisons la mise au point des « revendications féministes ». Il y a en premier lieu la révolte contre *la grande loi de l'humanité*, à savoir le MARIAGE.

MARIAGE, DIVORCE, UNION LIBRE

On me pardonnera d'insister un peu longuement ici sur **la** question du mariage, parce que, selon l'aveu même des féministes, « de l'ensemble des revendications féministes, celles que la femme formule au point de vue conjugal et familial constituent la partie la plus intéressante et la plus importante du programme féministe, car, malgré les transformations du milieu social, c'est encore la famille, c'est-à-dire le mariage et la maternité, qui reste le domaine propre de la femme. » (Journal *La Française*, 7 juin 1908).

La phrase est un peu lourde, mais l'aveu est formel. Or, les journaux du 20 novembre 1906 contenaient l'information suivante : « Mme Herbert Parsons, femme du représentant de l'Etat de New-York, a produit dans le clergé new-yorkais un vif émoi par la publication de son nouveau livre *La Famille*, où elle préconise le *mariage à l'essai* avec *le divorce à volonté*. Hier, dans de nombreux temples, les pasteurs se sont élevés avec véhémence contre ces théories de l'union libre, « dégradantes et bestiales », destructrices de la famille et de la société ».

Quelques mois après, M. Léon Blum, dans son livre *Du Mariage* (1907), réclamait pour nos jeunes Françaises la même « faculté » *d'essayer* leurs futurs maris. Au moins Mme Parsons avait-elle le mérite de « l'originalité ».

Soit dit en passant, l'Amérique, ce pays de cocagne du féminisme, ne fait là que récolter ce qu'elle a semé. En ce champ de toutes les expériences et de toutes les audaces, « les fruits ont passé la promesse des fleurs ». Mais les Etats-Unis n'ont rien à envier à la France. Je lis dans le projet de loi du *Comité de réforme du Mariage* [1], cet article significatif qui, sous le nº 38, ouvre le chapitre VIII, lequel est tout entier consacré à « la procédure de divorce par consentement mutuel [2] ».

1. Déposé sur le bureau des Chambres en 1906 par M. Henri Coulon, président du Comité.

2. Cette Commission était presque exclusivement composée de féministes plus ou moins notoires et militants. Mais, depuis lors, le projet Coulon a encore été dépassé par la proposition Veber, discutée par la Chambre le 24 janv. 1907, et qui se ramène à l'institution du divorce *unilatéral*, selon le caprice et la fantaisie d'un seul des deux époux, généralement « du plus indigne », a fait remarquer M. Lasies.

Combattue par MM. de Castelnau, Lasies, Lerolle; soutenue par le rapporteur Violette, le garde des sceaux Guyot-Dessaigne, le juriste Cruppi, la proposition fut adoptée par 379 voix contre 169.

— *Le divorce peut être admis par* CONSENTEMENT MUTUEL *des époux lorsque le mari a vingt-cinq ans et la femme au moins vingt et un ans.*

Les disciples de M. Naquet, qui ont introduit dans la procédure du divorce l'abominable principe du *consentement mutuel*, ont cru faire acte de réformateurs. Ils se sont trompés. Une fois de plus, *évolution* a été confondue avec *progrès.*

Que la puissance des mots est grande sur les esprits ignorants ! Chez les féministes surtout, ce genre de « piperie » exerce ses ravages. Beaucoup d'entre eux qui n'ont jamais lu une seule ligne de Darwin ne jurent que par lui et veulent mettre « l'évolution » à toutes les sauces ou plutôt veulent tout cuisiner à la sauce de l'évolution. Ayant le mot sans cesse à la bouche, ils croient insinuer qu'ils connaissent la chose. E-vo-lu-ti-on ! ces cinq syllabes sont le *Tarte à la crème* des féministes ! Leurs pédants, et pédants pédantissimes, font tomber sous le coup — j'allais dire : sous le couperet — de l'évolution tous les principes sur lesquels reposent la religion, la société, la morale, la famille.

M. Paul Bourget a vertement relevé ce sophisme : « Vivre, disent-ils, c'est évoluer. Soit, mais c'est aussi durer. Dans l'évolution prise au sens primitif et biologique, il y a un changement et il y a aussi une circonstance. Dans l'hypothèse de Darwin, qui sert de type à nos évolutionistes moraux, l'espèce n'évolue que pour se conserver, c'est-à-dire pour garder certains organes essentiels, qui, eux, ne peuvent pas changer ; car, s'ils changeaient, ce ne serait pas l'évolution, ce serait la mort. Il y a même dans les sociétés certaines parties essentielles qui ne peuvent pas, qui ne doivent pas changer. *Il y a la famille*; elle a ses lois de santé qui étaient vraies dans l'antiquité la plus reculée, qui étaient vraies au moyen-âge, qui sont vraies de nos jours ; monogamie, autorité du père de famille, fidélité de l'épouse, déférence des enfants. *Il y a la patrie.... Il y a notre Eglise....* Tout cela forme ce qu'un docteur ès sciences sociales, Frédéric Le Play, appelle la *constitution essentielle de l'humanité....* »

Mais sans doute que pour ces féministes avancés qui accusent les hommes d'avoir organisé la société pour leur plus grand profit et commodité, l'autorité de l'auteur de *Un Divorce* paraîtra suspecte. Qu'ils écoutent donc M. Gustave Lanson, qu'on ne taxera pas, je pense, de « modérantisme » : « L'humanité s'est faite elle-même, à l'aventure, lentement, sous la pression des instincts, des besoins et des circonstances, qui pièce à pièce ont formé les lois, les mœurs, l'industrie, les sciences, et jeté çà et là un peu d'aise, de justice et de liberté, parmi beaucoup de misères et de brutalités. » (*Voltaire*, p. 127; Hachette, 1907).

Les fanatiques de l'évolution ont donc fait acte de rétrogrades et de barbares. Leur conception du mariage avec le divorce pour corollaire, et, circonstance aggravante, le divorce par consentement mutuel, nous ramène en deçà du paganisme. Car le paganisme au moins avait pour correctif à venir le christianisme, qui, par reconnaissance pour la Vierge, devait relever la condition de la femme. Quand la Pauline de Corneille s'écrie :

> Un cœur à l'autre uni jamais ne se retire
> Et, pour l'en séparer, il faut qu'on le déchire,

elle parle en païenne que déjà effleure un rayon de l'aube nouvelle. Elle pressent d'instinct la supériorité morale du christianisme. Pauline va à la religion du Crucifié comme à une vérité d'ordre plus élevé. A travers la mythologie et au delà du matérialisme, elle entrevoit la Révélation. Tel est le sens historique de ce passage de *Polyeucte,* dont l'auteur fut en effet un historien intuitif. C'est donc à « remonter le fleuve du passé » que nous convient les zélateurs du divorce par consentement mutuel.

Ils se montrent plus païens que les païens eux-mêmes.

Car du moins sous la loi romaine la femme mariée était « in manu mariti ». Tant que durait le mariage, il y avait étroite subordination de la femme à l'égard de l'homme et fusion intime des deux personnalités. « L'élargissement du divorce », c'est l'Etat livrant le mariage, cette « cellule sociale », à l'anarchie, c'est l'Etat renversant le foyer, « cette pierre angulaire de l'humanité » (Roosevelt). C'est l'Etat se suicidant, car : telles familles, tel Etat. Si encore on entrevoyait pour qui que ce soit un bénéfice quelconque de cette œuvre de destruction ! Mais qui ne voit que « libérer » la femme des liens du mariage, c'est *l'isoler* dans la société ?

Ce coup d'œil jeté sur la question juridique vient de nous montrer que la « revendication des droits de la femme » est directement en opposition avec le pacte conjugal[1]. Aussi bien est-ce pour cela que les féministes font « bloc » contre le Mariage et applaudissent à tous les coups qui lui sont assénés. Elles circonviennent d'ailleurs l'ennemi de tous les côtés et l'attaquent de biais aussi bien que de front. Mentionnons les principaux de ces « travaux d'approche ».

L'un des crimes du féminisme, c'est d'avoir dégradé l'amour et réduit le mariage à l'une des formes du « contrat de louage »[2]. Dégradant l'amour, ils avilissent du même coup la femme. Il y a environ trois quarts de siècle déjà que Charles Nodier, un psychologue perspicace, pressentait cette conséquence. « O femmes, s'écriait-il, pour quelques misérables droits, vous vous exposez à perdre notre amour !... Je plaide pour l'idéal des femmes, qu'elles ne s'y trompent pas. Leur histoire, à elles, c'est le roman d'amour. »

Je ne me dissimule pas que cette citation du bon Nodier l'expose à le faire traiter par les émancipatrices de « vieille per-

1. Point de vue très bien développé par M. Jean de Valdor, dans *Le vrai féminisme*, p. 76-80. Libr. Arthur Savaète, 76, rue des Saints-Pères. (1907).

2. C'est M. Briand, apparemment las de s'entendre appeler Aristide, qui est l'inventeur de ce beau rapprochement.

ruque » et moi-même de « raseur ». Il est bien question aujourd'hui de la vocation traditionnelle de la femme : aimer et être aimée ! Dans les sphères féministes on estime tout d'une voix que c'est une conception « erronée » que celle suivant laquelle la femme est faite pour l'amour et pour être protégée par l'homme :

Otons-nous, car il sent.

Quand on objecte aux féministes que tel est le vœu de la nature, que la « monarchie conjugale » est dans la nature des choses, cela ne les arrête pas le moins du monde. « Qu'à cela ne tienne, disent-elles, nous changerons notre nature » ! Et en effet elles s'en vont expliquant à leurs « consœurs » qu'il est urgent pour elles de se faire une autre complexion que la complexion amoureuse et que leur « servage » vient de là. Spectacle prodigieusement comique ! Quelques petits cerveaux féministes s'essayant avec des ratiocinations et des adjurations à redresser l'*instinct !* Vous y userez vos dents, Mesdames ; « l'éternel féminin », comme l'appelait Gœthe, est la loi même des choses. Allez donc persuader au lierre qu'il « ferait mieux » de pousser rigide et élancé comme un orme !

Du train dont le monde va, l'amour comme « roman » ne sera bientôt plus qu'un souvenir, et même, physiologiquement parlant, il n'en restera plus que ce que les Néo-Malthusiens voudront bien en laisser subsister. Nous n'en sommes encore, Dieu merci, qu'à l'étape de l' « union libre ». A cette phase de l' « évolution » préside cette doctoresse Pelletier[1] qu'en des temps moins indulgents à tous les excès de la liberté de la presse et de la parole on eût internée soit en prison, soit dans un hospice, où elle pût tout à son aise caresser son rêve de « chiennerie universelle ».

1. Voir sur les opinions communistes de cette doctoresse, le chapitre suivant. Voir aussi la *préface* des *Idées d'une femme*, par Mme Neera. (Libr. Giard et Brière, 16, rue Soufflot. 1908).

Avant de m'expliquer sur cette question brûlante du néo-malthusianisme, qu'il me soit permis de me débarrasser en quelques mots — dédaigneux — de la rengaine de l'*amour* ou *mariage libre*.

Donc les modernes Sandistes bramènt éperdument le « droit au bonheur ». L'amour *libre* (quelle servitude, quel esclavage recouvre au fond ce mot de : *liberté* dans l'amour! La vraie *liberté*, la véritable *émancipation* de la femme, c'est dans le mariage qu'il faut la chercher) pour eux, c'est le remède à toutes les déceptions sentimentales, c'est la panacée conjugale. Bon. Mais à quoi bon réclamer à cor et à cri le *droit* au mariage libre? N'existe-t-il pas déjà? N'est-il pas à la portée de quiconque en a envie? Ne « fonctionne »-t-il pas tout à l'aise?

Non, il ne fonctionne pas à l'aise, et c'est là justement que gît l'enclouure. Le monde lui refuse la considération dont il dispose. Les unions libres sont « mal portées ». Et c'est de quoi enragent nos féministes. Elles crient au « préjugé », elles traitent d'épais bourgeois ceux qui marchandent leur respect à la femme en état de concubinage. A les en croire, il faudrait qu'une bonne loi *décrétât* enfin que le mariage libre, celui dans lequel les conjoints n'engagent rien et ne s'engagent à rien, soit mis sur le même pied que le mariage légal, celui dans lequel ils mettent solennellement et publiquement tout en commun et pour la vie entière : cœur, corps, fortune, nom, honneur!

Comme si une loi pouvait imposer la « considération »! Mais c'est justement ce qui juge le mariage libre que cette déconsidération dont il est entouré! On ne violente pas les mœurs. Celles-ci remettent les lois au point; elles corrigent ce qu'il y a d'excessif dans le pouvoir masculin et de même elles sanctionnent par le mépris ce qu'il y a d'éhonté dans le dérèglement féminin. Les mœurs sont le principe régulateur des lois. Libre aux féministes de se plaindre amèrement d'un tel état de choses : *il faut le subir*. Il faut renoncer aux avantages de la société, ou bien il faut accepter les contraintes et les usages sans lesquels nulle société n'est possible.

A la « Solidarité des femmes », groupe que préside la doctoresse Pelletier, vous pouvez assister à des conférences où l'on vous vante les beautés, les charmes de l'union libre, la supériorité de l'union libre sur le mariage, cette institution qui a fait son temps. On y oublie d'ailleurs que l' « union libre » n'offre aucune garantie aux tiers et que, dans le monde des affaires, elle serait un empêchement dirimant à la plupart des contrats. Mais les féministes s'inquiètent bien de ces considérations ! On ne serait plus féministe si on se préoccupait de ces mesquines contingences. On y oublie aussi que l'amour libre dégrade la femme, l'affranchit, il est vrai, du mari, mais la jette en proie aux don Juan, aux Valmont, aux Priola, enfin à tous les virtuoses des « liaisons dangereuses », à tous les « fauves » plus ou moins « intellectuels ». En même temps qu'ils inventaient le « mariage libre » — formule d'ailleurs contradictoire dans les termes, puisque *mariage* implique *indissolubilité* — et qu'ils en faisaient le suppléant du mariage traditionnel, les féministes adoptaient, comme correctif au mariage, « libre » ou non, le *néo-malthusianisme.*

C'est ici le caractère *criminel* de la « doctrine » féministe que je dénonce : on me pardonnera donc d'y insister.

On a pu lire naguère dans les journaux l'appel que la *Ligue néo-malthusienne* adressait aux femmes. On le trouvera, d'ailleurs, reproduit à la page 115 du livre ci-dessus nommé de M. Jean de Valdor, et qualifié là avec toute l'indignation qui convient.

Les docteurs du féminisme, qui ne sont guère clairvoyants en général, ont tout de même compris que la question de l'enfant, l'intérêt de l'enfant, paralysait l'élan de cette forme spéciale d'anarchie qu'est le féminisme. Elles ont donc pensé, nos modernes Vésuviennes, à *supprimer l'enfant,* ou plutôt à prévenir la naissance de l'enfant et c'est ainsi que le féminisme a contracté alliance avec le néo-malthusianisme.

Fait significatif : l' « Appel » des Malthusiennes a coïncidé exactement avec l'invention de l'*ovariotomie*, « découverte » qui remonte aux dernières années du siècle précédent. Or, c'est précisément vers ce temps-là que *féminisme* s'est mis à rimer si richement avec *cynisme*. Qu'est-ce maintenant que l'ovariotomie? C'est, à révérence parler, l'eunucat femelle. Que devient la femme dans cette hypothèse? Elle se rabaisse à n'être plus qu'un instrument de sodomie. Qu'on ne l'oublie pas : la ligue néo-malthusienne, ce monstrueux succédané du féminisme, invoque formellement le DROIT à l'*avortement*, réglemente en quelque sorte l'avortement, comme le divorce réglemente l'adultère. Et dans quel dessein invoque-t-elle ce droit? Dans le dessein de procurer à la femme plus d'indépendance à l'égard de l'homme, car qui dit maternité dit dépendance.

Comme s'exprime Bossuet : « les faits parlent assez d'eux-mêmes ». Voilà donc ce que le féminisme fait de la femme, elle dont l'Ecriture a dit : *Mulier salvabitur per filiorum generationem* (I Tim. II, 15). Il manquait au féminisme ce caractère odieux de pousser à des attentats contre la nature. A maint point de vue, cette doctrine, nous l'avons vu, est antinationale : mais elle l'est surtout au regard de la dépopulation. Le féminisme a cette analogie avec le pacifisme qu'il est, comme lui, une forme de la peur, *la peur des charges de la maternité.*

Il existe donc une « Ligue » néo-malthusienne, ligue *contre* le Bien public, laquelle a son organe périodique, dont le but est de préconiser l'amour « stérile », en opposition avec l'amour « fécond », et de jeter la défaveur sur les traditionelles obligations de la famille. Le nom de cet « organe » malthusien constitue l'une des antiphrases les plus effrontées que je connaisse : *La Régénération!* Ligue et organe mènent une propagande méthodique et active, dictent et font apprendre par cœur des conférences-discours à une diseuse bien stylée, qu'ils ont choisie de physique non repoussant, Mme Nelly Roussel[1]. Aux portes il se distribue, par les soins de camelots *ad hoc*, de petits « tracts » infâmes où sont exposés tous les « secrets » pseudo-scientifiques de l'art de prendre du plaisir sans engendrer. Le programme et l'organisation de cette Ligue ont été tracés par le tristement célèbre Robin de Cempuis, dont la formule était que : « la femme est maîtresse d'elle-même et ne doit être mère que quand il lui plaît », formule par laquelle se légitimeraient tous les désordres et tous les crimes.

Telle est l' « extension » que les réformateurs modernes ont donnée au système de Malthus, ce « philosophe » — pour indiquer d'un mot sa théorie — qui a dit, pour *excuser* l'égoïsme et la cruauté des capitalistes, que « si les prolétaires sont misérables, c'est qu'ils se marient trop tôt et qu'ils ont trop d'enfants ». A ce compte, il faudrait considérer comme une des bienfaitrices de l'humanité cette « ogresse » de Jeanne Weber, qui, en étranglant çà et là des enfants de « prolétaires » ne fait autre chose que du malthusianisme « appliqué ».

Mais, entre une Nelly Roussel, qui veut faire pénétrer le malthusianisme dans les classes bourgeoises, pour lesquelles il n'a point été inventé, et une Jeanne Weber, il n'y a en somme qu'une *nuance*, celle qui sépare la théorie de la pratique, l'idée du fait.

On frémit quand on songe aux ravages que le système de Malthus dégénéré fera dans le monde des fonctionnaires-femmes, par exemple (car le fonctionnarisme des femmes les pousse au malthusianisme). La venue d'un enfant dans un petit ménage où le mari gagne 150 francs par mois et la femme fonctionnaire 100 francs détruirait l'équilibre du budget. *Donc, pas d'enfant.*

De courageux et éloquents sociologues, MM. Noblemaire et Bureau, l'un à l'*Action sociale de la femme* (1907 : « le complot contre la famille »), l'autre au *Musée social* (1908), ont

1. Je citerai notamment la conférence de cette dame sur *Le Droit de la Chair*, pièce de Mme Georges Maldague, jouée au théâtre Mevisto, en janvier 1908.

essayé de réagir contre cette criminelle « doctrine », si l'on peut appeler doctrine un aussi monstrueux délire. Mais leur protestation, qui se heurtait aux pires instincts de l'âme humaine, l'égoïsme, la soif de jouir, l'individualisme effréné, n'a guère trouvé d'échos. L'antiféminisme ne fait pas recette.... [1]

Une fois de plus, et au risque de passer pour radoteur, je déclare que « la question est mal posée » et que les féministes montrent plus de mauvais jugement encore que de mauvais cœur. Essayons en effet de nous représenter quel serait l'avenir de la société si le néo-malthusianisme devenait l'opinion régnante. Supposons que les féministes aient réussi à faire prévaloir l'union libre avec sa conséquence inévitable : la suppression de l'enfant. Eh bien! alors.... le monde finirait. Et, si le monde finissait, à quoi bon réclamer avec tant de fracas la refonte du Code civil dans le sens de la femme? A quoi bon le « vote » des femmes et l'égalité civile et politique, puisque, dans cette hypothèse, il n'y aurait plus ni hommes ni femmes sur la terre? Pourquoi organiser le néant?

Il en est ainsi de la plupart des « revendications » féministes : *elles vont toutes contre leur but* : « Ubi solitudinem faciunt, pacem appellant! » (Tacite).

Vous me direz : « On n'en viendra jamais là. Il y a une limite à l'aberration. » D'accord. Admettons pour un instant qu'on range enfin le malthusianisme parmi les crimes « qualifiés », comme la trahison, le trafic des secrets d'Etat, l'antimilitarisme. Voilà le mal enrayé. Resterait le féminisme proprement dit. Resterait que les féministes auraient réussi, malthusianisme à part, à transformer la société à leur gré, à mettre les femmes sur le pied rêvé, c'est-à-dire à les promouvoir à cette « égalité » civile et politique qu'elles s'obstinent à réclamer par amour-propre plutôt que par besoin. Eh bien! ce résultat acquis, ce serait tout de suite à recommencer.

---

1. Voir encore, sur cette question du néo-malthusianisme, le chap. suivant.

On verrait alors se produire la même conséquence que si le collectivisme réalisait sa fameuse « nationalisation de la propriété ». La pyramide sociale, retournée ainsi la pointe en bas et la base en l'air, reprendrait bien vite son aplomb. Par la loi du plus intelligent et du plus fort, la hiérarchie sociale se reconstituerait immédiatement. En bas les non-valeurs, les « minus habentes », au milieu les facteurs moyens, au sommet les esprits nés pour le commandement. De même, en matière de féminisme, on verrait les femmes se remettre spontanément dans cet état de dépendance et de protection où elles se trouvent présentement. Le plus d'expérience de l'homme, sa supériorité mentale, ses connaissances spéciales, sa décision de caractère, sa force musculaire, lui redonneraient aussitôt sa prépondérance naturelle. *Alors, à quoi bon changer?*

Les féministes « voient rouge » quand elles entendent parler de la « dépendance » de la femme à l'égard de l'homme, et c'est sur cette plate-forme de l'égalité qu'elles asseyent leurs plus âpres revendications. Pauvres sottes, qui ne veulent pas voir ce qui crève les yeux, à savoir que cette « dépendance » n'est qu'un mot, que *cette dépendance est réciproque*, que son vrai nom est : INTER*dépendance!*

Si pour l'homme la femme n'est souvent, il est vrai, qu'un instrument de plaisir, en revanche pour la femme l'homme n'est souvent qu'un moyen d'existence. Partant quittes. Les deux sexes n'ont rien à s'envier.

Notre grand Corneille a écrit dans *Horace* :

> Le devoir d'une fille est dans l'obéissance;

jugez du scandale si le « malevolus vetus poeta » avait dit :

> Le devoir d'une *femme* est dans la *dépendance!*

Pour le coup il serait relégué au rang des pires gâteux ou des brutes. Il s'y trouverait d'ailleurs en assez bonne compagnie :

Molière et Napoléon. Encore une fois, niaiseries que tout cela. L'homme qui se marie se met en réalité au pouvoir et dans la dépendance d'une femme. Il n'est que *nominalement* le chef de la communauté. Croyons-en M. Henry Bordeaux dans son dernier et retentissant roman : « La sécurité, l'accord, l'union d'un foyer, dépendent de la femme plus que du mari; elle fait ou défait la famille comme la fortune ». (*Les yeux qui s'ouvrent*, p. 59). Nous acceptons, nous, les hommes, cette situation volontiers, mais au moins que les femmes ne se plaignent pas de leur sort et qu'elles désavouent les féministes qui les poussent à la révolte. Les féministes *mentent* aux femmes et se mentent à elles-mêmes.

Par conséquent Stuart Mill, le philosophe anglais qui a si niaisement donné dans les théories malthusiennes, aurait mérité, quand il a eu commis son livre sur l'*Assujettissement des femmes*, qu'on lui appliquât le mot de Philaminte sur Trissotin :

Ah! que peu philosophe est ce qu'il vient de faire!

Stuart Mill écrivit, sous d'autres noms, un traité de la *Servitude* plus ou moins *volontaire.* Il n'a pas vu que la « servitude » des femmes n'est au fond qu'une dépendance singulièrement mitigée et que la femme accepte par *intérêt* tout autant que par amour ou déférence. La rançon de cette servitude, c'est le règne de la femme à l'intérieur, et sa main mise sur toute l'activité de l'homme à l'extérieur.

Et que de moyens la femme tient à sa disposition pour tempérer cette dépendance! Ce qui neutralise l'autorité maritale, ce qui même souvent l'annihile, c'est la puissance de criaillerie de la femme, son art de se rendre désagréable, son habileté à jouer la victime, son ingéniosité à la taquinerie, son génie de la mesquine vexation. Voilà ce qui balance la force de l'homme et la tient en échec, au point que la plupart des maris capitulent, et, pour s'éviter des « scènes », font d'avance toutes les concessions. Voilà l'envers de leur « tyrannie », laquelle n'est qu'un bruit que les féministes font courir. Quel mari français n'est pas plus ou moins Polyeucte qui n'ose sortir de chez lui pour ne pas faire de peine à sa femme? Ou, si ce rapprochement avec un héros paraît trop ambitieux, quel mari français n'est pas plus ou moins Chrysale :

> J'aime fort le repos, la paix et la douceur,
> Et ma femme est terrible avecque son humeur;
> Du nom de philosophe elle fait grand mystère,
> Mais elle n'en est pas pour cela moins colère;
> Et sa morale, faite à mépriser le bien,
> Sur l'aigreur de sa bile opère comme rien.
> Pour peu que l'on s'oppose à ce que veut sa tête,
> On en a pour huit jours d'effroyable tempête.
> Elle me fait trembler dès qu'elle prend son ton;
> Je ne sais où me mettre, et c'est un vrai dragon;
> Et cependant, avec toute sa diablerie,
> Il faut que je l'appelle et mon cœur et ma mie.
>
> (*Les Femmes savantes*, acte II, sc. IX.)

Tous les maris ne tremblent pas ainsi devant leur femme, c'est vrai. Mais tous les maris qui ne sont pas des Turcs sont obligés d'accepter, en échange de la « côte » qu'ils ont jadis donnée, une « cote » plus ou moins bien taillée, sans quoi ce serait l'enfer conjugal. Je vais plus loin : *il faut* que cette dépendance soit réciproque, si l'on veut que le ménage puisse subsister. Cette dépendance, qui n'est qu'une des formes de la solidarité[1] générale, est inhérente à toute espèce de « contrat social ». Où n'y a-t-il pas dépendance dans le monde? Pourquoi les femmes seraient-elles exceptées d'une subordination que nous subissons tous les uns envers les autres? Essayons de démêler le sophisme accrédité par les féministes.

1. Si les femmes en effet sont « solidaires » entre elles, combien plus encore sont-elles « solidaires » des hommes! Laissons donc les féministes de l'espèce hargneuse prendre hypocritement la défense de *l'individu* isolé, mais envisageons *le couple*.

En « obéissant » dans le mariage, *la femme obéit moins à l'homme qu'aux circonstances*. Ces circonstances, c'est la situation du mari, la force des choses, l'intérêt social de la famille, les nécessités multiples de la « concurrence vitale ». Prenons un exemple, et dans la plus modeste sphère. Direz-vous d'une boulangère qui se lève à l'aube pour servir la pratique, et dont le mari a pétri toute la nuit; direz-vous d'une limonadière qui est assise à la caisse, obligée de faire aux consommateurs bon visage; direz-vous de la femme de Brichanteau ou de Delobelle, qui lui tient prête sa soupe à l'oignon pour quand il revient du théâtre à une heure du matin; direz-vous de toutes ces humbles ménagères qu'elles « obéissent », ce faisant, à la « loi de l'homme »? Ne sont-ce pas là les exigences de la *profession* ou de la *condition* qui commandent?

Montons quelques degrés de l'échelle sociale.

Direz-vous de Mme la préfète, à qui son mari recommande de frayer avec les « radicaux », quoique ce soient parfois gens mal habillés ou mal élevés, mais parce que l'avancement ou même le maintien en dépendent, que son mari la « victimise »? La femme qui se plaindrait d'être obligée à ces ménagements élémentaires ou à ces sujétions et qui les imputerait à « tyrannie » maritale, ne serait-elle pas odieuse?

N'était-elle pas odieuse à force d'inintelligence, cette femme d'un chef d'Institution qui disait : « J'ai pris mon mari en grippe, parce qu'il ne fait que gronder »? Le pauvre homme! il faisait son métier de pédagogue et d'éducateur! Régente-t-on un petit peuple d'enfants sans les « gronder »? Devrait-on les battre.... ou les abandonner à tous leurs mauvais instincts? Le professeur devra-t-il leur sacrifier sa réputation d'homme de devoir, pour contenter la *veulerie* de Mme son épouse?

Elles *mentent* donc, ou bien elles « bêtifient », les petites Madames qui gémissent : « Mon mari me force à me lever de bonne heure, me défend de recevoir les gens qui me plaisent ! »

— Eh ! non, bécasse ! Ton mari subit tout le premier la loi qu'il t'impose. Vous êtes tous les deux *esclaves de votre gagne-pain*. Ainsi les féministes ne savent qu'inventer pour envenimer les rapports les plus naturels et fausser les idées reçues universellement. Depuis que le féminisme est né, les principes les plus évidents sur lesquels, de temps immémorial, reposait la société, sont remis en question. Encore un peu plus outre, et nous aurons à démontrer que deux et deux font quatre et que la quadrature du cercle n'est qu'une vision cornue !

La femme est esclave, mais de son *sexe*, comme l'homme du sien [1]. Je ne suis pas de ceux d'ailleurs qui s'irritent de l'empire féminin. Laissons à feu Eugène Spuller ses doléances sur ce que, en latiniste ardent, il nommait l'*uxorité*. L'influence de la femme ne pourra jamais être trop grande, mais à la condition qu'elle reste précisément à l'état d'*influence*. La place que les femmes tiennent dans nos mœurs, et qui a été si considérablement agrandie par J.-J. Rousseau, Mme de Staël, George Sand, est bien assez grande comme cela. Il ne faut pas qu'elle se transforme en *lois*. Par là se perdent les sociétés. Par là elles tournent au Bas-Empire, au règne des Théodora, des Fédora... des Nora. Déjà les Goncourt signalaient le caractère néfaste de cette influence au XVIIIe siècle dans deux pages célèbres auxquelles je renvoie le lecteur. Ce sont celles qui se terminent ainsi : « Les femmes incarnent en elles-mêmes une corruption supérieure à toutes les autres et que l'on serait tenté d'appeler une corruption idéale : le libertinage des passions méchantes, la Luxure du Mal [2] ».

Cet empire de la femme est devenu au XIXe siècle, le romantisme aidant, un véritable « sacerdoce ». Ainsi le nomme

1. Voir le chap. suivant.

2. *La Femme au XVIIIe siècle.*

le plus récent et le plus brillant historien du Romantisme français, M. Pierre Lasserre :

« Infiniment plus près, dit-il, que l'homme de l'état de nature, on doute que la femme puisse être corrompue. Mais elle peut être corruptrice. C'est lorsque la défection de l'homme abandonne à l'empire du génie féminin celles des choses privées ou sociales dont l'esprit viril est l'organisateur et le juge nécessaires... Ce qui est diminution et dégradation pour l'homme, l'envahissement de l'âme tout entière par la vie sensitive et spontanée, c'est, pleinement épanouie, la nature féminine... Elle (Mme de Staël) déversa chez nous une *lymphe de sensibilité* allemande. Et celle qui, après elle, avec beaucoup moins de continuité, par incursions frémissantes, lança son cœur au bouleversement, — elle disait : à la rénovation — de tous les principes, George Sand, était de race très mêlée...

» Féminisme transcendant... principe négatif, dévirilisation de l'homme, fléchissement de la raison sous la spontanéité, dispersion dans le sentiment par l'abdication des énergies organisatrices et constructives... La femme-penseur n'est que tumultueuse et intempestive. Ecoutez-la bien ! Presque toujours, sous ce fatras, vous percevez de jolis cris d'oiseau. Imprégnant des intelligences d'homme, une philosophe-femme est un poison. Corruption résultée pour les sentiments, mœurs et idées, dans leur total abandon à l'esprit féminin [1].

Mme de Staël, cette « bacchante », selon Fontanes, n'eut aucune notion du devoir », selon Gœthe [2].

Il y aurait donc péril public à abandonner à ces créatures tout impulsives la confection des lois et à organiser dans le monde des *faits* une influence qui doit rester purement subjective [3]. Combien l'activité des femmes s'emploierait plus utilement à fortifier ce qu'elles veulent détruire, à consolider ce qui est la sauvegarde de leur dignité et de leur sécu-

---

1. On trouvera une « illustration » de ces théories dans mon 5e chap., consacré à l'étude d'une *métaphysicienne féministe*.

2. *Le Romantisme français*, par Pierre Lasserre, 1 vol. publ. par « Le Mercure de France », 1907. (Chap. VII).

3. On a dit que la case qui manque à la femme dans le cerveau est remplacée par une fibre dans son cœur.

rité : le mariage! Pour commencer, les féministes devaient-ils, ainsi qu'ils l'ont fait, laisser aux « antiféministes » le soin et le mérite de défendre le mariage? Défendre le mariage, telle aurait dû être justement la tactique des féministes. *Le féminisme tourne le dos à son principe*, qui est l'amélioration du sort de la femme[1].

Les féministes n'ont en cette affaire écouté que leurs rancunes personnelles. Exemple : les frères Margueritte... Mais si chacun ne voyait que son cas particulier, nous serions tous contre le mariage! Qui n'a pas à se plaindre du mariage? A qui le mariage a-t-il donné tout ce qu'on en attendait? Pour qui le mariage a-t-il été un océan de pures joies? Le bon sens et la bonne foi commandent de mettre en balance les avantages et les inconvénients du mariage et surtout de se dire que le mariage est *ce qu'on le fait*. Oui, en général, on a le ménage qu'on mérite.

Rentre en toi-même, *époux*, et cesse de te plaindre! Croit-on vraiment que les choses en iront mieux parce qu'au mariage on aura substitué l'union libre? Aura-t-on du même coup supprimé nos passions, nos vices? C'est là qu'est le mal. Nos institutions seront toujours assez bonnes, si nous sommes, nous, meilleurs. Le mariage, lui, n'en peut mais de nos misères et de nos souffrances. Le mariage ne nous est donné que comme un instrument de bonheur dont il faut savoir jouer.

Si je n'ai pas su me faire aimer, l'amour lui-même n'en est pas responsable. Le mariage est donc hors de cause. Il peut être

---

1. Chose curieuse et piquante, cette « erreur de tactique » a été dénoncée, il y a longtemps, par une des plus notoires féministes elle-même. George Sand, en effet, a dit dans ses *Lettres à Marcie* : « Ce qu'il y a d'étrange, c'est que ce sont certaines femmes qui se servent des arguments les plus propres à rendre le mariage odieux et impossible.

» Ainsi l'erreur affreuse de la promiscuité est soutenue par des femmes qui défendent l'égalité de nature chez la femme. De sorte que deux vérités incontestables, l'égalité des sexes et la sainteté de leur union légale sont compromises de part et d'autre par les femmes elles-mêmes. »

commode d'accuser le Code de toutes les infortunes conjugales, mais *c'est nous* qui en sommes les artisans[1].

Si notre mariage est malheureux, souffrons en silence, comme le loup dans la pièce stoïcienne d'Alfred de Vigny. Sachons « accepter notre vie », ce qui est plus viril et plus digne que de chercher sans cesse, par des divorces répétés, à « refaire sa vie ». Si notre maison n'est qu'une « maison d'argile », rien ne nous dit que nous saurons en rebâtir une de briques ou de marbre à la place. Au contraire nous aurons prouvé que nous sommes un mauvais architecte et que nous ne savons pas notre métier. N'ayons pas la prétention de rendre la société solidaire de notre infélicité personnelle. Les parlements ne légifèrent pas pour une minorité, or l'indissolubilité du mariage est un principe de conservation sociale. Auguste Comte, qui n'est pas suspect de tendresse pour l'Eglise, défendait qu'on y touchât. *Divorce implique égoïsme et orgueil.*

On ne peut pas supprimer absolument l'amour, mais on peut le confondre avec l'instinct sexuel. On peut rapprocher l'homme de la bête. *C'est ce que fait le divorce.* Le divorce tuera l'amour. Il matérialisera de plus en plus la société[2]. Il abolira à la longue une chose exquise et un mot touchant, celui de *moitié*, appliqué aux époux. « Moitié, expression charmante et vraie exprimant le besoin que la femme et

---

1. Soit dit entre parenthèses, c'est une marque de grande ignorance de la part des féministes d'imputer à Bonaparte (ils disent Napoléon) toutes les imperfections, vraies ou soi-disant telles, du Code civil et de prendre le Premier Consul pour bouc émissaire de leurs rancunes. Bonaparte n'a fait que codifier une œuvre séculaire, le droit romain, combiné avec le droit coutumier de la France. Voilà ce que dit l'histoire. Ce n'est pas précisément ce que disent les féministes, qui prétendent que Bonaparte a *exprès* tourné les lois au profit de l'homme.

2. Le divorce sera aussi le signal de l'abâtardissement de la race. Les *faits* montrent qu'il est lié à toutes les manifestations de dégénérescence. De récentes statistiques allemandes le démontrent péremptoirement.

« En Saxe, le nombre des suicides — le suicide est bien un signe de dégénérescence — est cinq fois plus grand chez les divorcés que dans le reste de la population. En Bavière, c'est six fois plus de suicides qu'on rencontre parmi les divorcés. En Prusse, sur un million de femmes mal'homme ont l'un de l'autre pour compléter et former le couple social[1]. » Moitié dans les joies, moitié dans les peines, moitié dans les devoirs et les droits, voilà ce qu'étaient l'un pour l'autre les époux de l'ancien temps. Lorsque le mariage ne sera plus qu'un contrat temporaire, formé et exercé sous la menace du divorce, qui pourra encore parler de cette union et de cette communion? D'abord la *faculté* du divorce, ensuite la *facilité* du divorce ont gâté bien des situations qui ne demandaient qu'à rester passables, fourni bien des tentations malsaines, suscité des conflits entre époux qui sans le divorce n'y auraient pas pensé, ou qui auraient pansé discrètement leurs plaies domestiques. Le divorce n'améliore pas le mariage, il le fausse; il n'en est pas le remède, mais le poison. Le divorce a *créé* plus de mauvais ménages qu'il n'en a *dissous*. Le divorce est le premier degré de l'avilissement de la femme et l'union libre est synonyme de prostitution.

Le « divorce facile », c'est la polygamie successive.

Le mariage devient alors une auberge de passage, un « hôtel du Libre-Echange », une condition dénuée de sécurité et de dignité.

C'est pourquoi grande est l'inconscience de Mme Caroline Kauffmann qui écrit : « Le divorce par le consentement d'un seul, c'est la volonté affranchie ». (*La Suffragiste*, avril 1908). Erreur, Madame, le « divorce facile », c'est la répudiation de la femme sous le plus futile prétexte. Madame n'est plus

---

riées, on compte 61 suicides; on en compte 348 sur un million de divorcées. Pour les hommes, sur un million de mariés, 286 suicides : sur le même chiffre de divorcés, 2.834 suicides. La proportion est-elle significative?

La folie accuse également la dégénérescence. Or les statistiques montrent que les cas de folie sont très fréquents chez les divorcés, hommes ou femmes. Pour ne donner qu'un exemple, en Bavière, toujours d'après les mêmes tables, on compte, sur une moyenne de 100.000 habitants, chez les mariés 115 cas de folie, et chez les divorcés 1.244 cas. Est-elle significative, la proportion?

L'Eglise catholique, en proscrivant le divorce, défend les intérêts de la race et de l'humanité. »

(Document emprunté au journal l'*Univers*.)

1. E. Delbet, *Revue internationale de sociologie*, février 1906.

jeune, Madame a eu la petite vérole et en est restée marquée, Madame a attrapé une métrite à la suite de couches, enfin Madame a cessé de plaire : divorce ! Il est inconcevable comme les féministes travaillent sottement à « élargir » le cercle des jouissances physiques du « mâle », ce mâle abhorré !

Qu'elles s'en rapportent donc à l'une des femmes dont elles se parent le plus volontiers[1], Mme Ackermann. « Dans la société, la femme n'existe qu'en vue et au profit de l'homme. Sans elle, ce dernier n'aurait ni famille, ni foyer. Qu'elle se renferme donc dans les devoirs de sa destinée ; elle y trouvera les seuls *bonheurs* possibles pour elle et surtout *toutes les dignités* » . Entendez-vous bien ? *Toute la dignité* de la femme est au foyer. J'ajoute que là seulement la plénitude de son *activité* peut trouver satisfaction et par conséquent je m'inscris en faux contre la théorie des féministes qui font du mariage une abdication pour la femme. En dépit de tout ce que ce sophisme peut emprunter d' « autorité » au spécieux Léopold Lacour, ce n'en est pas moins un sophisme. Eh quoi ! être épouse, mère, maîtresse de maison, quelquefois collaboratrice de son mari, ce n'est donc pas là mener la vie « intégrale » ? Y a-t-il donc dans l'humanité une mission plus haute, plus auguste, plus sublime, que celle d'assurer le bonheur de plusieurs personnes, dont quelques-unes vous doivent la naissance et l'éducation ? N'est-elle pas aussi stupide que criminelle la

---

1. Et sans aucune raison, pas plus que de Daniel Stern, « antiféministe », elle aussi, malgré sa débâcle conjugale. Il est à remarquer que, toutes les fois que les femmes ont du talent, elles repoussent le féminisme, et, si elles ont autrefois, du temps où elles étaient obscures, ingurgité le féminisme, elles le rejettent, une fois qu'elles sont devenues « quelqu'un ». La femme qui est supérieure n'est presque jamais féministe, ne crie pas, ne croit pas à l' « injustice sociale ». Elle s'en fie à son talent et à son charme de femme pour se tirer d'affaire et se tirer de pair. Elle prend en pitié et tourne même en dérision les déclamations féministes.

C'est ce dont ne tient nul compte l'*Almanach féministe illustré*. Le « calendrier » féministe qu'on y trouve est, presque d'un bout à l'autre faux quant au choix des « notabilités ». C'est une impudence en douze pages.

2. *Pensées d'une solitaire*.

« doctrine » qui place ailleurs, je ne sais où, l'idéal de la femme ?

Les féministes auront beau dire et beau faire : La vraie chance pour une femme, ce sera toujours d'être aimée, mariée, d'avoir des enfants, un intérieur.

La voilà, la « chance de Françoise » ! Tout le reste n'est que pis-aller.

Mais le féminisme ne mérite pas le nom de « doctrine ». Le féminisme, qui était au début la monomanie de l'égalité, est devenu l'*apologie de l'instinct bestial*. Il exhale une odeur équivoque de luxure. L'une de nos plus éhontées féministes, une certaine Renée Vivien, ne s'est-elle pas faite, dans un livre de mauvais vers, de ces vers que les femmes riment dans leurs moments « éperdus »[1], la prêtresse moderne des « amours lesbiennes » ? Cette Sapho mêle sans cesse à son « lyrisme » des déclamations féministes : évidemment elle vise au titre de « poétesse » officielle du féminisme. Et c'est en raison de cette complaisance pour le vice que le féminisme a entrepris la réhabilitation de la prostituée, *en tant que prostituée*[2]. Les féministes ont inventé que la débauche de l'homme est la *cause* du dérèglement féminin. Comme si la fille séduite n'était pas consentante ! Et alors ils s'apitoient hypocritement sur le sort de ces pauvres créatures que le vice du « mâle » jette sur le pavé ou dans le ruisseau. Se peut-il qu'on ignore ou qu'on travestisse à ce point la « genèse » de *la plupart* des cas de perdition féminine ? Mais c'est au contraire l'inconduite de la femme qui, quatre-vingt-dix-neuf fois sur cent, la fait par exemple renvoyer de sa place, et qui, d'une ouvrière, d'une employée, d'une demoiselle de magasin, d'une servante, gagnant modestement, mais honnê-

1. Intitulé *A l'heure des mains jointes* (!) Je ne fais pas mon compliment à l'auteur, du tour que prennent ses pensées à l'heure où les autres se recueillent.

2. Voir, ci-après, le chap. II, contenant un extrait significatif d'une brochure de la doctoresse Pelletier.

tement sa vie, fait une « fille »! Telle est l'origine réelle de la « carrière » de la majorité des courtisanes. La femme s'ennuyait ou bien rêvait de luxe, de toilette, elle « faute », elle est chassée, et voilà une nouvelle recrue pour la galanterie! Quoi de plus triste et de plus banal, mais aussi quoi de plus normal? Ainsi, au lieu que ce soit *pour* gagner sa vie qu'elle se prostitue, c'est au contraire *parce que* la faute lui a fait perdre son gagne-pain qu'elle se prostitue.

Qu'on cesse une bonne fois de nous rebattre les oreilles de ce mot de « séducteur » appliqué à l'homme! En fait, *c'est la femme qui séduit.* J'en appelle à toutes les mères qui ont de grands fils de vingt ans et qui tremblent sans cesse qu'ils ne deviennent la proie d'intrigantes ou de gourgandines.

La plupart des griefs féministes ne sont pas mieux fondés. Ils se résument ainsi : *se procurer tous les avantages et rejeter sur l'homme toutes les responsabilités.* Pour cela, crier très fort et charger l'homme, le « mâle », de toutes les iniquités d'Israël.

Les féministes prétendent que la part de l'homme est plus grande dans les droits et accusent notre égoïsme. C'est d'abord un mensonge : le plus lourd du fardeau pèse sur nos épaules. Quand un ménage s'en va à la dérive, on n'en accuse pas la femme, mais l'homme, qui n'a pas su tenir le gouvernail. Et quand il serait vrai que la balance penche un peu du côté de l'homme, ne serait-ce pas une légitime compensation pour son surcroît de soucis et de charges?

Voilà un jeune ménage : l'homme, trente ans, sain de corps et d'esprit, ayant de l'expérience, ayant « vécu », traversé beaucoup de milieux. La femme, vingt-deux ans, hier jeune fille, ne sachant rien de la vie, ignorant comment « viennent les enfants »... et c'est bien tant mieux, n'en déplaise à M. Blum, car autrement son mari ne l'aurait pas épousée. Il faudra donc que cette jeune femme, *au nom du féminisme*, oppose sans cesse son veto à ce que décidera son mari, qui sait mieux qu'elle ce qu'il faut faire! Mais c'est l'épée de Damoclès du divorce continuellement suspendue sur leurs têtes ! Voilà comment le féminisme prend en main les intérêts de la femme.

Disons-le donc : *l'essence du féminisme, c'est un levain d'envie.* « Toutes ses revendications sont marquées au coin de l'insurrection et du mépris niais à l'égard de l'homme ». Est-ce Barbey d'Aurevilly qui fait cette mordante remarque ? Non, c'est M. Emile Faguet, qui ne sait pas ce que c'est, lui, que de juger par humeur et « ab irato ». Et tout cela nous explique, que sous le nom de féminisme, nous assistions à la revanche d'Eve, à une péripétie émouvante de la lutte éternelle qui se livre

> Entre la bonté d'homme et la ruse de femme !
> (Alfred de Vigny.)

Les féministes ont la haine de la beauté et l'envie des situations régulières où elles n'ont pu parvenir, ou bien d'où elles sont déchues [1].

J'aurai à revenir tout à l'heure sur cette question qui intéresse également le féminisme « économique ».

Un autre « dada » des féministes préoccupés d' « améliorer » le statut du mariage est *la recherche de la paternité.* Là encore les faiseurs de phrases et les amateurs de sensiblerie déclamatoire s'en donnent à cœur joie. Vous savez tout ce qu'on peut dire sur le thème de la fille séduite, proie innocente de la lubricité hypocrite de l'homme. Ce que les féministes ne disent pas ou ne voient pas, c'est, si la recherche de la paternité était introduite dans la loi, quelle prime inquiétante viendrait à être offerte à l'inconduite féminine ! Oui, ce qui retient encore les filles bien tournées de mal tourner, c'est la perspective de la g.ossesse et d'un accouchement clandestin. Le jour où pleine sécurité leur sera assurée sur les conséquences de leur faiblesse, vous verrez se multiplier les

1. J'entendais une femme d'esprit les définir « un club de malcontentes, qui groupe toutes les « toquées »... et les retoquées du mariage ».

filles-mères.... et diminuer les mariages. Vous verrez surtout croître le chantage.

Les féministes se montrent fort irrités de ce que la loi française semble plus indulgente à la débauche masculine qu'à la débauche féminine. Elles mettent en avant les grands mots d'égalité, de justice, et rééditent à ce sujet l'éternel sophisme : *A faute égale, peine égale.* Mais c'est que le législateur a estimé précisément que la faute n'était pas « égale » de part et d'autre. C'est étrangement manquer de bon sens ou de bonne foi que d'assimiler l'infidélité de l'homme à l'infidélité de la femme, l'adultère de l'homme à l'adultère de la femme. C'est être décidé à ne tenir aucun compte des conséquences que la faute de la femme peut entraîner pour l'état civil des enfants. *C'est raisonner dans l'abstrait.*

Veut-on un exemple plutôt badin comme quoi l'inégalité de la « faute » est un principe universellement admis ? Eh bien, le cas biblique de Joseph et de Mme Putiphar montre que l'opinion publique n'assimile pas la « faute » de l'homme à celle de la femme, puisqu'elle *raille* l'homme de ce dont elle *blâme* la femme. Elle estime que de la part de Joseph l'acte n'aurait eu aucune importance et elle le méprise un peu de ne l'avoir pas commis. Au contraire, en le commettant, la femme de Putiphar se serait *déshonorée.*

C'est ce qui prouve que *ce n'est pas la même chose.*

Une inconscience ou une insouciance absolue des conséquences de leurs « revendications », voilà donc ce qui caractérise les déductions de ce féminisme abstrait et d'ailleurs incohérent[1]. Toute sa campagne contre le Code civil atteste

1. Grands enfonceurs de portes ouvertes quand ils « revendiquent » le « droit au travail » que personne ne leur conteste, les féministes nous donnent, quand ils raisonnent, la sensation même de l'*incohérence.* J'ai entendu des « oratrices » se plaindre successivement de « l'égoïsme masculin » et avouer que le féminisme n'a guère d'adeptes que parmi les hommes et qu'enfin c'est aux hommes qu'on doit tous les progrès et succès de la « Cause ».

Mme Avril de Sainte-Croix nous offrira, plus loin, un parfait échantillon de cette « mentalité » féministe.

la plus parfaite inconséquence. En effet, pour une femme qui sait ses avantages, qu'est-ce que le *Code?* Le Code, c'est... ce qui lui plaît. Le Code a beau stipuler des obligations positives, déclarer par exemple que la femme sera tenue de suivre son mari, où qu'il aille, fût-ce au-delà des mers, le Code restera lettre morte, si tel est le bon plaisir de Madame. Irez-vous, vous, Monsieur, embarquer de force votre femme sur un transatlantique? D'ailleurs vos pouvoirs expireront peut-être dès la première escale. Le Code stipule aussi que le mari dont la femme a déserté le foyer conjugal peut le lui faire réintégrer « manu militari ». Enverrez-vous, Monsieur, les gendarmes après votre femme, sans souci du ridicule? Ce serait d'ailleurs à recommencer dès le lendemain, s'il plaît à la dame de retourner auprès de son galant.

Voilà donc autant d'articles du Code bel et bien tombés en désuétude. Les mœurs se sont chargées, comme il arrive toujours, de corriger les lois.

Or il y a des féministes qui réclament ardemment ce droit de la « force armée » pour la femme abandonnée, sous prétexte d' « égalité ». Il y a des féministes, que dis-je? tous les féministes réclament ardemment la suppression dans le Code civil de tout ce qui implique « obéissance » à l'égard du mari.

Alors, c'est quand ce droit est devenu caduc du côté et du *fait* de l'homme, qu'il faudrait le rétablir au profit de la femme? C'est donc une satisfaction de pure forme que la femme exige, puisque entre ses mains, cette arme sera aussi vaine qu'entre les nôtres. Est-ce sérieux, tout cela, et convie-t-on des parlements à légiférer ainsi pour la « galerie » ou pour la parade [1]?

— Pourquoi, Madame, puisque le seul Code que vous recon-

1. Méditons cette sentence profonde d'une femme, Mlle Claire Baüer : « Quand la femme sera l'égale de l'homme, le droit de direction et de commandement passera aux enfants ». (*Pensées féminines,* 1908).

naissiez est le code de vos convenances ou de vos fantaisies, pourquoi crier tout du haut de votre tête qu'il faut refondre le Code? A quoi bon, puisque le Code ne sera jamais que ce que vous voudrez? En quoi le Code peut-il bien vous gêner?

« L'obéissance », ce mot vous fâche? Mais, pour ce que vous avez laissé subsister de la chose, vous pourriez bien faire grâce au mot. Puisque le *fait* a amélioré le *droit*, reconnaissez que vos « revendications » ne sont que de pure forme et de pur amour-propre. C'est de l'agitation sans objet, puisque nulle réaction n'est à craindre. Mais peut-être aussi voulez-vous donner le change : vous « revendiquez » pour faire croire que vous êtes « opprimée » en effet. Entre nous, vous savez bien qu'on se demande en vérité ce qu'il reste au féminisme à conquérir. Mais, eussiez-vous obtenu tout ce que vous réclamez, vous « revendiqueriez » encore et quand même, *par politique !*

Ainsi la hantise de l'égalité est la base du féminisme. Il n'y aurait plus de féministes si cette vérité d'évidence était universellement reconnue, à savoir que les deux sexes ne sont *égaux* — c'est-à-dire identiques — sur aucun point, si ce n'est celui de la morale. L'homme et la femme, ces deux êtres complémentaires l'un de l'autre, représentent bien un total égal, mais obtenu par des nombres fractionnaires différents[1].

Egaux tant qu'on voudra, les deux sexes ne sont point *pareils.* Croyons-en le *féministe* Poulain de la Barre (XVIIe siè-

1. M. E. Cheysson dit fort bien : « Il ne s'agit pas de demander à la femme de doubler l'homme. Ce sont des êtres égaux, mais *distincts.* Ils ont tous deux des rôles très élevés, de même importance, mais différents et complémentaires, et capables de contenter les ambitions les plus exigeantes. » M. H. Monin précise encore davantage : « Il s'agit de ramener l'homme et la femme, non au principe extrêmement contestable de l'égalité des sexes, mais au principe très évident de leur équivalence sociale et de leur harmonie nécessaire, lequel implique un droit partout où il y a un devoir et réciproquement, sans que pour autant droits et devoirs puissent être jamais identiques. On oublie d'ailleurs beaucoup trop que le véritable élément social n'est pas l'homme seul, ni la femme seule, mais le couple, la famille. »

(*Revue internationale de sociologie*, décembre 1905).

cle) : « Afin que deux personnes soient égales dans une société, il n'est pas nécessaire qu'elles puissent faire la même chose, ou qu'elles la fassent de la même manière. C'est assez qu'elles en puissent faire d'équivalentes. » (*De l'excellence des hommes*, etc. 2e part., p. 73, année 1675).

Il y a donc égalité, certes, mais non *similitude*. On s'en doutait, mais avec les féministes tout est toujours à redémontrer. Ces gens sont une manière d'idéologues dont le sens commun est perverti par l'amour des idées générales.

III

LE FÉMINISME AU POINT DE VUE ÉCONOMIQUE ET SOCIAL

Son influence sur les mœurs et les professions

Après ces réflexions, le procès du féminisme pourrait être considéré comme terminé. Mais il y a des personnes qui s'inquiètent moins d'un grand danger et lointain que de menues incommodités et présentes. A celles-là, je ferai remarquer que le féminisme est en train d'altérer gravement l'esprit libéral et hospitalier de notre société.

Le féminisme est la faillite de la galanterie française.

Il aboutit directement à cette conséquence, à jamais déplorable, qu'on traite les femmes en hommes. Oui, sans plus d'égards ni de façons.

Et cela, non pas seulement quand il s'agit de sauver son existence menacée, comme lorsque flambe un Opéra ou un Bazar. Alors l'instinct de la conservation peut être invoqué dans une certaine mesure comme une excuse. Mais même dans les quotidiennes et banales incidences de la vie. Rien de plus fréquent maintenant que de voir un homme qui ne cède pas sa place en omnibus à une dame et la laisse debout sur la plate-forme.

Les féministes elles-mêmes nous y invitent d'ailleurs, en

taxant d' « outrages » nos égards envers le sexe. Le journal *La Suffragiste* adresse, par la bouche de la doctoresse Pelletier, les conseils suivants aux femmes : « Lorsqu'un homme voudra vous céder sa place dans l'omnibus, refusez *poliment.* — Lorsqu'un homme vous offrira son bras dans une soirée, refusez également. Dites : Je vous remercie, Monsieur, mais cela est contraire à mes *principes* » (avril 1908).

Où diantre les « principes » vont-ils se nicher? Enfin voilà les commandements du Décalogue féministe. Il est singulier combien cette conception de la vie sociale ferait l'affaire de certains hommes qui aiment leurs aises, et combien la doctoresse Pelletier, masculine par le costume et hommasse par la taille, est masculine aussi par l'amour du sans-gêne! Au fond elle parle exactement comme l'Acaste du *Misanthrope*, ou du moins elle aboutit aux mêmes conclusions. En effet, ce petit marquis veut :

... Qu'à frais communs se fassent les avances

et pense

... Qu'on vaut son prix comme elles (les belles).

Cette fatuité lui fera trouver tout naturel de vivre aux crochets des femmes. C'est un *Bel-Ami* du XVIIe siècle. Eh bien, ce grand seigneur d'ancien régime serait parfaitement d'accord avec la Théroigne de Méricourt moderne et cette rencontre devrait donner à penser à notre doctoresse.

— Faites des révolutions féministes, Mesdames, faites des révolutions! pourrait lui dire un observateur narquois; .... ce seront les hommes qui en profiteront!

Seulement, par quelle contradiction étrange advient-il que ce sont les féministes qui crient le plus fort que « les hommes ne sont plus galants » et qu'elles relèvent soigneusement nos manquements à la galanterie? Nous ne faisons que leur obéir!

Comment se fait-il que ces dames, *entre elles*, s'exhortent à se montrer libérées de ce « préjugé » et qu'*en public* elles en réclament âprement les avantages et « flétrissent » celui qui les leur marchande?

Je pose simplement la question et je passe.

Dans les théâtres il se rencontre déjà des spectateurs grincheux qui s'adressent au commissaire de police — je dis bien : au commissaire de police; c'est arrivé; — pour faire enlever aux femmes leurs chapeaux gigantesques qui masquent la scène aux gens placés derrière. Autrefois le monsieur se serait contenté de grogner in petto. Aujourd'hui, sous le règne du féminisme, un spectateur mal endurant vous lâche le commissaire sur une femme! Voilà ce que les femmes ont gagné au féminisme.

Vous exercez, Monsieur, les fonctions de « critique littéraire » dans quelque journal. Vous rendez compte de tel roman signé d'un nom à consonance toute masculine. Comme le livre est mal écrit et trahit une ignorance extrême de la grammaire et de la syntaxe, vous êtes sévère, naturellement. L'article paru, vous recevez par la poste une bordée d'injures de l'auteur, qui, cette fois, mettant bas le masque, vous apprend, si déjà vous ne le saviez, « ce qu'une femme en fureur peut faire ». — Eh! Madame, il fallait donc le dire plus tôt que vous étiez une femme! On vous eût ménagée à ce titre, car enfin l'on sait bien que grammaire et syntaxe ont pour votre sexe des mystères insondables. Choisissez d'être homme avec tous les inconvénients de la masculinité, ou d'être franchement, ouvertement femme, avec tous les privilèges attachés à ce sexe.

Envisage-t-on le féminisme au point de vue des conditions sociales et économiques, là encore, là surtout, on s'aperçoit que c'est une « question mal posée ».

Sous couleur de protéger la femme contre la brutalité ou l'égoïsme du mari, les Chambres ont voté récemment une loi sur *le salaire de la femme mariée*. L'initiative de cette loi, qui a eu pour patron au Sénat M. Gourju (mai 1907), appartient à Mme Jeanne Schmahl, l'active directrice de *L'Avant-Cour-*

rière. La campagne que Mme Schmahl menait depuis de longues années en faveur de cette loi fait honneur à cette femme intelligente et distinguée. C'est un succès de ténacité dont le public a récompensé son auteur en baptisant cette loi : « La loi Schmahl ». Je m'associe à ces éloges dans ce qu'ils ont de personnel à Mme Schmahl et je rends volontiers hommage à la noblesse de ses intentions.

Malheureusement l'enfer lui-même est « pavé de bonnes intentions ». Une fois de plus j'estime que le féminisme sera allé « à contre-fin ». En effet la « loi Schmahl » dépossède l'homme du titre d'administrateur des biens de la communauté, établit deux budgets dans le ménage, et même permet à la femme de pratiquer des saisies-arrêts sur les appointements ou les honoraires du mari.

Assurément, il y avait quelque chose à faire dans l'intérêt de l'ouvrière exploitée ou maltraitée par l'ouvrier alcoolique, son époux. Mais la nouvelle loi va au rebours de ce but, et elle constitue un remède pire que le mal, puisque, en rendant intangible le salaire de la femme, elle affranchit l'homme de tout reste de scrupule et le délie de toute espèce de responsabilité. L'homme du peuple, sachant que sa femme « gagne » et qu'elle dispose souverainement de son gain, aura tôt fait de se désintéresser du sort de ses enfants.

— Tu as ta « galette », j'ai la mienne. Débrouille-toi avec tes gosses ! Bonjour !

Et il retournera au cabaret, d'où il ne rapportera même pas les quelques pièces blanches que, sous le régime antérieur, la femme parvenait encore à prélever sur la paie. Dans l'état de choses que la loi Schmahl va modifier, il arrivait parfois que la honte ou la pitié réussissaient à arracher à l'homme quelques parcelles de son gain. Dans l'état de choses que cette loi intronise, vous verrez l'homme vicieux et adonné à l'ivrognerie retourner à la brute et estimer que les enfants, c'est l'affaire de la femme. C'est elle qui les a « faits », n'est-ce pas ? Comme le mâle dans l'animalité, l'homme se désintéressera de ses petits. Dans les ménages où le mari est brutal, égoïste, débauché, intempérant, il sera tout cela désormais encore plus qu'avant. La loi Schmahl aura rendu plus aigus les dissentiments conjugaux là où ils existent déjà, et, cela n'est pas douteux, aura accru les ravages de l'alcoolisme, qui était le vrai fléau à combattre [1].

Ce n'est point par des lois qu'on remédie à la désunion des époux. Or la loi Schmahl introduit dans le ménage la *défiance.* Elle arme les époux l'un contre l'autre et les provoque par conséquent à faire respectivement l'essai de leurs forces. Elle propage cette idée — qu'il faudrait au contraire écarter — que les deux sexes sont en conflit. Le ménage jouissait tout au moins d'une paix « boiteuse et mal assise » : une féministe survient et voilà la guerre allumée ! L'homme verra d'un œil jaloux cette arme légale, cette protection extérieure accordée à sa femme. Il traitera d'intruse cette loi qui viendra se mettre en tiers entre lui et sa « moitié ». Les bas instincts qu'il pourra y avoir en lui s'en exaspéreront.

Ainsi cette loi est aussi maladroite que possible. Elle jette de l'huile sur le feu. Elle dresse des cloisons étanches entre les époux alors qu'il aurait fallu au contraire les unir plus étroitement. Il ne faut pas toucher aux liens du mariage, à moins que ce ne soit pour les resserrer. Le beau progrès que de tracer aux époux deux destinées latérales ! La devise de *Chacun sa vie !* qui est la devise du féminisme, est mortelle pour la paix du ménage. On n'a pas de trop de se sentir les coudes pour lutter contre la vie. Toute famille doit former autour de son chef un bloc, pour l'aider à triompher des obstacles, et employer l'effort commun à seconder l'action du mari, du père. Le féminisme, c'est donc l'éparpillement des forces familiales, c'est l'émiettement, c'est la dissociation. Avec ce

1. L'alcoolisme coûte par an à la France *un milliard et demi,* c'est-à-dire *la moitié* des salaires des femmes. C'est à écraser ce monstre que pourrait plus utilement s'employer l'activité féminine. Mais ces dames aiment mieux l'agitation stérile et qui flatte leur vanité. L'intérêt public ne vient qu'après, quand il vient.

mot d'ordre : Chacun pour soi ! — le pacte conjugal est rompu et la femme se retrouve devant l'homme désarmée comme à l'âge des cavernes. L'homme, mieux pourvu pour la lutte, se tirera toujours d'affaire. La femme ne lui servira plus que pour ses plaisirs, car enfin

Il faut bien que la femme à quelque chose serve !

Il ne se reconnaîtra plus de devoirs envers elle et toute cette belle politique sera l'œuvre du féminisme, qui aura méconnu ce principe : L'*harmonie* sociale résulte d'efforts *combinés* et non point parallèles.

Qu'on supprime radicalement le mariage, s'il a « fait son temps », mais, si l'on en attend encore des services sociaux, qu'on le fortifie au lieu de l'affaiblir. C'est de bon sens. Or tout ce qui divise le ménage, c'est-à-dire y organise la vie en partie double, est funeste au mariage. Agissez sur l'homme par le sentiment, mais gardez-vous d'user envers lui de contrainte. Il n'est rien que la femme n'obtienne de l'homme, si elle lui laisse l'illusion qu'il est le maître ; mais si elle veut agir d'autorité, procéder envers lui par voie d'intimidation légale, alors il regimbe. *Recalcitrat undique tutus*. Plus vous descendez l'échelle sociale, plus vous trouvez enraciné cet instinct, ce préjugé si vous voulez, d'après lequel l'homme se considère comme *maître* absolu à son foyer et comme le *propriétaire* de sa femme. Et c'est dans de tels milieux que vous dressez entre l'homme et la femme cette loi Schmahl, brandon de discorde ajouté aux autres ! Ce sera le coup de grâce pour les ménages déjà malades. Toutes les querelles prendront plus d'acuité avec cette loi « uxoricide » ; les divorces cesseront d'être un luxe, réservé jusqu'ici aux « classes dirigeantes » et deviendront un fléau plébéien. Dans l'histoire de l' « évolution » du Mariage, Mme Jeanne Schmahl, secondée par MM. Goirand et Gourju, aura inscrit une date néfaste.

Joint que cette loi sera d'une application inégale et arbitraire. Dans les milieux populaires pour lesquelles elle a été surtout faite, elle sera d'une application à peu près impossible. Tels sont les milieux ruraux, c'est-à-dire les moins gangrenés encore par l'alcoolisme. Allez donc estimer séparément le travail du paysan et celui de la paysanne, qui font œuvre commune et qui « mêlent leurs sueurs »!

Reste que la loi sévira surtout dans les milieux ouvriers, c'est-à-dire qu'elle y accroîtra, nous venons de le voir, le fléau existant.

Conclusion : Il est plus facile de faire passer certaines réformes dans des textes de lois que dans les mœurs. Ce n'est pas tout de voter une loi, il faut encore prévoir ses « incidences », comme on le dit de l'impôt. Ainsi, telle loi sur les «accidents du travail», généreuse en principe, peut être néfaste comme résultat. Si par exemple on accorde une indemnité plus forte aux pères de famille en cas de malheur, on favorise l'embauchage des célibataires comme indemnes de ce supplément de risques aux yeux du patron et l'on rend plus difficile l'embauchage des pères de famille, lesquels ont davantage besoin de travailler. Ainsi une loi peut retomber indirectement sur les intérêts qu'elle prétend sauvegarder.

Tel sera exactement le cas de la « loi Schmahl ». Une fois de plus il aura été prouvé par l'expérience que les victoires du féminisme sont des *victoires à la Pyrrhus*.

La concurrence vitale.

Bien des personnes s'imaginent que ce sont les difficultés chaque jour grandissantes de la vie matérielle qui ont engendré le féminisme, et donc que le problème est d'ordre *économique* plutôt que d'ordre moral. Les féministes de cette école résument ainsi leur pensée : « Vous ne nous épousez plus, il faut donc que nous cherchions à nous créer un établissement en dehors du mariage. Mariée ou non, il faut que la femme vive. De là, cette immixtion des femmes dans des carrières dont les hommes s'étaient réservé jusqu'ici le monopole ».

Eh bien! ce raisonnement est une mauvaise conclusion appuyée sur un fait d'ailleurs certain et que personne ne songe à nier. Ce fait certain, c'est l'âpreté de la « lutte pour la vie ». Mais ce malaise est de tous les temps; s'il nous frappe davantage aujourd'hui, c'est que nous en souffrons. La société est, depuis qu'elle existe, en travail, et ce serait une étrange naïveté de croire que ce travail intérieur est devenu tout d'un coup si laborieux.... qu'il a enfanté le féminisme. La secte a des origines plus humbles, nous l'avons montré ci-dessus.

Il est vrai, on épouse moins les femmes aujourd'hui, d'abord un peu parce qu'elles se font féministes, c'est-à-dire parce qu'elles brandissent le divorce comme une menace, ce qui est, on l'avouera, une assez maladroite façon d'aguicher les épouseurs. Admirez l'illusion ou la prétention des féministes : elles arborent un étendard rouge sur lequel elles ont écrit : « A bas le mariage! Vive l'union libre! » et ensuite elles s'étonnent, elles se plaignent que nous ne les épousions pas! Eh! Mesdames, commencez donc par ne pas nous dégoûter du mariage! J'appelle nous en dégoûter que de rendre ce lien tellement lâche et tellement fragile qu'il ne nous offrira plus à nous, les hommes, ni sécurité, ni stabilité, et que nous y regarderons à deux fois avant de confier l'honneur de notre nom à des personnes qui ne se marieront que *parce que* la ressource du divorce est là. On n'entonne pas d'une voix assurée la cantate de l'hyménée quand le divorce est à la clef.

Il est donc impossible dans la question du féminisme de séparer la morale de l'économie politique. La destinée de la femme sera toujours et avant tout d'ordre essentiellement moral. Essayons pourtant d'isoler l'une de l'autre ces deux données. Admettons que les femmes aient besoin de se créer des débouchés positifs et de se rendre indépendantes de l'homme, vu sa tiédeur pour le mariage. Admettons-le.... puisque aussi bien cette évolution est entrée déjà dans nos mœurs et que c'est un fait accompli.

Eh bien! je n'hésite pas à dire que ce fait, conditionné comme il l'est, constitue une *erreur de tactique* qui compliquera la question au lieu de la simplifier. Toujours le problème mal posé! Les femmes se sont donc jetées sur les carrières viriles que l'homme, en bon prince (rendons-lui cette justice en passant), a accepté de partager avec elles. Les voilà femmes-médecins, femmes-avocats, et, depuis quelques mois, femmes-cochers et femmes-sandwichs[1]. Or, l'erreur en cela consiste à rivaliser avec l'homme sur le même terrain et à le débusquer de ses positions pour les occuper soi-même. Erreur en effet, car, si les femmes se sont mises à évincer les hommes de la médecine et du barreau par exemple, ce n'est nullement parce que les hommes étaient mauvais médecins ou mauvais avocats. S'il en eût été ainsi, il y aurait eu service rendu à la civilisation et progrès social. Mais le fait est que, dans l'immense organisme de la société, l'homme-médecin et l'homme-avocat étaient des organes bien adaptés à leur fonction. Quel avantage aurons-nous à ce que tel rouage qui marchait bien soit remplacé par un autre qui peut-être sera plus impropre au service public?

Ainsi l'homme-médecin supplanté par la femme-médecin, c'est là proprement une *malfaçon* économique. Il n'y a plus harmonie là où il y a double emploi. La femme-médecin ne répond donc à aucun besoin social. Dira-t-on qu'il y aura supériorité et les femmes se flatteraient-elles d'échapper aux railleries faciles dont on a coutume d'accabler les médecins? Pensent-elles faire mieux? Elles n'ont pas cette ambition. Elles ne visent qu'à faire la même chose. Alors, *à quoi bon?* Nous avions déjà trop de médecins-hommes; s'il faut encore y ajou-

1. Depuis février 1907, la Belgique utilise les femmes comme « indicatrices de police ».

ter les médecins-femmes, du coup le métier sera tout à fait gâté. Le féminisme, et c'est en cela qu'il est un contresens économique, détermine *la diminution des salaires.*

Je sais bien ce qu'on allègue à ce propos de la médecine, et je m'empresse d'y venir pour qu'on ne m'accuse pas de faire un procès de tendance. Eh bien! donc, on a réclamé l'accès de la médecine pour les femmes au nom de la *pudeur*. « Il y a des choses qu'une femme ne peut pas dire au médecin », telle est la formule dont on s'est avisé. Singulier et tardif scrupule! Eh quoi! nos mères et nos grand'mères n'ont éprouvé nulle gêne à se confier aux médecins, et leurs filles subitement ressentent une répugnance insurmontable à se mettre entre les mains du médecin! Pitoyable prétexte, alors qu'on sait parfaitement que la femme qui accouche n'a plus de pudeur, et que celui qui la soulage, quel qu'il soit, est le bienvenu, alors aussi qu'on sait parfaitement que devant la souffrance le sexe disparaît *des deux côtés*. Le patient ne voit plus devant lui que la science qui le sauvera, et le médecin ne voit plus devant lui qu'un patient à sauver.

La valeur d'un scrupule se mesure à la délicatesse de l'âme qui le manifeste. Or, qui sont les gens qui, après tant de siècles écoulés, ont découvert que la bienséance s'oppose au contact, à l'auscultation, à la palpation de la malade par le médecin? Ce sont des doctrinaires d'une nouvelle espèce qui font de l'*impudicité* le principe de leur doctrine. N'était-ce pas le Robin de Cempuis (l'un des parangons du féminisme) qui appelait dédaigneusement la chasteté des femmes une « *niaise* vertu »? [1] Mais enfin l'adhésion à l'union libre, au divorce indéfiniment répété, à la coéducation des sexes, au malthusianisme et à tous ces succédanés du féminisme que la liberté de la presse tolère mais que la morale réprouve, cela ne vous qualifie pas précisément comme représentants de « l'austère pudeur »!

1. Voir *Le Complot contre la famille*, par Noblemaire, 1907.

Peu importe, dira-t-on, du moment que l'activité féminine trouve dans l'exercice de la médecine un débouché rémunérateur. — Oui, mais elle ne l'y trouve pas, et c'est la seconde raison que j'avais tout à l'heure pour dire qu'il y a eu de la part des féministes erreur de tactique. L'entrée des femmes dans les carrières de la médecine et du barreau ne leur a causé jusqu'ici que des déceptions et a accru le nombre des déclassés. C'est en ce sens que l'expérience qui, pour la médecine, est déjà plus que décennale, se prononce catégoriquement. Il n'est pas vrai qu'on ait vu encore des licenciées ès-lettres obligées pour gagner leur pain de se faire gardeuses d'enfants dans quelque *Maternelle.* Heureusement les femmes-professeurs trouvent, présentement du moins, meilleur emploi à faire de leurs diplômes. Mais il est vrai qu'une de nos nouvelles « doctoresses en médecine » tomba, malgré son titre de docteur, dans un tel dénûment que la charité publique dut intervenir, et c'est précisément ce triste fait-divers que M. Léon Frapié prit pour donnée de son beau roman, en l'arrangeant quelque peu. « Discite moniti », et qu'on ne vienne plus nous dire que l'élargissement de la carrière médicale répondait à aucun besoin ! Quelles amères réflexions dut faire cette malheureuse doctoresse, qui, s'étant peut-être destinée à la médecine, étude si onéreuse et si longue, parce que les femmes, ses pareilles, lui avaient promis d'aller à elle, vit au contraire que les femmes continuaient de réserver leur clientèle au médecin, et qu'il ne lui restait plus qu'à mourir de faim !

La Maternelle n'est — peut-être même à l'insu de l'auteur — qu'une démonstration indirecte de l' « incompatibilité » qu'il y a entre le mariage et l'exercice par la femme d'une profession libérale, notamment de la médecine. La démonstration directe et éloquente et irréfutable de cette vérité doit être demandée par exemple au beau roman de Mme Colette Yver : *Princesses de Science* [1], qui a eu un succès si éclatant et si mérité.

1. Calmann-Lévy, 1907.

Cette « incompatibilité » est nettement affirmée à la page 216 du volume.

Princesses de Science est une œuvre puissamment objective, du même ordre et de même rang que *Vierges fortes* de M. Marcel Prévost et que *La Rebelle* de Mme Marcelle Tinayre.

Son objectivité. — L'héroïne, Colette, n'établit pas sa thèse par des paroles ou par des raisonnements, mais par le spectacle de sa vie. L'auteur fait converger habilement toutes les circonstances vers cette idée maîtresse : l'inanité des études médicales chez la femme. Mme Yver place la « doctoresse » dans toutes les situations possibles : nous avons la doctoresse non mariée — et avide de satisfactions affectives — une autre est la doctoresse mariée — et écrasée par le poids de la maternité, les charges domestiques, le « coulage » dans la maison sans surveillance, etc. ; — une autre encore est mariée et mauvaise épouse ; une autre enfin est mariée et heureuse — parce qu'elle a déposé dans la corbeille de noces sa couronne de Princesse de la Science. Enfin la démonstration est complète, puisque l'auteur a montré impartialement la Grandeur comme les Misères de l'état de femme-médecin.

Mais comme les misères y dominent ! Comme on voit que l'exercice d'une profession libérale par la femme est antialtruiste, en ce que cette profession est contraire à la devise de la femme :

Vivre pour les autres et non pour soi !

Mme Yver a bien raison : le mariage ne peut être dans la vie d'une femme un simple et banal épisode. S'il n'y est pas tout, il n'y est rien. La place du mariage ne peut être qu'au premier plan dans les préoccupations d'une femme.

Il est heureux que ce soit une femme qui se soit chargée d'énoncer toutes ces vérités-là. De la part d'un homme, les féministes n'eussent pas manqué de crier à la jalousie. Une femme seule a toute l'autorité désirable pour soutenir que le bonheur de la femme est dans l'*oblation entière* de sa personne à son mari.

Les féministes se trompent donc, qui veulent que désormais la femme ne se donne plus qu'à moitié dans le mariage, ne prête plus que la moindre partie d'elle-même, élargisse démesurément son « jardin secret » et n'y admette le mari qu'avec parcimonie, condescendance et mauvaise grâce.... Mais quelques courtes citations du livre illustreront mieux ces théories.

Le mariage de la femme-médecin, une union équivoque où la femme n'est qu'une demi-épouse (p. 24).

Ah! mes amis, ça manque de poésie, voyez-vous, le foyer de la doctoresse! Des médecins, certes, il en faut... mais on aura beau dire, c'est l'affaire des hommes (dit la doctoresse Adeline, p. 71).

La formule définissant le cas social de ces créatures nouvelles serait : *Ni mari, ni enfants* (p. 89).

Lorsqu'on est marié, il faut, autant qu'on le peut, lier ses vies (p. 122).

Je crois que nous ne sommes point pareilles à l'homme, nous ne sommes près de lui que des assistantes, comme on dit en Russie; toute notre raison d'être est là : l'aider à vivre, à être heureux (dit l'étudiante Dina Skaroff, p. 150).

Chez les femmes qui se destinent à la médecine, la curiosité est plus forte que la sensibilité (p. 172).

Une femme-médecin n'a pas de cœur, une femme-médecin n'a pas de sens, *une femme-médecin n'est pas une femme...*

Vous pensez bien que cette personnalité dont je fais montre est factice, et que les satisfactions dont je me contente sont très relatives. J'ai choisi cette vie de science, je la voulais parfaite; j'en ai d'avance écarté les obstacles, et les plus dangereux de tous : mariage et famille. Mais, quand je dis : une femme médecin n'est pas une femme, je parle seulement des apparences qui doivent assurer la dignité professionnelle, car, derrière cette froide façade qu'il nous faut exhiber, *il y a une vraie femme qui pâtit,* qui aurait su aimer (p. 215).

Tous deux souffraient du même mal, celui qui sera de toute éternité l'irréductible ennemi de l'homme : *l'orgueil de la femme* (p. 294).

On pourrait philosopher longuement sur cette donnée de *Princesses de Science*. Une des leçons que j'en dégage pour ma part, c'est que les femmes feront bien, en matière de science, de consulter la *vocation* plutôt que l'*ambition*. Laissons de côté pour aujourd'hui la question de principe ou de fond, qui est de savoir si les femmes sont capables de science. Je l'ai amplement traitée dans *Le Mensonge du féminisme*. Remarquons seulement ici qu'il n'y a aucun *désintéressement* dans cette « ambition scientifique » de la femme. Car, à la base de la science féminine, il y a presque toujours une intention peu noble, celle de la *dépossession*. La féministe veut apprendre physique, algèbre, géométrie, cosmographie, chimie, etc., non pas pour ces sciences mêmes, mais *parce qu'un autre les apprend*. Elle ne veut pas qu'il soit dit qu'elle en sait moins que l'homme. Toujours la même erreur de psychologie et de pédagogie : décalquer la femme sur l'homme! Aussi embrasse-t-elle *toute* la science à la fois. Il lui faut le savoir encyclopédique[1], et, comme elle ne sait pas se borner, elle ne sait rien à fond. Pourquoi les féministes réclament-elles si bruyamment que les lycées de filles organisent l'enseignement du latin et préparent au baccalauréat? Uniquement parce que les garçons étudient le latin (bien mal d'ailleurs) et finissent presque toujours par être bacheliers. C'est là le brevet de noblesse qui leur fait prendre en pitié leur « brevet simple » et même leur « brevet supérieur ». Les gens bien renseignés savent que cette campagne en faveur du baccalauréat féminin a été entreprise au nom de la peréquation des fonctions et des carrières. Le « brevet » d'antan n'est plus considéré maintenant que comme une entrave et un signe d'infériorité intellectuelle. Il semble que la société ait le devoir de ménager à toutes les femmes le moyen d'avocasser et de médicasser. Jacasser ne leur suffit plus.

---

1. Tel est bien le caractère des élucubrations « philosophiques » des Renooz, des Lydie Martial, etc. Voir pour la première, *Autour du féminisme* et, pour la seconde, le chapitre V, ci-après.

Mais admirez une fois de plus l'*inconséquence* qui est à la base de toutes ces « revendications » féministes! *En même temps* que les femmes demandaient l'accès du baccalauréat, elles demandaient d'être *dispensées* de ce même baccalauréat et autorisées à pénétrer dans les écoles de médecine et de pharmacie par la simple porte du *brevet supérieur.*

Ce vœu, porté devant le Conseil supérieur, vient d'être sagement repoussé par cette Assemblée (22 juillet 1908). Le Conseil a vu là une résurrection intempestive des « officiers de santé » et a pensé que cette restauration n'aboutirait qu'à « multiplier les déclassées et à aggraver une concurrence dangereuse pour la moralité du corps médical. » La motion des féministes du Conseil supérieur n'a obtenu que sept voix.

« Quand une femme a du goût pour les sciences, il y a quelque chose en sa sexualité qui n'est pas en règle », déclare Nietzsche [1]. Que sera-ce donc si, au lieu du goût de la science, elle n'en a que la vanité? Elle deviendra une de ces fanatiques de savoir mal digéré qui croient que Science peut remplacer Conscience et tenir lieu de tout. Sans aller plus loin que ce livre, vous en aurez ci-dessous (chapitre V) un assez bel échantillon. Elles entrent dans un laboratoire intellectuel comme elles pénètrent dans un magasin de nouveautés, sans plus de réflexion et d'études préalables. Les femmes que tourmente une « bas-bleuite aiguë » se lancent dans la confection d'un livre de haute science sans savoir seulement ni la grammaire de cette science, ni même aucune espèce de grammaire.

La dose de féminisme qu'il y a dans un livre de femme est

---

1. *Je pense,* p. 250.

Il n'est pas bien difficile de comprendre pourquoi Nietzsche traite les femmes scientifiques de détraquées. La « science » féminine incline presque toujours vers le rare et le singulier. Après les pédantes qui s'enthousiasmaient au XVIIe siècle pour les « esprits animaux », la lignée de Philaminte se continua au XVIIIe siècle par les zélatrices de Cagliostro, de Messmer, de Lavater. De nos jours, elles « s'emballent » pour les psychiâtres, les occultistes et autres charlatans de même farine.

généralement en raison inverse des qualités de style et de composition qu'il contient. Plus une femme sait écrire et penser, moins elle songe à « revendiquer ». Les romans de femme bien écrits sont presque tous « antiféministes » : *La Rebelle*, *Princesses de Science*, etc. Au contraire, voyez *Les femmes de demain* de cette Pauvre Cécile Cassot ! Quant aux traités de « doctrine », ils sont d'autant plus extrêmes en « revendication » qu'ils renferment plus de galimatias.

Mais, quand on signale cette influence navrante du bas-bleuisme sur l'esprit féminin, on ne saurait se couvrir de trop hautes autorités. Voici donc comment s'exprime le glorieux historien de Napoléon, M. Frédéric Masson :

> Les femmes qu'a contaminées la littérature n'ont plus, dans l'intimité de leur cœur, un sentiment qui soit sincère, profond et vrai ; il faut qu'elles étalent, dans des vers impudiques ou des proses déshonnêtes, leurs joies ou leurs douleurs, et, lors même qu'elles sont, par l'âge ou l'ineptie, incapables de prostituer elles-mêmes leurs sentiments au public, elles provoquent, ainsi que fit Mme Campan [1], quelque Aimé Martin à en donner la représentation [2].

Ces diplômes, si avidement poursuivis, parfois même au prix du surmenage, elles n'en feront d'ailleurs rien. Elles ont cru autrefois qu'ils leur ouvriraient des débouchés vers les carrières libérales ; ce fut l'illusion du féminisme naissant. Il a fallu en rabattre et ce n'est pas une des moindres « tares » du féminisme que ces ambitions qu'il a allumées et qu'il ne peut alimenter.

Je pourrais en dire à peu près autant, « mutatis mutandis », de toutes les professions libérales envahies par les femmes. Elles ne leur ont guère causé que des déboires [3]. La plus

1. Ajoutons-y une Mme de Saman (Hortense Allard), l'auteur des *Enchantements de Prudence*, geste d'une coquette sur le retour qui ouvre au public son alcôve.

2. *Napoléon et sa famille*, tome VIII, p. 309.

3. Les misères de l'*Universitaire-femme* ont été racontées tout au long par Mme Marcel Dhanys dans son roman : *Les perplexités d'Hélène Tis, professeur de Lycée*.

cruelle peut-être de ces déceptions fut celle que leur ménagea le barreau. Pas plus que les femmes-médecins les femmes-avocats n'inspirent confiance. Elles ont accru, là aussi, le nombre des praticiens sans clients. A l'occasion de la prestation de serment de trois nouvelles avocates, au nombre desquelles était Mlle Miropolski, qui depuis lors fait onduler dans les galeries du Palais une taille harmonieuse sous un gracieux visage, le journal *Le Temps* faisait les réflexions suivantes :

Trois jeunes filles viennent de prêter le serment nécessaire pour l'admission au barreau, ce qui porte à huit le nombre de nos avocates. Un de nos confrères du *Matin* a fait à cette occasion une petite enquête sur la situation professionnelle de ces cinq premières consœurs de Lachaud et de Berryer. Il les a d'abord cherchées au Palais, ainsi qu'il était naturel. Un garde, interrogé, connaissait bien Mlle Jeanne Chauvin, qui fut la première de toutes et dont l'admission fit tant de bruit, mais il ne l'avait pas vue au Palais depuis trois ans; il avait constaté que Mme Bénézech ne venait plus non plus; il ignorait Mme Petit, ainsi que Mlle Mille, et n'avait jamais aperçu Mme Pierre. Aussi aucune de ces dames ne se montrait dans le temple des lois. Où donc vaquaient-elles à la défense de la veuve et de l'orphelin? Peut-être s'étaient-elles consacrées plus spécialement à la carrière d'avocates consultantes?

Notre confrère, afin d'en avoir le cœur net, se rendit au domicile de ces pionnières du féminisme. Il découvrit que Mlle Chauvin a renoncé à plaider, ne reçoit qu'un jour par semaine, vu la médiocre affluence des clients, et se contente de professer la législation dans les lycées de jeunes filles; que Mme Bénézech a récemment mis au monde un magnifique bébé et se voue exclusivement à ses devoirs maternels; que Mme Pierre[1], qui est non seulement avocat, mais aussi médecin, habite un modeste appartement n'indiquant point que le cumul de ces deux professions libérales l'ait encore rendue millionnaire; que Mlle Mille, inscrite depuis un an, n'a pas encore plaidé, et que Mme Petit a usé jusqu'ici de la même discrétion. Ces échecs ne découragent pas les néophytes, qui ne plaident pas encore assurément, mais promènent dans les couloirs du Palais l'ardeur d'un beau zèle et de juvéniles espérances. L'une d'elles, Me Maria Vérone, est déjà entrée dans le conseil judiciaire du syndicat des caissières,

1. Mme Pierre a été, depuis lors, la lamentable victime d'un accident d'automobile qui la tua sur le coup (fin avril 1903).

comptables et employées de commerce. Elle compte se consacrer spécialement aux procès de divorce : les hommes n'ont qu'à se bien tenir !

En attendant, le fait incontestable, c'est que les femmes avocates n'ont pas réussi. Peut-être réussiront-elles dans un avenir plus ou moins éloigné; mais, pour l'instant, c'est un four..

(*Le Temps* du 17 novemb. 1907.)

Les journaux de février 1908 nous ont révélé un détail qui est piquant ou pénible, suivant le point de vue.

La conférence des avocats stagiaires, où se sont fait inscrire, suivant l'usage, les trois « nouvelles », avait mis à son ordre du jour la question suivante : *la femme-avocat, dont le mari mettrait opposition à l'exercice par sa femme de la profession d'avocat, pourrait-elle s'y faire habiliter par justice ?*

Un avocat, Me Reboul, opina — galamment — pour l'affirmative.

Mais Mlle Miropolski (l'affaire a fait assez de bruit pour que je puisse nommer l'avocate en question sans craindre de la compromettre davantage auprès des féministes) soutint résolument la négative.

L'argumentation de Mlle Miropolski était irréprochable au point de vue juridique. En effet les textes sont formels : Le Code civil n'a prévu jusqu'ici que le cas de la *femme-commerçant.* Celle-ci peut, au moyen d'une autorisation générale de son mari et délivrée une fois pour toutes, exercer sa profession. Mais le législateur est resté muet sur le compte des professions *libérales* et ainsi il semble — ce qui d'ailleurs est une contradiction — tout à la fois permettre et défendre l'accès du barreau aux femmes, en dépit de l'adage : *Donner et retenir ne vaut.*

Mlle Miropolski conclut en montrant le danger pour la famille de ces dissensions intestines et estima que la paix du ménage devait être mise au-dessus de tout. Ce côté « sentimental » fut indiqué par elle avec beaucoup de chaleur et de délicatesse.

Là-dessus grand émoi dans la mare féministe. On cria haro sur la transfuge qui avait trahi la Cause !

Et la farouche doctoresse Pelletier de réunir d'urgence ses adeptes de la « Solidarité ». Là Mlle Pelletier, les joues empourprées de colère et l'écume aux lèvres, ne se contenta pas de « flétrir » Mlle Miropolski. — C'est trop peu pour ce qu'elle a fait, disait-elle. Il est regrettable que l'état de nos lois ou de nos mœurs ne nous permette pas d'employer des voies de fait. Mais au moins que vous toutes qui m'écoutez, que « toutes les féministes du monde entier » s'entendent pour « boycotter » la renégate, pour « lui *nuire* par tous les moyens en notre pouvoir », etc., etc.

Telle est la tolérance féministe. Un des assistants se leva pour prendre la défense de l'absente, pour soutenir qu'on n'avait pas le droit de lui prêter, comme avait fait la présidente de l'assemblée, des mobiles inavouables, que Mlle Miropolski n'avait jamais reçu des féministes un mandat impératif et qu'enfin pour être avocate on avait le droit d'aimer la famille et de le dire. Il protesta contre les excitations aux sévices et les appels à la violence de Mlle Pelletier.

— Vous voulez ramener la Terreur.

— Justement, j'appelle de tous mes vœux la « Terreur de demain ».

— Prenez garde, Mademoiselle, dans Terreur il y a Erreur. La conception du féminisme que vous prêchez, c'est la pire des guerres civiles, la guerre des Sexes. Vous tuerez le féminisme. Et j'ose croire, pour l'honneur de votre sexe, qu'ici même beaucoup de vos amies vous désavouent tout bas, en attendant qu'elles se séparent de vous publiquement.

L'orateur termina par un appel chaleureux au bon sens, à la charité, à la justice.

La vérité m'oblige de reconnaître que ses paroles firent

impression sur la majorité de l'auditoire et que les désaveux plurent sur la tête de Mlle Pelletier. Ou plutôt ne lui plurent pas, car elle recommença à fulminer et à tonitruer de plus belle. Mais elle n'avait plus l'oreille du public.

Ce fut là une journée (4 mars 1908) que la présidente de la *Solidarité des femmes* ne pourra pas marquer d'un caillou blanc.

Ce « four » dont parlait tout à l'heure *Le Temps*, le féminisme en est exclusivement responsable. Mais j'accorde que d'autres professions, celle de pharmacien, par exemple, sont plus accessibles aux femmes, et j'espère que de ce côté, elles auront plus de contentement. Ce contre quoi j'ai voulu mettre en garde les femmes, c'est contre l'invasion tumultuaire et collective de *toutes* les carrières ci-devant viriles, sans distinction et sous prétexte d'égalité. Et, comme en un sens on est toujours féministe, mon féminisme, à moi, consisterait en une sélection minutieuse des occupations humaines et en une attribution plus rationnelle qui tiendrait un compte exact des capacités respectives [1].

Ce qu'il faut combattre, *dans l'intérêt même des femmes*, c'est je ne sais quelle « ruée » aveugle vers tous les instruments du travail social, qui fait ressembler le mouvement féministe à la poussée du collectivisme avide, à la trouée d'un boulet aveugle....

IV

LE SUFFRAGE POLITIQUE DES FEMMES. — LE VRAI FÉMINISME

Il manquerait quelque chose à ce relevé des excentricités féministes si je ne disais un mot des visées (j'allais dire : des vision) politiques du parti [2].

1. M. E. Delbet, dans une remarquable exposition de la doctrine comtiste en matière de féminisme, dit : « La solution (du problème économique) ne consistera pas dans l'organisation de la concurrence, mais dans une nouvelle répartition des tâches convenant aux deux sexes. » (*Revue internationale de sociologie*, février 1906).

2. Est-il besoin d'ajouter que le vote politique a été chaudement acclamé

Posons d'abord la question.

Voici le manifeste du groupe *Le Suffrage des femmes*, dont la présidente, Mme Hubertine Auclert, s'est créé une spécialité du féminisme politique. Ce manifeste a été adressé à chacun des députés et des sénateurs, vers la fin du mois de mars 1907.

Monsieur le Législateur,

La Société « Le Suffrage des Femmes », qui lutte depuis vingt-neuf ans pour faire admettre les Françaises à exercer leurs droits politiques, vous prie instamment de proposer au Parlement de conférer aux femmes — aux mêmes conditions qu'aux hommes — l'électorat et l'éligibilité dans la commune et dans l'Etat.

Accorder aux femmes qui subissent les lois et paient les impôts le droit au droit commun, ce sera immédiatement élever, avec la mentalité le niveau moral de la France; donc rendre moins redoutables pour la prospérité individuelle et collective les conflits économiques entre individus et entre nations.

Veuillez agréer, etc.

Le Comité (suivent les signatures).

Il faut que je transcrive aussi la pétition du groupe *La Solidarité des femmes*. J'ai bien assez déjà d'affaires sur les bras avec les féministes pour ne pas aller encore charger ma conscience d'une prétérition qui ferait rougir et rugir de colère Mlle Madeleine Pelletier, doctoresse ès-sciences féministes et doctoresse en médecine, aussi authentiquement l'un que l'autre.

Pétition à la Chambre des Députés en faveur du vote des femmes

Citoyens,

La croyance en l'infériorité intellectuelle et morale des femmes n'est qu'un préjugé des temps d'ignorance et de barbarie. Eduquée et instruite comme l'homme, la femme sera l'égale de l'homme.

---

au *Congrès féministe* de juin 1908? Il y a peu d'années encore, les féministes tièdes se montraient récalcitrantes à l'égard de cette « revendication ». Mais récemment le « succès » de Mlle Laloë a achevé de tourner toutes les têtes...

Dans une société vraiment égalitaire, tous les individus ont le droit de prendre part aux affaires publiques. La femme, comme l'homme, *doit donc voter.*

Le péril réactionnaire, évoqué par ces hommes sans justice qui veulent maintenir les femmes dans l'infériorité sociale, ne doit pas nous effrayer. Seule, la femme ignorante reste attachée au prêtre; la femme émancipée s'affranchira de la religion.

En Finlande, les femmes viennent de voter; elles ont voté pour des socialistes.

Citoyens, êtes-vous partisans du vote des femmes ?

Dr Madeleine PELLETIER,
Vice-présidente de « la Solidarité des femmes ».

Voilà les documents, loyalement exposés. Si j'étais député, même conservateur, la supplique Auclert, plus modérée de ton, me toucherait davantage. Mlle Pelletier enfle toujours la voix : c'est son genre. Elle appartient à la catégorie des féministes sanguines et apoplectiques. Je pense que ses allures provocantes et son emphase auront plutôt nui que profité à sa cause.

Evidemment, d'entre toutes les féministes, ce sont les « suffragettes » qui s'agitent le plus, d'un côté du détroit comme de l'autre : belle matière à mettre en prose badine, s'il n'y avait des parlementaires pour prendre cette « revendication » au sérieux et s'en faire les patrons [1]. On aurait cependant tort de tourner la chose « à la blague ». Ce féminisme militant, dont on peut dire qu'il « canit bellicum », est la pierre de touche à laquelle on reconnaît, suivant l'expression du jovial maître

1. Patrons assez tièdes, il est vrai. Au Congrès féministe de juin 1908, plus d'une centaine de sénateurs ou députés avaient envoyé leur adhésion plus ou moins chaleureuse. Or c'est à peine si trois ou quatre d'entre eux parurent ou parlèrent aux séances. Je pense que leur adhésion était toute platonique. Je ne vois pas nos honorables poussant l'héroïsme jusqu'à se dessaisir de leurs sièges législatifs en faveur de ces dames. Grande est la naïveté des féministes qui prennent toutes ces promesses de politiciens pour argent comptant. Simples démonstrations de politesse... ou de prudence. Car enfin, on ne sait pas ce qui peut arriver, n'est-ce pas? Il est donc adroit de ménager en ces « suffragettes » des électrices possibles. Le bon politicien est celui « qui se circumspicit », c'est-à-dire, en traduction libre, qui « regarde toujours du côté de sa circonscription »...

Emile Faguet, si un féminisme est « bon teint ». Il ajoute que le vote des femmes est « le dernier terme des revendications féministes ».

Le point de départ du mouvement en Angleterre fut fourni par les écrits féministes de Stuart Mill. Mais un recul se produisit ensuite. Depuis environ dix-huit mois nous assistons à une recrudescence qui a fini par gagner nos propres « citoyennes », toujours à l'affût des modes anglaises et toujours à la remorque de quelque « bateau ».

Ce sont surtout les féministes qui remettent en mémoire le mot de « être de reflet » que le satirique Barbey appliquait aux bas-bleus de son temps.

Le réveil du féminisme politique a donné, ces derniers temps, l'idée à un journal allemand de provoquer parmi les femmes un « plébiscite » sur cette question : « Que feriez-vous si vous étiez au pouvoir? » Les résultats de cette consultation ont fait le tour de la presse. Inutile donc d'en encombrer ces pages. Remarquons seulement que la plupart des femmes interrogées opinèrent pour le *statu quo*. Quelques-unes exprimèrent leur avis sous forme spirituelle.

Mme du Gast : « Qu'est-ce qui résulterait de la domination de la jupe? La paix universelle? Peut-être. Mais sûrement la guerre au foyer. »

Lady Alma Tadema : « Les femmes sont toutes-puissantes et l'ont toujours été; c'est pour cette raison que je ne saurais discuter la question qui m'est posée et que je ne comprends pas. »

Mme Suzanne Després : « Ce que les femmes feront ? — Des bêtises ! »

C'est, en termes humoristiques, la même chose que ce que disait de son temps déjà la grave Mme Ackermann : « Quand on ouvrirait aux femmes les portes de toutes les libertés, comme quelques-unes le réclament, *les honnêtes et les sages ne voudraient pas entrer* [1] ».

1. *Pensées d'une solitaire.*

Elles ne voudraient pas entrer dans ces meetings tapageurs, parce qu'elles seraient rebutées par l'extravagance des idées et l'incorrection (dans les deux sens du mot) des paroles qui s'échangent entre « suffragettes ». Car, chose curieuse, ce sont les femmes les plus passionnées pour l'électorat et l'éligibilité qui parlent le plus mal. C'est à la *Solidarité des femmes*, dont l'enseigne est : « La femme doit voter », que j'ai le plus entendu psalmodier de ces cantilènes *écrites* (écrites en patois) qui plongeaient les adeptes les plus fervents dans une douce somnolence.

La femme ne sait pas parler en public; elle ne sait que réciter ou ânonner d'une voix hésitante et sourde. Quand elle « improvise », oh! alors, c'est à fuir ou à se tordre.

La promotion politique des femmes engendrerait fatalement une conséquence qui n'a pas échappé à un sociologue expert :

> Si les féministes poussaient l'égoïsme de sexe jusqu'à n'avoir cure de ce qui arriverait de ces malheureux hommes si leur programme (de désertion du foyer et d'agitation politique) se réalisait, elles justifieraient *un égoïsme correspondant* chez ceux-ci, qui alors feraient bien de s'opposer de toutes leurs forces à une émancipation dont ils seraient les victimes... ainsi que les femmes elles-mêmes d'ailleurs [1].

Ainsi une cause de conflit de plus entre les sexes, la « guerre au foyer », le gâchis législatif aggravé de tout ce qu'y introduirait l'absence de toute éducation technique : voilà quelles seraient, selon les esprits les moins prévenus, les conséquences du suffrage féminin. Notre République est-elle assez solide et notre France assez prospère pour courir cette aventure? Je dis bien : une *aventure*, car féminisme est synonyme de *pacifisme*, et qui ne voit quelle effroyable aventure le déve-

1. M. Limousin, *Revue internationale de sociologie*, décembre 1905. Le même ajoute un peu plus loin : « A l'heure actuelle, en France, l'acquisition des droits politiques par les femmes aurait pour conséquence certaine une grave régression. »

loppement du « pacifisme » ferait courir au pays? Le pacifisme, ce serait à bref délai la guerre et un nouveau démembrement de la France.

Mais, pour commencer, l'invasion des femmes-politiciennes achèverait de troubler le pays à l'intérieur. J'ai connu d'excellents ménages que « l'affaire » a irrémédiablement divisés. Avec la femme électrice et éligible, il faut prévoir, le mari en concurrence avec sa femme pour quelque mandat législatif ou municipal. Beau moyen de consolidation du mariage! Or il n'est pas politique de semer des germes de division où que ce soit et l'Etat n'a rien à gagner au désarroi des familles.

Avec les femmes, la politique de *personnes*, qui fausse déjà tant le mécanisme constitutionnel, jouera encore un plus grand rôle. La femme en effet ne raisonne guère dans l'abstrait, mais à peu près exclusivement dans le concret.

Enfin la femme ne nous semble pas faite pour *la vie en pleine lumière.*

Ces réflexions générales sur le féminisme politique eussent été peut-être en d'autre temps suffisantes pour dénoncer tout ce qu'il y a de mal digéré dans cette sorte de « revendication ». Mais ces derniers temps un « fait nouveau » s'est produit qui a surexcité les ambitions politiques des féministes et a réveillé en elles un feu mal éteint.

Un peu par prosélytisme, beaucoup par cabotinage, une jeune fille, Mlle Jeanne Laloë, s'est portée candidate aux fonctions municipales dans le IXe arrondissement. Elle a recueilli 990 voix contre le conseiller sortant (et rentrant), M. Escudier, aux élections du 3 mai 1908. Là-dessus les féministes de célébrer bruyamment ce relatif succès, comme le gage assuré d'une prochaine et définitive victoire. Pour eux la Constitution en a dans l'aile et l'entrée des femmes dans le Parlement n'est plus qu'une affaire de temps.

C'est escompter trop haut un « succès » purement apparent. C'est prendre bien vite ses désirs pour des réalités. C'est se méprendre lourdement sur le caractère d'une manifestation qui n'eut aucunement la portée et le caractère que les féministes, qui n'y regardent pas de près, se plaisent à lui attribuer. Il peut convenir aux féministes d'interpréter comme une marque de sympathie donnée à leur cause le millier de voix obtenu par la candidate. Mais d'abord celle-ci, qui paraît une personne amie des coups de tête et facile à l' « emballement », s'est lancée dans cette aventure comme dans une folle escapade au bout de laquelle il n'y avait que du plaisir.

— Bon ! cela fera toujours passer une semaine ou deux.

Mlle Laloë n'avait reçu aucun mandat féministe et ce n'est qu'après coup et par réflexion qu'elle s'est avisée de faire hommage de ses « lauriers » au Féminisme. Sur le moment elle n'y avait pas même pensé : il a fallu qu'on la fît souvenir que le Féminisme existait et alors elle a en quelque sorte rédigé une sorte de post-scriptum à ses affiches électorales qui introduisait tardivement le féminisme dans l'affaire.

La voilà donc acclamée par un millier d'électeurs, qui étaient des hommes naturellement, ce qui montre tout de même que l' « égoïsme masculin » n'est qu'une légende. Eh bien ! j'ai regret à le lui dire et à lui retirer quelques-unes de ses illusions, les « principes » féministes ne sont pour rien, *absolument pour rien*, dans son « succès ». Cet incident n'imposera qu'à des gens qui ne sont pas d'ici. Mais pour nous, Parisiens, qui savons comment était faite la candidate, qui avons vu qu'elle avait, grâce à Dieu, figure rieuse, fraîche, mutine de gamine espiègle, cheveux blonds et soyeux, taille fine et avantageuse, enfin tous les agréments physiques sans parler d'un entrain endiablé et d'une gaieté communicative.... son « succès » électoral s'explique très bien. Mais ce succès ne doit rien au féminisme, la gentillesse de la jeune Frondeuse a tout fait. Qu'elle se persuade bien que ce chiffre respectable de voix fut pure galanterie, pur hommage au sexe et à la beauté. Hommage rendu par des hommes à une jeune fille à peine majeure et non éligible. Hommage qui ne tirait à aucune conséquence. A sa « gaminerie » les électeurs parisiens, nés, eux aussi, frondeurs, ont voulu répondre par une autre gaminerie. Il n'en est rien de plus.

Ah! ce serait autre chose, si, ou bien le corps électoral eût été composé d'hommes et de femmes, ou bien si la « candidate » eût été quelque bonne vieille, telle que par exemple la respectable Mlle Bonnevial, présidente de la « Ligue française pour le droit des femmes »! Alors les mille voix obtenues signifieraient quelque chose. Mais en ce cas c'est une cinquantaine de voix dont la candidate eût dû se contenter. Rappelez-vous le chiffre de suffrages qu'obtint en 1881 à Paris Léonie Rouzade, *féministe de marque, mais femme défraîchie* : cinquante-sept!

En résumé, Mesdames les féministes, si vous voulez vous insurger avec quelque chance de succès contre la Loi. soyez Laloë!

Mais si vous m'en croyiez, vous ne vous insurgeriez pas du tout. Je ne comprends pas que deux choses ne suffisent pas à écarter les femmes de « l'arène » politique : leur sens naturel du *goût* et leur *pudeur* innée.

Rien n'est laid et rien n'est relâché comme nos mœurs politiques. Les femmes vont-elles faire assaut avec nous de grossièreté, de débraillé, de cynisme? Dans les meetings préparatoires vociféreront-elles contre leurs adversaires le vocabulaire d'injures des héros d'Homère... et de Zola? — Vendu! Canaille! Egout, etc!

Et, si un concurrent les insulte dans leur honneur, les traite publiquement de C... et de P... et de G... et de tout ce que vous voudrez de plus ordurier, comment ces jeunes filles ou ces mères de famille prendront-elles la chose?

Notre épiderme, à nous, les hommes, est plus épais; il supporte mieux les piqûres. D'ailleurs nous avons des moyens de nous faire respecter que n'ont pas les femmes. La force de celles-ci est précisément dans leur pudicité, dans ce je ne sais quoi qui fait qu'en la présence d'une femme le ton des hommes se hausse à plus de dignité et de mesure. Tout ce charme va-t-il sombrer dans la bagarre politique?

Evidemment sur ce point comme sur tant d'autres les femmes ont « revendiqué » sans s'inquiéter des *conséquences*. Elles n'ont vu dans la votation que le *droit* abstrait; elles n'ont pas vu le *milieu* dans lequel les compétitions se produisent ni la *forme* qu'elles revêtent. Leur pudeur, leur distinction native, leur raison devrait leur commander de renoncer à cette prétention qui s'exerce sur un terrain où plus encore qu'au Palais la forme emporte le fond.

Car, après les « horions » du candidat, il y a les corvées de l'élu. Mme la députée se fera-t-elle la commissionnaire de ses mandants? Ira-t-elle solliciter pour eux dans les administrations, assiéger les bureaux, cajoler les ministres?

Les femmes ne veulent donc pas voir que s'il y a un domaine où l'*inégalité* foncière des sexes se révèle avec éclat, c'est le domaine politique?

Mais je suis bien bon d'aligner tant d'arguments. Invoquons la « question préalable » qui est celle-ci : que, pour commencer, les femmes décident les députés et sénateurs à leur abandonner bénévolement une part du « gâteau » électoral. Je sais bien que de naïves féministes, et qui vont incessamment se livrer à la manifestation innocente d'un congrès [1], s'imaginent qu'un bon tiers du Parlement est rallié à leur cause et que ces Messieurs, dont chacun étranglerait son meilleur ami s'il supposait qu'il dût être son concurrent aux élections, se priveront gracieusement de leurs sièges pour

1. Depuis que ces lignes étaient remises à la composition, le congrès en question s'est tenu (juin 1908). Est-il nécessaire de dire que le vote politique des femmes y a été acclamé? Or, au précédent congrès encore (1900), cette question avait été réservée. Les féministes modérées se méfiaient. Aujourd'hui le torrent entraîne tout. Signe des temps!

les leur offrir... Elles prennent pour de l'argent comptant les belles paroles et l'eau bénite de cour de ces Pères plus ou moins conscrits. Oh! qui fera tomber des yeux féministes les écailles qui les recouvrent...?

LE FÉMINISME RAISONNABLE

Le féminisme n'aurait que des amis s'il se circonscrivait nettement dans l'ordre des *sciences ménagères*, où il y a tant à faire. Dans ce domaine-là, tout le monde peut et doit être féministe. Ce n'est pas un madrigal que le rapprochement de ces deux mots : *science* et *ménage*, c'est une vérité dont les progrès de l'hygiène font apparaître tous les jours la réalité profonde.

La science ménagère est une chose qu'il est plus facile de mépriser que de savoir pratiquer. Que de femmes, voire des plus distinguées, sont incapables de tenir une maison, d'y faire régner l'ordre avec l'économie! Dans la hiérarchie des sciences, l'économie domestique occupe un des tout premiers rangs, à cause de tout ce qu'elle suppose de connaissances variées, d'esprit d'à propos, de facultés d'organisation, de possession de soi-même, d'activité bien réglée, de tact!

Notre vieux Montaigne, qui ne cultivait pas la phrase, et qui n'aimait pas à surfaire ce dont il parlait, n'a pas hésité à écrire que « la plus utile et honorable science et occupation d'une mère de famille, c'est la *science du ménage.* » Quel vaste champ ouvert à l'activité féminine, si cette activité veut sincèrement et utilement s'employer, que l'étude et l'application de tous les principes de tenue d'une maison! Quel art multiple et délicat que ce qu'on appelle « la puériculture »! Quel large et solide fondement ce serait pour une éducation féminine que l'ensemble des connaissances *pratiques* qui rendent la vie plus douce en même temps que moins dispendieuse!

Tout notre respect va aux féministes quand elles s'appellent les « Femmes de France » ou les ambulancières de la « Croix-rouge ». Là est la véritable vocation sociale de la femme. Car les femmes, médiocres comme penseuses, sont incomparables comme panseuses. Elles l'ont prouvé sous toutes les latitudes : en Tunisie, au Tonkin, en Annam, au Cambodge, au Laos, à Formose, au Dahomey, en Crète, en Chine, à Madagascar, au Transvaal, en Mandchourie, au Maroc enfin.

J'aurais plaisir à énumérer toutes ces conquêtes du bon féminisme et à détailler toutes ces nobles initiatives [1], si cet ouvrage ne visait surtout à être une indication de la nature et des dangers du féminisme.

Résumons donc les résultats de notre enquête.

LE FÉMINISME SE RÉCLAME D'UNE FAUSSE CONCEPTION DE L'ÉGALITÉ.

Le féminisme est *régressif*, en ce sens que, tandis que l'évolution humaine conspire vers un état social dans lequel la femme serait dispensée de travailler à autre chose qu'au ménage et à tout ce qui s'y rattache [2], il se propose de lui créer une sphère d'action intégrale.

Le féminisme est *antisocial* en ce qu'il détourne du mariage. La destinée de la femme ne doit pas être indépendante de celle de l'homme, mais au contraire s'y mêler de plus en plus étroitement : toute trame est faite de fils croisés.

---

1. Outre le livre de M. Max Turmann (*Initiatives féminines*), on pourra consulter avec fruit sur cette question l'article de M. Paul Acker dans la *Revue des Deux-Mondes* du 1er février 1907; *La Femme catholique et la démocratie française*, par la Vtesse d'Adhémar (Perrin); *La Femme de demain* par Etienne Lamy, de l'Acad. franc. (Perrin); *L'Education sociale de la femme*, par Maurice Baufreton (« tract » de l'*Action populaire*); les Conférences de la rue d'Athènes chez la Bne Piérard (1900-1904).

Enfin l'œuvre du *Foyer*, dirigée par Mme Thome, rue Vaneau, offrira un modèle d'enseignement ménager.

2. « C'est à l'homme à nourrir la femme », ne cessait de répéter Auguste Comte.

Or le *féminisme* — et c'est notre principal grief contre lui — ébranle l'institution du mariage et commet le *crime de lèse-famille* : il imagine pour la femme un genre de bonheur où « l'homme ne serait pas ».

Le féminisme est un *mirage et un leurre* qui accroîtra les maux qui peuvent peser sur la condition des femmes. — Le féminisme enfin, c'est l'art *d'envenimer les plaies sociales.*

En effet, il évoque sans cesse ce qui divise les sexes au lieu d'évoquer ce qui peut les rapprocher. C'est un parti de mécontents qui rassemble la lie de la société féminine.

Il est donc patriotique de démasquer le féminisme et de montrer à l'horizon ce nuage chargé de grêle et d'éclairs, cet agent de décomposition sociale.

A côté du bon féminisme, qui est sain et modeste, il y a le mauvais féminisme, qui est tapageur, révolutionnaire et immoral. On aurait donc tort de prendre le féminisme pour un sport inoffensif. De loin il a l'air d'un simple joujou, mais de près c'est une machine de guerre.

Une bombe enveloppée de papier de soie et enrubannée de faveurs roses.

CHAPITRE DEUXIÈME

LES IDÉES D'UNE FEMME SUR LE FÉMINISME

Conférence faite à la Société des Etudes italiennes (Sorbonne) le 25 janvier 1908.

MESDAMES, MESSIEURS.

I

Permettez-moi tout d'abord de m'applaudir... de ce que, malgré l'inclémence de la température, vous soyez accourus en si grand nombre à notre appel. Cet encouragement m'est bien précieux, il m'était même nécessaire, en raison du sujet que je vais traiter, sujet tout ensemble aride et délicat.

J'ai encore pour m'encourager une circonstance qui achève de me mettre à l'aise. Elle consiste en ce que je n'ai pas, pour cette fois, d'idées personnelles à déballer devant vous, ce qui est toujours inquiétant pour un conférencier. Je ne me suis chargé, en effet, que de vous exposer fidèlement les opinions d'autrui. Je n'ai donc pas à recommander avec angoisse mon âme aux Dieux et à m'approprier la prière du Paysan du Danube :

> Veuillent les Immortels, conducteurs de ma langue,
> Que je ne dise rien qui doive être repris !

Je ne pense pas d'ailleurs que ce que je vais vous lire scandalisera aucun d'entre vous. Si pourtant il s'était glissé dans cet amphithéâtre quelque militant du féminisme, du féminisme dont vous allez entendre une réfutation en règle, et qu'il fût disposé à protester, je prierais cette personne de se souvenir que ce n'est pas en mon nom que je parle ce soir, mais que je ne suis que l'écho des « idées » d'une absente, d'une étrangère.

Mme Neera. — Cette femme, Mme Neera, qui est d'ailleurs un des membres de notre Société, a su rendre son nom, son pseudonyme plutôt (*Neera* est une réminiscence d'Horace et d'André Chénier), populaire dans toute l'Italie et notoire dans toute l'Europe. Milanaise d'enracinement autant que de naissance, elle ne s'est pas hâtée d'écrire. Elle a su commander à l'impatience féminine, ou, si vous aimez mieux, à l'impatience d'auteur. Elle ne s'est hasardée à faire des livres que quand elle s'est sentie parfaitement maîtresse de sa pensée et de son expression. Voilà tantôt 30 ans qu'elle produit, et, depuis lors, son bagage littéraire, tant comme romancier que comme moraliste, est considérable.

Une trentaine de volumes, dont la totalité ont été traduits en allemand, et la plupart d'entre eux en espagnol, en russe, en tchèque, en suédois, en hollandais, en anglais.

Parmi les traductions françaises de ses divers ouvrages, je citerai : *Le Lendemain*, exquise nouvelle publiée par « La Revue bleue »; *Thérèse*[1], qui est à mon goût son chef-d'œuvre dans le roman, et qui a été traduite, très littérairement traduite — Mme Neera a toujours eu beaucoup de chance avec ses traducteurs français — par Mme Hudry-Ménos, elle-même romancière estimée; *Cravalcore*, qui hier encore était en cours de publication dans « Les Débats », journal qui avait déjà reproduit d'autres romans de Neera; *Une passion*, qui est à la veille de paraître dans une de nos grandes Revues; *Le Livre de mon fils*, qui a paru dans la feue « Revue du Bien »; enfin *Les Idées d'une femme sur le féminisme*[2],

1. *Thérèse*, 1 vol. 1899, Hachette; « Bibliothèque des meilleurs romans étrangers », 1 fr. le vol.

2. Chez Giard et Brière, 16 rue Soufflot, 1908, prix : 3 francs.

qui parurent en italien il y a deux ans à Milan et qui nous sont rendues par Mlle Hélène Douësnel avec une fidélité élégante, dans un style... dans un style que je louerais plus amplement si je ne craignais de mettre à l'épreuve la modestie de la traductrice que je reconnais dans cette assistance.

Neera est donc quelqu'un, et ses « idées » commandent le respect par leur sincérité et leur éloquence d'abord, ensuite par la grande situation que s'est acquise leur auteur. Elles empruntent à sa qualité de romancier psychologue très averti des choses de l'âme et du sentiment une autorité particulière.

MLLE CAMILLE BOS. — Enfin elles se trouvent confirmées par un livre récent d'une autre femme de talent, dont je vous demanderai la permission d'invoquer subsidiairement le témoignage. Mais auparavant il faut que vous me laissiez vous raconter comment ce rapprochement s'est offert, ou plutôt s'est imposé, à mon esprit.

Au début du mois de novembre dernier — la traduction du livre de Neera était alors sous-presse — mes yeux tombèrent sur une bibliographie qui me signalait l'apparition d'un livre d'un certain Camille Bos, sous le titre de : *Pessimisme*, FÉMINISME, *Moralisme*. Editeur : Alcan. Il faut vous dire que je suis aux aguets de tout ce qui paraît sur la question du féminisme, que je lis tout ce qui s'écrit sur le féminisme, pour ou contre. Oh ! ce n'est pas pour mon plaisir ! Cette lecture n'est pas folâtre. Il se dit ou s'écrit peu de choses *contre* le féminisme : vous en verrez tout à l'heure la raison. Quant à ce qui se dit ou s'écrit *pour*, c'est généralement de si mauvais style qu'il faut du courage pour aller jusqu'au bout. Ces dames qui défendent le féminisme affectent un mépris de la grammaire, affichent une ignorance de l'histoire, révèlent une inconscience de la critique des textes qui a quelque chose de stupéfiant. Je ne les lis donc que par curiosité et par devoir professionnel.

Je fais acheter le livre de Camille Bos chez l'éditeur. Je le lis et je suis émerveillé de la fermeté du style, de l'enchaînement des arguments, de la force et de la netteté de l'exposition. Voilà donc enfin le féminisme jugé par un philosophe! Depuis Stuart Mill je n'avais rien vu de plus fort... comme réfutation de Stuart Mill. Vous savez en effet que ce philosophe anglais a eu autrefois l'idée saugrenue d'écrire un livre intitulé : *De l'assujettissement des femmes.* Vous entendez bien : il dit « l'assujettissement des femmes ». Il ne dit pas : l'assujettissement des Chinoises, ou des Japonaises, ou des Mandchoues, ou des Tahitiennes. Il dit : l'assujettissement de *toutes* les femmes indistinctement, par conséquent des Anglaises, ou des Françaises, et notamment des Parisiennes, aussi bien que des femmes de n'importe où.

Cet homme assurément n'aime pas *les nuances!*

Or, Mesdames, à bien franchement parler, je ne sais pas ce que c'est que « l'assujettissement » des Françaises et surtout des Parisiennes. Je ne l'ai jamais rencontré. Vous me direz que cela tient au milieu où j'ai le bonheur de vivre et à ce que je ne suis pas encore un vieux monsieur ayant une longue expérience. Possible. En tout cas, partout où il m'a été donné de faire des observations, j'ai toujours vu au contraire le mari français tremblant[1] devant sa femme, ou, si ce terme vous paraît trop fort, dirigeant sa conduite, sa carrière, ses actes, de manière à procurer à sa femme et à sa famille le plus de bien-être et de considération qu'il lui est possible... Je vous jure que je dis ce que j'ai vu. Mais d'ailleurs la

1. Ce n'est pas à La Bruyère qu'il aurait fallu parler de cet « assujettissement » de la femme française. L'une des plus piquantes pages qui soient sorties de la plume de ce grand moraliste est la constatation satirique de cette main mise de la femme sur le mari. « Il y a telle femme, dit-il, qui anéantit ou qui enterre son mari (Mme de La Fayette?), au point qu'il n'en est fait dans le monde aucune mention. Vit-il encore? Ne vit-il plus? On en doute. Il ne sert dans sa famille qu'à montrer l'exemple d'un silence timide et d'une parfaite soumission. Il ne lui est dû ni douaire ni convention; mais, à cela près, et qu'il n'accouche pas, il est la femme, elle le mari. »

circonstance présente nous offre un moyen bien simple de nous en assurer. Mesdames, que celles d'entre vous qui se trouvent « assujetties », asservies, opprimées, victimisées par leurs maris veuillent bien lever la main... Personne ne se désigne? Je vous entends. Vous voulez que je fasse sortir les maris pour que l'épreuve soit libre et concluante? Seulement alors je serai obligé de sortir moi-même... et nous n'en sortirons pas.

Je poursuis donc.

Mesdames et Messieurs, je suis un homme tout de premier mouvement. Je ne pus me tenir d'exprimer mes félicitations à M. Camille Bos, qui m'avait procuré un si vif plaisir littéraire. Prenant prétexte de ce qu'il m'avait fait l'honneur de me citer moi-même en plusieurs endroits de son livre et avait fait de moi une petite autorité dans la matière, je lui écrivis une lettre où je le remerciais et où je lui marquais le désir de faire sa connaissance. Comme j'ignorais son adresse particulière, j'expédiai la lettre à son éditeur : « prière de faire parvenir ». Par retour du courrier, — remarquez la coïncidence! — je reçois de l'éditeur cette laconique réponse :

« Monsieur,

» Nous avons le regret de vous informer que *Mlle* Bos a été enterrée aujourd'hui.

» Veuillez agréer, etc.

» Félix Alcan

» 4 novembre 1907 »

Ainsi cet antiféministe, ce philosophe, cet écrivain était une femme! Car je n'avais pas hésité à attribuer à un homme les qualités toutes viriles de cet esprit; excusez ce trait de fatuité masculine! Ainsi elle était morte au lendemain même de son œuvre, avant d'en avoir pu constater le succès dans le monde, à l'aurore sans doute d'une réputation naissante.

Le cœur douloureusement serré, je passe à la librairie Alcan, et là tout ce que l'on m'apprend sur le compte de Mlle Bos (*Bos* est aussi un pseudonyme) redouble en moi l'émotion et les regrets de cette perte.

Mlle Bos était une jeune fille très simple et très modeste de manières, ne faisant pas parade de ses titres, quoiqu'elle en eût beaucoup et de fort beaux, notamment celui de « docteur en philosophie ». Elle collaborait à la *Revue de philosophie* et avait déjà publié un autre volume : *Psychologie de la croyance*, parvenu à sa 2e édition. Elle était très estimée de ses maîtres, qui lui prédisaient un bel avenir philosophique.

Sed Cinarae breves
Annos fata dederunt.

Elle n'avait pu remplir sa destinée; cette jeune plante avait été tranchée dans sa fleur. Son histoire si brève nous rappelle la plainte douloureuse du poète :

Quare mors immatura vagatur?

Elle nous avait été enlevée par la tuberculose, n'ayant pas encore trente ans! Je salue respectueusement sa mémoire....

Plan. — Vous le voyez, Mesdames et Messieurs, je ne pouvais plus oublier désormais ce que j'avais lu sous le nom de Camille Bos. Vous allez être frappés comme je l'ai été moi-même de l'unanimité des vues de l'Italienne et de la Française. Le rapprochement que je vais faire vous développera un parallélisme curieux : ici une femme d'imagination, une romancière, une artiste primesautière, qui plaide avec son cœur, là une philosophe, une logicienne érudite, qui discute avec sa raison, l'une corroborant toutes les assertions de l'autre, toutes deux, sans se connaître, sans avoir jamais lu une ligne l'une de l'autre, se rencontrant jusque dans les termes même et scellant ainsi un accord parfait aux deux extrémités de l'horizon littéraire. Ce phénomène d'exacte concordance est à coup sûr une présomption capitale en faveur de leur thèse.

Je vais donc leur céder alternativement la parole, m'effaçant derrière elles, me bornant à relier d'un fil léger les morceaux que je leur emprunterai et à les classer à ma manière pour la commodité de la comparaison. Mais je me ferai scrupule d'y rien ajouter de mon cru.

Encore un mot. Je vous préviens que, désirant ne pas vous retenir ici au-delà du temps que peut durer une « juste » conférence, je ne prendrai que la moitié environ des idées directrices de Neera, celles qui ont trait au féminisme envisagé dans ses rapports avec le mariage et la société. L'autre moitié, qui formerait à elle seule le sujet de toute une seconde conférence, je l'abandonnerai, et à regret. Cette seconde moitié, c'est par exemple le féminisme devant l'histoire, devant la littérature et l'éducation, devant la religion ; ce sont aussi — et ce sacrifice n'est pas celui qui me coûte le moins — toutes sortes d'impressions éparses qui composent à Neera une si pure et si poétique physionomie d'idéaliste. Mais enfin, ces lacunes que je vous signale, il vous sera aisé de les combler en recourant au livre lui-même.

Le volume de l'aimable Milanaise est édité chez Giard et Brière, 16, corso Soufflot, au coin de la via Toullier, et il coûte le prix modique de trois lires.... pardon, trois francs.

II

LE SNOBISME FÉMINISTE

Félicitons ces deux femmes tout d'abord de leur courage, puisqu'elles résistent à un engouement général et vont à l'encontre de l'opinion publique, que C. Flossi appelait « tiranna negli affari del mondo ». Le féminisme, qui ne le sait? est très en vogue. On est féministe aujourd'hui comme on est socialiste et même anarchiste. Sport de salon. Snobisme. Nos mères et nos grand'mères, qui auraient eu pourtant quelques raisons de l'être, n'étaient nullement féministes. Mais voilà, on s'est laissé dire que l'humanité éprouve une soif de plus de justice et de plus de douceur dans les rapports individuels, que la société s'organise sur de nouvelles bases, et alors on apporte sa pierre aux assises du nouvel édifice sous la forme du féminisme. On coopère à fabriquer « l'Eve nouvelle », « la femme de demain », comme disent pompeusement les féministes. Plus familièrement, on veut montrer qu'on est « dans le train », qu'on est « du dernier bateau ». Pour être sûr qu'on suit la mode, on la devance! Et telle est l'origine commune de la plupart des vocations féministes.

Neera remonte hardiment ce courant, sans se dissimuler que son attitude lui suscitera mille ennuis. En effet son livre, quand il parut à Milan en 1905, provoqua de véritables batailles d'idées. Neera se fit beaucoup d'ennemis et peu d'amis à cette occasion. L'un de ces derniers lui écrivait d'une façon touchante : « Buona e valorosa Neera... » Mais plusieurs de ses admirateurs d'antan se retirèrent d'elle. En Italie comme en France, paraît-il, il est prudent de hurler... avec les louves et le féminisme fringant et piaffant est « grand favori ».

..... Je sais, dit-elle, que je vais contre le courant. J'entends déjà les sifflements de l'ouragan; déjà, je vois se détacher dans l'ombre les profils menaçants des écueils, et déjà quelques-uns de ceux auprès de qui j'étais en faveur s'écartent de moi avec méfiance. L'heure est sombre. Mais ne peut-on trouver, même dans les heures les plus tristes, dans les heures tragiques, une sorte de beauté à combattre, fût-on seul, pour ce qu'on croit être le vrai, pour ce qu'on croit être le bien [1]? Du reste, que veut dire ceci : être seul dans le champ de la pensée? Les idées ne sont jamais stériles. Il tombe d'elles un mystérieux pollen, qui, trans-

---

1. « La vie de l'homme doit commencer par la recherche du vrai, se continuer par l'admiration du beau et se terminer par l'amour du bien », a dit M. Luigi Luzzati, ministre d'Etat d'Italie et membre de l'Institut de France.

porté dans de lointaines et plus fécondes régions, forme une forêt de ce qui n'était qu'un arbuste solitaire. (p. 77-78.)

Mesdames et Messieurs, je suis heureux de vos applaudissements, parce que je les reporte à l'excellente interprète de Neera, ici présente. Il faut que vraiment la traduction de Mlle Douësnel soit parfaite, pour que vous ayez été aussi sensibles au mouvement et à la noblesse de la pensée de Neera. Vous le savez, la meilleure des traductions n'est jamais qu'un voile, mais, quand ce voile est impalpable, il épouse parfaitement les reliefs et les contours du modèle, et en laisse transparaître la grâce ou la force....

Il semble vraiment que Neera ait brodé sur un canevas fourni par Mlle Bos. Voici en effet le préambule du chapitre II de celle-ci, consacré au *Féminisme* :

On est toujours mal venu à vouloir endiguer le courant qui entraîne une époque; si le résultat obtenu n'est pas l'inverse de celui qu'on poursuivait, il reste que l'effort a été inutile et que l'on a paru malhabile. Le rôle de Cassandre est toujours un rôle ingrat.

Pour médire du féminisme, d'ailleurs, l'heure semble mal choisie, car non seulement il avance à pas de géant, mais encore il semble justifié par des succès apparents (p. 71).

LE SOPHISME FÉMINISTE

Avec beaucoup de justesse, Neera proteste d'abord contre l'accaparement, la confiscation du féminisme dans des vues de parti. Le féminisme, pense-t-elle, est à tout le monde. Qui est-ce qui n'est pas plus ou moins féministe, dans le bon sens du mot? Seulement, voilà, le vrai sens du mot s'est obscurci. Il s'est établi une synonymie entre féministe et ami des femmes, d'une part, et antiféministe et ennemi des femmes, d'autre part. C'est une proportion géométrique ou une équation algébrique : féministe est à ami des femmes comme antiféministe est à ennemi des femmes.

Or cette synonymie est parfaitement fausse et calomnieuse. La vérité, c'est que ce sont ceux qu'on appelle les antiféministes qui sont les vrais amis des femmes.

Le féministe est l'ami des femmes comme le limaçon est l'ami des fleurs... pour les salir.

En effet, ou bien je ne sais pas ce que c'est que le féminisme, ou bien c'est une *sollicitude éclairée pour les intérêts féminins*. Que faisons-nous, nous autres « antiféministes »? Nous voyons, ou croyons voir, des meneurs entraîner les femmes sur une pente fatale et nous crions : casse-cou! Nous sommes convaincus, à tort ou à raison, que *le féminisme rendra la condition de la femme pire*, qu'il aboutit à l'amoindrissement, à l'avilissement, à — frémissez, Mesdames! — l'enlaidissement de la femme. Et nous crions : halte-là! Nous pouvons nous tromper sur de certains détails, mais au fond nous sommes dans le vrai, et alors au moins convient-il de rendre hommage à nos bonnes intentions. Neera a donc parfaitement raison de protester contre l'usurpation de titre que commettent les féministes et la défaveur qu'ils ont réussi à jeter sur nous. Voici le «porte à faux» du féminisme.

... Prétendre monopoliser un cri de douleur que le poète a recueilli dans le cœur des hommes est une véritable imposture (trad. libre).

Les chapitres que je rassemble dans ce volume m'ont été suggérés par la vue de ce flot du féminisme qui s'avance; je l'ai écouté monter et dans son grondement je n'ai nullement perçu la voix du progrès féminin; *il est bien trop masculin, ce féminisme, pour être vrai*... Je m'adresse aux femmes qui acceptent en toute simplicité et noblesse leur grande mission, faisant en cela du véritable féminisme (p. 2-3).

LE LEURRE DU FEMINISME

Il y a donc une équivoque féministe? Assurément, et même une équivoque savamment entretenue par les ... comment dire? les « cheffesses » du parti. Cette équivoque a pour pendant ce que j'appellerai le « leurre » du féminisme. Oui, le féminisme, c'est l'art de promettre aux femmes plus de beurre que de pain, de leur faire lâcher la proie pour l'ombre. La clairvoyante Neera s'en est bien aperçue :

Ce que les femmes veulent aujourd'hui ne vaut pas la peine du change. Alors même qu'elles arriveraient à faire ce que fait l'homme, qui est-ce qui ferait ce qu'elles ne veulent plus faire [1] ? Jamais elles ne s'humilieraient davantage qu'en confessant implicitement qu'elles n'ont jusqu'ici rien fait qui vaille (p. 21-22).

... Nous pouvons déjà voir les funestes effets de la propagande féministe matérialiste dans l'un des pays où elle s'est le plus répandue, en Belgique. Là, dans les mélancoliques bourgades noires d'ateliers et de fabriques, où, sur les maisons basses toutes pareilles ne s'élève pas la majesté de l'église et où brillent seulement les sinistres lueurs des tavernes, hommes et femmes mènent la même vie de manufactures, hors du logis. Les femmes ont des représentantes au Conseil du travail et de l'industrie, elles ont droit au vote, elles reçoivent le même salaire que l'homme, mais voici ce qui arrive : l'homme, privé de sa responsabilité de chef de famille, privé du sentiment généreux de la force protectrice, s'adonne plus que jamais à l'alcoolisme, et la femme ne lui présentant plus aucun idéal de douceur et d'intimité, il lui semble naturel de se décharger sur elle de tout fardeau et de vivre à ses crochets. Conséquence logique et fatale d'une doctrine qui étouffe toute élévation pour y substituer le niveau commun, lequel est bas. Alors, les entraves où les efforts de la civilisation avaient enserré l'animalité primitive étant rompues, celle-ci reparaît avec tous ses sauvages instincts (p. 24-25).

... La moralité, la mentalité de ces femmes sont-elles meilleures ? Ceux qui vraiment les connaissent répondent : non, et les faits-divers des journaux le confirment. Car, où il n'y a point de progrès moral, il n'y a point de vrai progrès (p. 41).

... Que veut-on avec le mouvement dit féministe ?

Améliorer, perfectionner la femme ?

---

1. On ne peut mieux dire. La société humaine est comme un orchestre où chacun fait sa partie. Mais les féministes ont la passion mal comprise de « l'unisson », qui n'est pas l'union, ni surtout l'*harmonie*. Elles veulent, elles aussi, faire la partie de *basse*.

Mais ne voyons-nous pas, l'histoire en main, et en feuilletant simplement nos souvenirs personnels, d'admirables créatures auprès desquelles toute femme doit s'humilier et s'instruire? Mieux pourvoir à l'éducation des jeunes filles? Mais si l'éducation n'a rien à faire avec l'instruction, la première étant chose aussi intime, aussi recueillie et personnelle, que la seconde est extérieure, tapageuse, inféconde! Disputer à l'homme ses fonctions? Mais pourquoi? Pour l'aider? Il n'a pas besoin d'aide. L'aide qu'il nous demande est de bien autre importance, et, en nous évertuant à lui donner celle qu'il ne réclame pas, nous le verrons peu à peu privé du seul bien que nous puissions lui offrir, la loi qui ne permet pas aux forces de se concentrer sur un point sans affaiblir les autres étant la toute première parmi les lois naturelles. Varier l'occupation des femmes qui, n'ayant pas d'enfants, s'ennuient chez elles? A la bonne heure, cette petite raison pourrait bien être la vraie; mais elle est bien petite pour que tout le monde s'y intéresse. Elle ne vaut vraiment pas la peine de tenter une levée de boucliers. Il y a bien du ridicule à vouloir la hausser aux proportions grandioses d'un idéal humain (p. 42-43).

... La majeure partie des femmes qui se grisent actuellement des grands mots de droits, de revendications, de dignité, de pensée, d'émancipation, d'affranchissement, de travail, de progrès, seraient terrifiées — je veux l'espérer — de l'avenir qu'elles nous préparent, si cet avenir ne leur était masqué par tout le faux éclat des fleurs les plus artificielles que jamais ait fait pousser la rhétorique (p. 70).

... Et maintenant, que vient-on offrir aux femmes? Le puissant colosse du christianisme étant sapé à sa base, l'astre féminin se voile aussi. Qui a pu attenter au pouvoir divin ne reculera pas devant le sexe de Marie. Les subtilités d'une philosophie en révolte, les coutumes qui de trop grossières sont devenues trop raffinées, l'idéal aboli, la soif des jouissances croissant toujours avec l'acuité des besoins, le ridicule jeté à pleines mains sur tout ce qui est mystère —, l'empire de la femme doit cesser, cela se comprend. La femme retourne au point d'où elle était partie; elle redevient instrument de plaisir ou simple machine à procréer des enfants.. Il se peut faire qu'arrive cette chose horrible : *une femme heureuse en dehors de la famille*[1] ! Mais alors, ô féministes, votre victoire

1. C'est là un lambeau de pourpre cornélienne :

> Ton âme, dit la Pauline de Corneille à Polyeucte,
> Se figure un bonheur *où je ne serai pas !*

scellera la mort de la femme. Nous aurons un autre type de femme, disent-ils, plus forte, plus développée, mieux conforme aux exigences modernes. Non, non, non! Vous continuerez à déployer extérieurement, sans profit aucun, les qualités internes qui ont jusqu'à présent fait de la femme l'éducatrice par excellence, vous ferez dévier ces qualités (lesquelles s'exercent d'une façon absolument différente de celles des hommes et tendent à une fin diamétralement opposée) en les dirigeant vers un but unique, uniforme. L'avez-vous atteint? Vous vous retrouverez nus et transis à l'égal de gens n'ayant plus ni lumière ni chaleur, car la femme est précisément lumière et chaleur, et, quand elle ne peut être ce qu'elle est selon sa vraie nature, elle n'est plus rien, fût-elle doctoresse ou professeur!

Beaucoup de femmes sont inférieures à leur mission, ce n'est que trop vrai; mais on peut en dire autant des hommes. L'erreur consiste à croire que ce qui sert à l'un doit servir à l'autre et qu'une parité d'éducation soit désirable quand tout est différent entre eux depuis le berceau. Lorsque, fouillant dans la poussière des siècles, on peut dire devant quelques fragments d'os humains : ceci est le squelette d'un homme, cela est le squelette d'une femme; lorsque, dans l'obscurité la plus complète, en entendant seulement un cri, nous savons si c'est un homme ou une femme qui l'a jeté, — allons donc! le sexe n'est pas un préjugé et ne peut s'effacer. L'erreur consiste à croire et à faire croire que la femme se trouve diminuée en resserrant sa vie entre le lit conjugal et le berceau [1], qu'écrire des romans soit une occupation plus noble qu'élever des enfants, comme si la vie de l'âme et les plus hautes inspirations de l'intelligence la plus déliée ne pouvaient trouver matière à s'exercer dans l'enceinte des murs domestiques! (p. 85-88).

... Je suis bien loin de nier l'intelligence de la femme, pas plus que de la juger inférieure à celle de l'homme, je dis et je répète que c'est autre chose et que c'est précisément pour cela qu'elle doit appliquer ses facultés là où l'homme ne réussirait pas, le bien ne pouvant dériver que de l'équilibre. Personne ne songera, j'imagine, à nier que vouloir accumuler toute la charge d'une barque sur un seul côté soit une fausse manœuvre; dans notre cas, le point surchargé c'est la production pour ainsi dire matérielle de l'intelligence. Ce vice de jugement affecte souvent le sexe fort. Et voilà que les femmes ont, elles aussi, la superstition de la science,

---

1. Le plus heureux poème est celui d'une mère.
(Sully Prudhomme).

fondent des Ligues, des Journaux, des Revues, des Bibliothèques, des Clubs où elles rêvent de se réunir! Elles nomment cela : s'améliorer! Pendant ce temps, peu à peu, le foyer devient désert...

De même que nous avons vu s'éteindre les âtres d'autrefois, véritables centres d'affection, de gaieté, d'intimité, une chaleur sans lumière chauffant maintenant nos maisons et une petite flamme sans pétillements cuisant lugubrement nos aliments, nous verrons disparaître la table à ouvrage et la chaise basse si remplies de poésie par leurs évocations des longues heures méditatives qui se sont écoulées là, des pâles et lointains profils de femmes exquises telles que nos fils n'en connaîtront plus... (p. 89-91).

De son côté, Mlle Bos, avec plus de laconisme, mais avec une impitoyable rigueur, nous prémunit contre ce qu'elle appelle « l'illusion féministe ».

Les dangers peuvent se présenter à nous avec deux sortes de visages : sous les uns, ils nous « menacent » et sous les autres ils nous « attirent ». C'est dans ce dernier cas qu'ils sont vraiment nos ennemis. Alors que les erreurs grossières ne sont plus à craindre, il faut se méfier davantage des illusions généreuses, car ce qui nous séduit en elles n'est souvent qu'un danger de nature subtile.

Telle semble être l'*illusion féministe*. Elle convainc de contradiction avec eux-mêmes non seulement les savants, mais encore les moralistes, et ceux-ci travaillent, sans qu'ils s'en rendent compte, à une œuvre de démolition contraire à leur but : ils sapent, de leurs propres mains, les bases de la famille et de la société (p. 83).

LE FÉMINISME DEVANT LA SCIENCE

Au nom de quel principe est-ce que l'on a le droit de taxer le féminisme de décevant? Assurément ce pourrait être au nom de la religion. Mais j'ai prévenu que je laisserais de côté pour aujourd'hui cet ordre d'arguments, parce que je ne pourrais pas lui faire la part qu'il mérite.

Reste la science.

Les sciences qui interviennent ici sont naturellement les sciences biologiques et économiques.

Ecoutez Neera sur ce premier point; écoutez-la sans crainte; elle parle de ces choses avec clarté et sans pédanterie.

En réalité, le féminisme n'existe pas. Il y a des questions économiques et morales qui intéressent également les deux sexes, questions qui seront résolues à mesure qu'iront en s'améliorant les conditions générales de l'humanité, celle-ci étant considérée telle que nous la révèlent la science et le sentiment, c'est-à-dire comme un tout formé d'une partie masculine et d'une partie féminine, mais *indivisible*. Les expériences biologiques n'ont-elles pas fait connaître que la vie embryonnaire résulte de la fusion de deux masses de substance plastique, dont aucune n'a de vie propre considérée isolément? A quoi donc peut conduire un mouvement qui va à l'encontre des lois naturelles, heurte l'harmonie, détruit la beauté et que dément la science?
Parler de supériorité et d'infériorité à propos des sexes est un vain discours, indigne de quiconque, pliant le front sous le baiser maternel, s'est senti effleurer par l'aile du mystère (p. 13-14).

Non moins catégorique est Mlle Bos.

Le féminisme, auquel aboutit un siècle scientifique, le féminisme, réclamé au nom de la *science*, ne peut se justifier devant elle et se révèle *en contradiction* avec toutes les conclusions que cette même science est arrivée à établir.
La critique *scientifique* du féminisme en est la condamnation.
Quel est, en effet, le mot d'ordre du féminisme? Toutes les revendications sont formulées au nom de l'Egalité : la femme se déclare et se veut l'égale de l'homme. Qu'elle le puisse être, ce n'est pas ce que nous voulons nier, mais autre chose est de rechercher le *sens* de cette égalité, si elle est conforme à la loi d'évolution, si par conséquent elle constitue le progrès auquel on doit tendre, — ou si elle n'est pas plutôt un retour en arrière vers une forme ancestrale, — c'est-à-dire un symptôme infaillible de décadence (71-72).

Mais « l'égalité des sexes », cette égalité avec laquelle les féministes passionnent — et embrouillent — une question purement biologique? Neera va nier le fondement même de cette « revendication ». La femme, pense-t-elle, n'est pas plus

« l'égale » de l'homme, qu'une pomme n'est « l'égale » d'une poire, ou une fraise « l'égale » d'une framboise. L'homme et la femme ne sont pas égaux, ce qui voudrait dire *identiques*; ce sont deux êtres *complémentaires* l'un de l'autre et qui donc ne peuvent être considérés comme égaux qu'au point de vue de la loi morale.

On a quelque honte à répéter des vérités aussi élémentaires; aussi bien Neera se contente-t-elle de hausser les épaules, en déclarant la question « oiseuse ».

La femme n'est ni supérieure, ni inférieure à l'homme (elle est *autre*); ils ne sont l'un et l'autre qu'homme et femme, c'est-à-dire deux parties bien distinctes d'un indivisible ensemble, organisme tellement harmonieux, tellement parfait, qu'il n'y a rien de plus parfait dans la création et que ce sera toujours une perte de temps et de force d'aller chercher ailleurs que dans ce merveilleux mystère l'essence de tout. La bannière du progrès ne doit pas couvrir des maux chimériques. Tant que la femme conservera le privilège de tenir en son sein la vie du monde, elle aura suffisamment de quoi répondre à son activité, à son intelligence, à ses droits, à ses devoirs, à tous les grands mots qu'on se lance à la tête comme des balles élastiques et qui crèveront un beau jour, comme autant de vessies vides qu'ils sont, sans avoir dérangé le moins du monde l'œuvre silencieuse de la nature... (p. 80).

Ainsi « l'égalité » est toute chimérique et abstraite, mais la différenciation est réelle. Ce point a été parfaitement élucidé par Mlle Bos.

L'égalité entre les deux sexes se trouve-t-elle réalisée par la nature à un stade quelconque de son évolution?... A mesure que nous nous élevons dans l'échelle des êtres, la différenciation des sexes s'accentue parallèlement au progrès, si bien que dans les sciences biologiques un haut degré de différenciation sexuelle est synonyme d'un haut degré de perfectionnement... C'est chez les protozoaires que nous trouvons l'uniformité sexuelle réalisée dans la conjugaison de deux êtres semblables... La différenciation se poursuivra chez l'enfant devenu grand et la puberté apportera de nouveaux caractères distinctifs à la jeune fille et au jeune homme... Plus tard encore la maternité portera à leur maximum les dissemblances entre l'homme et la femme adultes... Les lois de la vie semblent bien établir que la *surfemme* sera plus différente encore du *surhomme* que la femme ne l'a été jusqu'ici de l'homme, et que par suite le féminisme contredira plus violemment encore à sa nature intime... Comme on l'a dit : « à mesure que nous avançons dans la civilisation, la femme s'éloigne de plus en plus de l'homme » (Le Bon)[1]... Il semblerait plutôt que le féminisme ait dû caractériser les sociétés primitives[2], alors que la différenciation était presque nulle entre individus des deux sexes (p. 72-77).

Jugement irréprochable : le féminisme qui devrait, s'il était vraiment préoccupé des intérêts féminins, s'appliquer à différencier le plus possible la femme de l'homme, s'acharne au contraire à les confondre, sous prétexte d'égalité. Il ne remarque pas que

la Nature a distingué l'un de l'autre les deux sexes, leur a confié des rôles biologiques diamétralement opposés, de sorte que, si, du seul fait de sa naissance, tout individu est libre en tant qu'être humain, il demeure cependant *esclave du sexe* qui le fait homme ou femme... Dire que la femme « doit être légalement tout ce qu'elle peut être naturellement » (Turgeon), cela semble l'expression de la justice même et une formule sur laquelle tous les partis pourront s'accorder; mais cette formule est ambiguë, de la même manière que les déclarations de Rousseau, car que faut-il entendre par ce naturel que lui-même n'a jamais su définir? (p. 87).

L'économie politique conspire avec la biologie pour repousser le féminisme. Mlle Bos pose la question avec sa netteté accoutumée.

---

1. « Le progrès pour la femme consiste à devenir de plus en plus apte à son rôle féminin, et non à se rapprocher du type masculin. » (E. Delbet, *Revue internationale de sociologie*, févr. 1906).

2. Joignons-y les « sociétés » nègres, où maintenant encore on ne remarque aucune différence appréciable entre « l'activité » de l'homme et celle de la femme, ni entre leurs « aptitudes ». C'est dans de tels terrains que devrait s'épanouir la flore féministe.

Dans la lutte pour la vie, la femme double le nombre des candidats sans doubler le nombre des places, et par suite *multiplie la misère* (p. 102).

Le commentaire chaleureux de cette sentence nous est fourni par Neera qui y a la gloire de rappeler les beaux vers d'Alfred de Vigny sur la « guerre des sexes ».

Peut-il être utile de créer la concurrence de la femme en des temps où l'homme trouve difficilement un emploi, c'est-à-dire de multiplier dans toutes les carrières la phalange déjà énorme des aspirants ? Car c'est une *guerre* que les femmes veulent déclarer à l'homme, une sorte d'arène que l'on veut ouvrir où les combattants se disputeront les morceaux de pain. On prétend qu'il est plus noble pour la femme d'en agir ainsi que de recevoir sa subsistance de son père, de son mari ou de son frère. Or, que deux chiens se rencontrant auprès d'un os se battent à qui l'aura, je ne m'en étonne ni ne m'en scandalise; mais que l'homme et la femme, après tant de luttes soutenues ensemble, tant de sang et de larmes versées en commun, se retrouvent dans cette même attitude animale, c'est un spectacle qui me serre douloureusement le cœur (p. 43-44).

« L'émulation, a dit Mirabeau, ne doit pas consister en la manie de sortir de sa propre condition, mais dans le désir de s'y distinguer », distinction très fine que toute femme devra méditer sérieusement avant de renier toutes les gloires de son passé...

L'excellente formule d'Ern. Legouvé : « *l'égalité dans la différence* »,

étant celle de mon propre jugement relativement aux deux sexes, je me demande pourquoi l'on devrait exiger de la femme qu'elle remplît, outre sa propre tâche, celle de l'homme, tandis qu'on ne demande pas à l'homme de remplacer la femme dans la sienne. Une telle interversion des droits et des devoirs n'est appuyée par nulle raison, ni sentimentale, ni économique, ni scientifique, attendu que si l'inimitable travail de la maternité mis en regard du travail de l'homme peut suffire à satisfaire la dignité féminine, la science et l'économie sociale ont depuis longtemps proclamé les avantages de la division du travail. Il en est qui ne font pas mystère du but auquel ils tendent et qui disent : Nous voulons la destruction de la famille, du nom, de la loi, de l'hérédité, de l'amour, de tout ce qui est en dehors de la lutte sauvage et primitive. — Cette déclaration est cynique mais sincère : on peut discuter...

La difficulté économique ne serait pas diminuée si l'on multipliait le nombre des professionnels, car, si cela arrivait, on verrait aussitôt baisser tous les salaires, le seul résultat final étant de gagner à deux ce que l'homme gagne actuellement à *lui* seul. Or, des deux, qui est-ce qui a le plus à perdre ? C'est la femme, puisqu'aux occupations, aux devoirs, aux fatigues, aux douleurs de son sexe il lui faudra joindre les occupations, devoirs, fatigues, douleurs de l'homme[1]. Et on appelle cela du féminisme ! (p. 102-106).

Voici maintenant un genre d'argument qui ne pouvait venir que sous la plume d'un moraliste idéaliste, préoccupé de remonter en toute chose jusqu'aux causes profondes ou de descendre jusqu'aux conséquences lointaines. Après avoir réclamé une plus rationnelle répartition des emplois, Neera se demande ce qui arriverait si la femme réussissait à se substituer partout à l'homme. Point de doute, dit-elle, si la femme prend à l'homme ses attributions, elle lui prendra aussi ses *vices*. La femme est extrême en tout. Si elle se met à faire l'homme, elle voudra le faire jusqu'au bout. D'ailleurs le vice est un foyer de contagion dont on ne peut impunément s'approcher.

... Par une infaillible logique la femme acquerra les habitudes et les vices qui étaient plus particulièrement attachés à l'autre sexe, au premier rang desquels est l'alcoolisme. Nous verrons donc sévir cet épouvantable fléau de la race non seulement du côté paternel, mais encore sur les mères ! On sait que l'alcoolisme a une action meurtrière sur les enfants... En attirant la femme hors du foyer, nous aurons empoisonné les sources mêmes de la vie, et la Nature se vengera de la violence que nous voudrons lui imposer en nous donnant des générations toujours plus faibles et plus malheureuses (p. 193-194).

---

1. Voir aussi les pages 154 et 155.

Mesdames et Messieurs, Neera n'exagère nullement et elle ne se livre à aucune accusation de fantaisie ou tendancieuse. J'en ai pour preuve une brochure, parue hier, et dont l'auteur, une des fortes têtes du féminisme, non seulement se résigne à cette contagion du vice, mais même la réclame arrogamment comme un droit : *le droit au vice!* O mâle, nous dit la doctoresse Madeleine Pelletier, tu avais jusqu'ici eu le monopole de certains vices ; désormais part à deux ! Voici les paroles textuelles de cette fanfaronne du vice :

« Dès que l'égalité sexuelle sera conquise, la femme au combat de la vie contractera cette dureté de cœur, apanage jusqu'ici de l'autre sexe. Frappée, elle frappera; blessée, elle blessera; spoliée, elle spoliera[1] ! »

Et, puisque les marques de réprobation que je vois sur vos visages m'autorisent à prolonger cette courte digression, écoutez encore quelques passages de cet opuscule pour achever de connaître le féminisme tel qu'il est.

« C'est à tort que l'on stigmatise la prostitution. Dans la so» ciété actuelle, étant donnée (*sic*) la situation faite au sexe fémi» nin, toute femme du peuple ne jouissant pas de facultés intel» lectuelles assez élevées pour lui permettre quelque espoir, qui » s'adonne à la haute galanterie *a raison* (souligné par l'auteur) » de le faire. La vie d'une demi-mondaine étant de beaucoup pré» férable à l'existence de souffre-douleur départie aux femmes d'ou» vriers, la fille d'ouvrier qui s'y détermine n'est en aucune façon » immorale » (*ibid.*, p. 18).

Alias : « La perspective de la disparition de la famille n'a rien » de si terrifiant.... Si l'institution familiale opprime la femme, » et c'est le cas, il ne faut donc pas hésiter à la supprimer... (l'ins» titution, je pense).

» Quant au mariage, nous sommes bien entendu pour sa sup» pression. La femme pouvant au même titre que l'homme pour-

1. *La femme en lutte pour ses droits*, p. 65. — Il ne manque à cette plaquette qu'une silhouette de femme sur la couverture, et armée d'une lance qu'elle tiendrait en arrêt.

» voir par son travail à sa subsistance, point ne sera besoin de » réglementer l'union des sexes; elle se fera au gré des individus » et sera de domaine privé... L'amour libre n'enlèvera rien à la » femme de sa dignité.... Mais il ne faut pas oublier que, si nous » allons vers le féminisme, nous allons aussi vers le socialisme. » Pense-t-on que la révolution, pacifique ou violente, qui aura so- » cialisé le laboratoire, le bureau et l'atelier ne socialisera pas le » ménage? Toutes les transformations que nous avons esquissées, » ce sera le socialisme qui les réalisera, il faut l'espérer, et ce sera » pour le plus grand bonheur de l'un comme de l'autre sexe » (p. 74-79).

Voilà, Mesdames et Messieurs, les féministes « peints par eux-mêmes » ! Je conçois votre indignation et je la partage. Mais avouez que vous ne croyiez pas vous-mêmes que les choses en fussent à ce point. Oui, voilà sous quelles lueurs sinistres, lueurs de feu et de sang, se lève l'aube du XXe siècle! Chassons ces images et revenons à notre propos. L'idéalisme de Neera nous servira à purifier l'air de ces miasmes socialo-féministes.

Lisez son chapitre sur « l'activité féminine », vous y verrez, dans un langage quelquefois biblique — mais c'est une grâce et une « convenance » de plus — dans quelle sphère sereine, calme et pure, elle circonscrit cette activité. Education et science ménagère, c'est-à-dire tout à la fois ce qu'il y a de plus humble et ce qu'il y a de plus élevé dans les occupations humaines, tel est le domaine qu'elle ouvre aux aspirations féminines.

III

LE FÉMINISME DEVANT LE MARIAGE

Ce que vous savez du féminisme par Neera et ce que vous en connaissez d'ailleurs par les bravades de la doctoresse Pelletier vous a préparés à entendre cette accusation grave: *le féminisme engendre le célibat féminin ou le dérèglement.*

Mesdames et Messieurs, la femme se marie moins qu'autrefois. C'est un fait. Le féminisme en est d'ailleurs partiellement responsable, comme vous le dira tout à l'heure Mlle Bos. En tous cas, c'est un fait fâcheux.

En présence de ce fait l'attitude et le langage des féministes sont étranges. — Mesdemoiselles, dit la féministe, vous ne vous mariez pas. Eh! bien, savez-vous quoi? Mariez-vous de moins en moins; ne vous mariez même pas du tout; prenez en horreur le mariage et organisez le célibat féminin comme une carrière. Nous vous y aiderons, nous, féministes. Et ainsi vous donnerez au monde le spectacle de la femme « intégrale », de la femme « en soi ».

Singulier remède que celui qui consiste à envenimer une plaie avant de la guérir ! C'est ce qu'on appelle « la politique du pire » : elle n'a jamais rien donné de bon.

Tout autre est le langage de « l'antiféministe » Neera. Elle cherche la solution du non-mariage dans le mariage, dans le mariage « quand même »! Elle s'attendrit et nous apitoie sur le sort des vierges malgré elles, des vieilles filles, qui sont les vraies victimes du féminisme. Elle fait de ces « vieilles filles » un tableau charmant, où la grâce pittoresque, où le charme enjoué et piquant n'ôte rien à l'émotion (v.p.97-99).

— « Oh! mais la femme n'a donc qu'une chose à faire en ce monde? » m'objectera-t-on. — Précisément; mais est-ce peu de chose? On voudra bien admettre qu'il n'aurait pas été nécessaire de naître femme, si ce n'eût été précisément pour cela (p. 99).

... — Mais il faut pourtant faire quelque chose pour les femmes qui ne trouvent pas de maris! — Une seule chose pourrait être vraiment efficace, répondrai-je, et ce serait : trouver le mari (p. 40).

... — Ne croyez-vous pas qu'il y ait des états d'âme particuliers même chez la femme et qui peuvent lui conseiller de suivre une autre voie que celle de la maternité? — Assurément. L'exception elle-même fait loi, ou du moins existe à côté de la règle. Mais l'exception ne répond pas à un besoin général. Nous avons tous vu quelque équilibriste se tenant sur une lame de couteau; mais cela n'a pas encore prouvé l'excellence d'une lame de patin comme moyen de support... *Le problème féminin sera résolu par un accroissement* (et non par une diminution) *de féminité*.... Toute loi concernant la condition de la femme devra être subordonnée à la loi d'amour...

Ce n'est pas le cas de faire allusion, même de loin, à l'utopie rétrograde de l'amour libre comme remède, parce que, abstraction faite des réclamations de la conscience, ce remède résoudrait la question dans un sens purement physique. Ceux-là même qui proclament les vertus de la liberté dans l'union sexuelle, s'ils comprennent cette union d'une façon quelque peu élevée, doivent pourtant y rattacher des conditions de fidélité, de responsabilité et de devoirs qui en font une sorte de mariage.... Le sort le plus malheureux qui puisse échoir à une femme est le célibat, non point parce que l'homme est en lui-même le bien suprême, mais parce que, par son union avec l'homme en vue de la fondation d'une famille, la femme trouve le déploiement complet de toutes ses facultés. La part faite aux exceptions, qui, par là même qu'elles sont des exceptions, réussissent toujours à se frayer leur voie, il reste qu'une révolution de sexe, qui ne profiterait même pas à ces rares exceptions, serait un malheur général. Il est évident que chacun en ce monde est libre de sa personne, cela est si vrai que bien des gens se suicident; mais, quand il s'agit de faire une propagande, cette propagande doit tendre à la vie et non à la mort (p. 100-107).

Mlle Bos, elle aussi, estime que le féminisme détourne du mariage et pousse aux liaisons éphémères, qu'il présente à la femme les besognes domestiques comme une humiliation et une déchéance...

La superstition de l'égalité a entraîné le féminisme dans les excès les plus fâcheux. L'éducation qui fait de la femme la « pareille » de l'homme, qui l'émancipe, présente en effet un grand danger, elle a des conséquences morales et sociales qui ne tendent à rien de moins qu'à *la ruine de la famille et de la société*. Car nous voudrions essayer de montrer que le féminisme donne à la femme d'une part l'aversion du mariage, tandis que de l'autre il la conduit aux liaisons irrégulières. Conclusion : l'union libre et l'union stérile n'est-ce pas, comme nous le disions, la ruine de la famille, et par suite celle de la société?

Si l'on réfléchit à ce que c'est que le mariage, on verra que les conditions requises pour que la jeune fille désire se marier sont inconciliables avec ce que le féminisme a fait de ses adeptes... Le goût des choses domestiques y est devenu aversion... Les femmes ont souvent l'esprit assez étroit pour croire que les besognes de la maternité les amoindriraient.... Poursuivons avec les intéressées l'analyse du mariage. Comme toute communauté, il suppose un chef, et, ce chef étant le mari, il ne faut pas que la jeune fille ait un goût trop prononcé d'indépendance. Or, l'éducation féministe a développé en elle ce goût; leur indépendance est d'autant plus chère aux femmes qu'elle leur est une conquête nouvelle et elles savent bien qu'elles la perdront dans le mariage, qu'elles devront faire des concessions au mari, à la vie en commun, à la situation sociale occupée par le ménage, etc. La jeune fille a pu mener sa vie de « garçonne », tandis que le jeune homme menait sa vie de « garçon », sur un pied d'égalité avec lui, libres l'un comme l'autre, — mais elle sait bien que le mariage est l'affirmation de la division du travail, l'acceptation du rôle de femme par opposition au rôle d'homme. Avec l'indépendance s'est développée chez la femme le sens critique, et elle risque de juger un jour son mari médiocre. Or le féminisme travaille à faire des Nova et des Magda pour notre plus grand intérêt dramatique, mais pour le moindre avantage de nos ménages... Quand l'intelligence discute l'instinct, elle se révolte contre lui... Voilà donc, *a priori* et quand elle raisonne, la jeune fille du féminisme très peu tentée par le mariage... Voyons maintenant si le mal s'arrête là, et si la jeune fille ne se trouve pas aussi sûrement conduite aux liaisons irrégulières qu'éloignée du mariage...

Les conditions sociales s'étant compliquées, elles ne peuvent que rarement se marier jeunes, et le nombre des hommes disposés à les épouser diminue singulièrement, *ce dont le féminisme est d'ailleurs responsable* [1]....

En outre, comme pour précipiter la ruine du mariage, le divorce est venu aggraver le mal social. Le divorce « la plus lourde faute que le féminisme ait commise [2], » en France du moins, où il est si difficile et si nécessaire d'entretenir le sentiment du sacré, le divorce n'a jamais été réclamé par les victimes intéressantes du mariage et n'a servi qu'à encourager la légèreté des autres. Il a été la transition vers « l'union libre et stérile... »

---

1. Argument « ad hominem ». En effet, les féministes font tout ce qu'elles peuvent pour déconsidérer le mariage, ce qui ne les empêche pas de se plaindre qu'on ne les épouse plus.

2. Th. Joran, *Le Mensonge du féminisme*, p. 307.

Si la femme revendique les mêmes droits que l'homme — ce à quoi le féminisme la conduit — la société ne peut plus subsister...

Il y a donc contradiction entre féminisme et mariage, et, comme les jeunes filles ne peuvent se soustraire à l'éducation reçue, elles devront choisir entre le célibat — ou le mauvais ménage...

Cette idée que le féminisme est mortel au mariage est si répandue en France que toute conquête de l'un semble un nouveau coup porté à l'autre et un pas accompli vers l'union libre...

Le féminisme produit des vierges fortes, mais il conduit moins souvent au célibat qu'aux liaisons irrégulières, et toujours c'est contre le mariage qu'il guerroie. Le *mariage libre*, voilà ce que réclament les plus éloquents avocats du féminisme, et cela comme une étape préparatoire à l'union libre (p. 88-101).

LE FÉMINISME ET LE NÉO-MALTHUSIANISME

Messieurs, cette matière est toujours délicate, elle est même tellement délicate que je vous demanderai la permission... de la traiter, car ce qui est « délicat » est toujours grave. Rassurez-vous d'ailleurs : j'ai l'intention de le faire en toute décence. On peut tout dire en s'y prenant bien. Je sais trop ce que je dois à l'assistance qui me fait l'honneur de m'écouter. Je sais ce que je me dois à moi-même et je n'irai pas imiter précisément les manières de ces féministes contre lesquels je veux vous mettre en garde. Si donc Marguerite, la Marguerite du P. Ollivier, est dans cette salle, il n'est pas besoin qu'elle sorte.

Mesdames et Messieurs, c'est une des tristesses de l'heure présente que cette résurrection d'une doctrine infâme qu'on croyait ensevelie à jamais dans le décri, et c'est l'éternel opprobre du féminisme de s'en être fait l'ardent propagateur et de l'avoir même adoptée pour son principe.

Il faut définir le néo-malthusianisme. C'est, pour en parler à mots couverts, l'art de restreindre l'espèce, de prévenir les naissances. Son nom le plus moderne, c'est ce titre de pièce qui s'étale actuellement sur une de nos affiches de spectacle : *Le Droit de la Chair.*

Encore un « droit » ! Il est inouï à quel point chez nous se multiplient les droits qu'on s'arroge, à mesure que diminuent les devoirs qu'on accepte. Nous assistons à une véritable floraison de « droits ». On en a mis partout. Il en pousse tous les jours un nouveau. Tout à l'heure vous entendiez réclamer le« droit au vice » par une femme que « l'égalité » hypnotisait ; en ce moment même les cochers de fiacre nous menacent d'une grève parce que la police leur conteste le « droit à la maraude ». Dans le féminisme aussi il est sans cesse question de « droits » et jamais de « devoirs ».

Le Droit de la Chair donc complète cette organisation sociale qui a débuté par le Divorce, lequel n'est, à parler franc, que la réglementation de l'adultère. Ce qu'est le néo-malthusianisme aujourd'hui, je vous l'ai dit. Ce qu'il sera demain, vous le devinez. Demain, ce sera le Droit à l'avortement, le Droit à l'infanticide. Ah ! sans doute nous n'y sommes pas encore ! Il y a des règlements de police, il y a des lois, les féministes ont peur de se faire des affaires. Mais qui ne sent que nous y touchons, qu'ils en viendront là par la logique de leur système et que même à serrer les paroles ou à presser les sous-entendus de la colporteuse du néo-malthusianisme, Mme...

Vous la connaissez, cette Amazone du féminisme qui s'en va en tous lieux porter la bonne parole néo-malthusienne. Une fois par hasard le féminisme n'est pas représenté physiquement par une « horreur » ! Loin de là, c'est une femme jeune, jolie, élégante et bien habillée. Elle n'opère que dans les milieux « chic ». Je veux dire que ses harangues apprises par cœur et qu'elle débite d'ailleurs avec un certain art de diction, elle ne les produit pas, comme on pourrait croire, devant des auditoires populaires. Là, dans ces intérieurs où grouillent des populations d'enfants hâves et lymphatiques, là peut-être le malthusianisme se comprendrait-il, s'excuserait-il. Mais non, il faut à Mme X... des auditoires bourgeois, huppés même, avec des automobiles à la porte. Et ce détail seul juge son « apostolat ».

En effet, Mesdames et Messieurs, vous savez qu'une des plaies de notre bourgeoisie, c'est le petit nombre des enfants [1]. Les ménages à un ou deux enfants deviennent la règle. Et vous savez que d'année en année cette décroissance nous jette dans une situation plus critique à l'égard de notre voisine et ennemie, l'Allemagne.

Quelles sont les causes de cet état de choses si inquiétant? La principale de ces causes est l'*égoïsme* de nos classes dirigeantes. On ne veut pas restreindre ses aises, diminuer son bien-être, se serrer un peu pour élargir le cercle de famille et faire place à un nouvel arrivant. Ce sentiment n'est certes pas noble. Ceux qui y obéissent ont conscience — je me plais du moins à le croire — qu'ils violent un devoir patriotique

1. Je relève dans l'*Officiel* la statistique du mouvement de la population française en 1907. Ces résultats sont vraiment navrants, car non seulement le nombre des naissances annuelles continue à décroître, mais il est, cette fois, inférieur de près de 20,000 unités à celui des décès. En sorte que, l'an dernier, la population de la France a *diminué*.

Voici le nombre des naissances et des décès enregistrés en 1907 :

Naissances vivantes. . .	773.969
Décès	793.889
Excédent des décès . .	19.920

Il était malheureusement facile de prévoir cet excédent des décès sur les naissances; car, depuis quelques années surtout, la natalité diminue régulièrement et plus rapidement que la mortalité. Le nombre des naissances depuis 1901 a été le suivant :

En 1901. . . .	857,274	naissances
— 1902. . . .	845,378	—
— 1903. . . .	826,712	—
— 1904. . . .	818,229	—
— 1905. . . .	807,291	—
— 1906. . . .	806,847	—
— 1907. . . .	773,969	—

Le moment est vraiment bien choisi pour propager le malthusianisme! On se demande presque si ceux qui s'en font les propagateurs n'ont pas été payés pour cela par le gouvernement allemand.

et une obligation morale. Or à ces égoïstes Mme X... fait l'apologie de leur égoïsme. Elle leur prouve clair comme le jour qu'ils sont dans le vrai. — Le néo-malthusianisme, leur explique-t-elle, est un fait aussi moral que scientifique. Eh ! quoi, vous n'avez que peu d'enfants ? Mais c'est très bien ! Continuez... à en avoir peu. Ayez-en moins encore...... vous m'entendez ? Et envoyez-moi promener toutes les balivernes religieuses et toutes les rengaines patriotiques[1] !

Ainsi parle l'Amazone du féminisme et les visages s'éclairent et les fronts se dérident et des lueurs de contentement brillent dans les regards. Les mains se rapprochent en des applaudissements répétés et trop bruyants pour ne pas trahir une sorte de malaise personnel qui se soulage. Les gens ne se contentent pas d'applaudir, ils font une ovation à l'oratrice, qui croit naïvement que « c'est arrivé » et qui ne se rend pas compte que ses auditeurs cherchent à s'étourdir eux-mêmes. Car, si nous sommes reconnaissants à quelqu'un de nous louer pour une bonne action que nous avons faite, nous sommes encore bien plus reconnaissants à qui nous loue d'une mauvaise action comme d'un beau trait. Mais notre néo-malthusienne, experte à réciter des leçons apprises par cœur, n'est pas habile à démêler la qualité de certains applaudissements. Elle a trop de mémoire pour avoir du goût.

Mesdames et Messieurs, vous connaissez Neera. Vous devinez avec quelle tristesse elle doit soulever le voile qui cache ces aberrations de la conscience et du jugement. Je ne fais

---

1. Mme X... pourrait, depuis peu de jours, se couvrir encore de « l'autorité » de la doctoresse Madeleine Pelletier qui écrit, entre autres choses, « Dans la société vers laquelle nous marchons, je l'espère, la femme » pourra, si elle le désire :
» 1° Renoncer à l'amour;
» 2° S'adonner aux plaisirs de l'amour et ne pas avoir d'enfants;
» 3° Avoir des enfants, et se décharger sur la société du soin de les » élever... » (p. 75 et 76, op. cit.) Qu'on me dispense de toute espèce de commentaire...

donc que vous indiquer les pages 206 et 207 de son livre et je vous lis seulement ce passage antérieur :

Comme suite à la suppression des attributs féminins, c'est-à-dire maternels, la femme poussée hors de sa voie voudra aussi supprimer la maternité. Quand elle sera bien convaincue de ne pas avoir d'autres obligations que les obligations masculines, quand, de par son éducation, ses occupations, ses habitudes, elle marchera de pair avec l'homme; quand elle aura mis de côté n'importe quelle opposition religieuse ou morale, et les scrupules de la pudeur et les responsabilités sexuelles — choses auxquelles on arrivera infailliblement — alors, par une fatale et terrible logique, la femme se refusera à souffrir. Pourquoi, dira-t-elle, l'homme aurait-il seulement le plaisir dans l'amour et moi tant de douleur? *De là à la suppression de l'enfant, il n'y a qu'un pas,* et ce seront des niaises seules qui continueront à porter le lourd et sublime fardeau; les habiles ne voudront plus en entendre parler. Entièrement adonnée aux choses de l'esprit, la femme aura, dans trois ou quatre générations, renoncé au désir occulte de ses entrailles; donc la femme périra et le monde avec elle. Indubitablement, parmi les préoccupations qui nous assaillent de nos jours, celle-là, qui ne se montre pas encore ouvertement, est peut-être la plus grave de toutes. Aller au-devant de la destruction de notre race épuisée par un excès de civilisation est peut-être une suprême loi naturelle à laquelle il convient de se soumettre; mais exalter notre agonie et faire de la mort l'apothéose du progrès, cela, non, décidément... L'obscure prophétie des temps bibliques d'après laquelle la femme, l'éternelle ennemie, conduit l'homme à la mort, serait ainsi accomplie (p. 70 à 72).

Mesdames et Messieurs, c'est là le langage du bon sens et c'est le cri d'un bon cœur. Je salue en Neera une héritière de ces qualités de droiture et d'équilibre qui caractérisent les races latines. Elle y joint, ce qui est sa marque personnelle, une fraîcheur d'imagination orientale. Nulle femme n'aura fait plus d'honneur à sa patrie et aux bonnes lettres...

Mlle Bos n'est pas moins frappée du péril que fait courir à la propagation de l'espèce la diffusion de ce que j'ai bien le droit maintenant d'appeler le *féminisme physiologique,* pour mieux marquer la filiation entre le féminisme et le néo-malthusianisme, celui-ci devant procurer à celui-là les moyens « d'émancipation », de libération dont il a besoin. Le mariage et la maternité mettant en effet la femme dans la « dépendance » de l'homme, la grande affaire pour le féminisme, c'est de secouer le « joug » du « mâle ». Et de là cette alliance, cette promiscuité ignoble...

Donnons donc la parole pour la dernière fois à Mlle Bos :

Une femme dont le genre de vie et les travaux seraient d'un homme, développerait en elle les aptitudes et les *organes* qui lui sont communs avec l'homme (c'est-à-dire surtout le cerveau), mais en elle s'atrophieraient graduellement les instincts et les *organes* féminins. Il se produirait une sorte de suppléance fonctionnelle... Et il n'est pas téméraire d'affirmer que dès à présent l'émancipation intellectuelle de la femme a produit un type plus garçonnier que ceux d'autrefois. Les formes se masculinisent, et la sportwoman ressemble certes plus au sportman que la châtelaine du moyen âge ne ressemblait au chevalier!... Un nivelage s'opère entre les hommes et les femmes... nul doute que celles-ci n'arrivent à se déféminiser.

Quel sera le terme du féminisme? Où nous conduit-il?

C'est encore la science qui répond : elle nous montre en lui un combat qui finira faute de combattants. Le travail qui incombe en effet à la femme est celui de la maternité; mais, en raison de la suppléance fonctionnelle dont nous parlions plus haut, à mesure qu'elle y suppléera par une autre forme d'activité, elle détournera de leur emploi naturel les forces limitées dont elle dispose. Et elle se stérilisera. Les statistiques américaines montrent que les intellectuelles d'Outre-Manche ne peuvent guère avoir plus d'un enfant — quand encore elles le peuvent.

Et cependant les femmes ne deviendront jamais des hommes, de sorte que nous aurons une sorte d'êtres hybrides « dont le nom est en opprobre », comme le dit Aristophane dans le *Banquet* de Platon... Le suicide caractérise les civilisations finissantes : le féminisme ne serait-il pas un mode de suicide social? On comprend en tout cas que ceux qui ont eu surtout en vue les générations futures et leur perfectionnement aient été antiféministes : Nietzsche a l'approbation de la science (p. 80-82).

C'est l'imminence de ce péril qui fait pousser à Neera son cri : « *Toutes épouses ! Toutes mères !* » en réponse à celui de la doctoresse Pelletier : « *Ni épouses ! Ni mères !* » Ou bien celui de : « *Vive le mariage ! Vive la maternité !* » en réponse à celui de la même et étrange doctoresse : « A BAS LA FAMILLE ! »

LA VOCATION DE LA FEMME. CONCLUSION.

En regard de ces sombres tableaux, Neera explique, avec l'onction spirituelle qui la caractérise, la part de la femme comme elle la comprend. Elle est sur ce sujet intarissable et finement persuasive. Quelques citations seulement, car l'heure s'avance.

La femme veut-elle se rendre utile, remplir entièrement sa mission ? Qu'elle se lève et étende les bras : sans sortir du petit cercle qui l'entoure, sans chercher l'inspiration ailleurs que dans son for intérieur, elle trouvera autant de bien à faire, silencieusement, que jamais n'en pourront proclamer les trompettes de cent comités. Que chaque femme agisse ainsi et ce sera par toute la terre comme de petites ondes harmoniques se propageant, comme un filet aux fines mailles faites de charme subtil s'étendant, et les colères des hommes s'apaiseront (p. 35).

Un argument des féministes — je dirais : un des plus faibles, s'ils ne me semblaient tous également faibles — est l'objection que toutes les femmes ne peuvent pas être mères. Toutes devraient l'être, répondrai-je, et du coup tombe l'objection. Parce que quelques femmes se sont soustraites à leur mission, faudra-t-il équilibrer la société sur ce cas particulier, disons : sur cette infortune particulière[1] ? Ne vaudrait-il pas mieux réunir les efforts de tous pour

1. C'est la condamnation implicite du divorce. J'ai entendu dire à M. Bureau, l'auteur de la *Crise morale des temps nouveaux*, au cours d'une conférence sur le néo-malthusianisme : « Au nom de l'équilibre social, je n'hésiterais pas à condamner au martyre l'époux qui serait mécontent ou malheureux de son mariage ». Il y a en effet un insupportable orgueil à prétendre déranger pour soi seul le cours naturel des choses et à faire prédominer son petit intérêt personnel sur l'intérêt général. Tout divorce est une entreprise, un attentat sur tout le corps social.

que dans le cours des siècles chaque femme pût remplir sa mission? Voilà l'idéal, voilà la vérité et voilà ce qui serait le progrès. Une fausse pudeur, un faux sentimentalisme, et, plus que tout cela, un matérialisme maquillé de procédés pseudo-éducatifs, conseille d'élever les jeunes filles en les éloignant de cette idée qui représente leur seule raison d'être, et l'on tente de jeter le mépris sur cette idée en disant que de cette façon la femme n'est qu'une machine à faire des enfants. On pourrait dire également que le soleil est une machine à faire de la chaleur et de la lumière, et on dirait vrai, ce qui n'empêche que le soleil est la première et la plus poétique des forces de l'univers!

La mission de la femme est précisément de procréer. Tant pis pour qui, interprétant grossièrement une chose aussi divine, ne sait y voir qu'une fonction machinale! (p. 80-81).

Tout ce qui éloigne la femme du foyer et du berceau, en dépit des avantages apparents promis, ne peut aboutir qu'à un préjudice pour elle et pour l'humanité. Je crois l'avoir prouvé par des arguments de fait aussi bien que par des arguments théoriques, ces deux forces, l'élément matériel et le spirituel, qui souvent nous paraissent opposées, étant heureusement indissolubles dans les vérités éternelles.

Donc, toutes les circonstances particulières, tous les cas séparés, les exceptions, les vocations, une fois admis et, vu que la femme est d'une structure autre que l'homme, et que son intelligence et son cœur ont un emploi si nécessaire ailleurs que dans le champ de l'activité masculine, qu'elle reste femme, plus que jamais femme, rien autre que femme; fière, noble, sublime, courageuse, forte, mais femme; qu'elle améliore sa situation, qu'elle veille à ses intérêts, mais en restant femme.

Et qu'elle soit mère! Puisque la maternité est la plus splendide couronne de la vie et que la nature l'a offerte à la femme, à elle seule, que les hommes fassent en sorte que chaque femme en ait sa part. Que soit bannie d'une société qui veut progresser la tristesse des vierges à cheveux blancs, la tristesse des seins restés stériles. C'est là le droit le plus sacré de notre sexe. Préparons le corps et l'âme à la maternité.

Je suis de ceux qui estiment qu'un mariage modeste, même pas des plus heureux, vaut encore mieux pour une jeune fille qu'une existence solitaire au milieu des richesses, des plaisirs, de l'étude ou de n'importe quelle autre compensation. Dans le premier cas elle connaîtra les émotions les plus intenses et les plus vraies de la vie et quand, dans le merveilleux frisson que l'homme ignore, elle entendra dans ses *propres* entrailles palpitantes la voix du grand mystère, elle se sentira tellement élevée, tellement près de l'infini que toute autre œuvre sera jugée par elle comme bien petite. Dans le second cas, elle pourra avoir des jouissances, des satisfactions, des compensations, mais elle n'arrivera jamais à saisir le sens profond de la vie, parce qu'en elle n'aura pas passé le frémis-missement d'un être nouveau qui entre dans le monde. Toutefois, si la maternité est le point culminant d'une existence féminine, il faut bien reconnaître que trop de femmes en sont privées et c'est chez celles qui se trouvent ainsi da''s un état contre nature que miroite davantage l'illusion de pouvoir y remédier de quelque façon et que plus facilement fermente la révolte. C'est principalement parmi les vieilles filles ou les femmes stériles que s'allume la flamme des conquêtes et des revendications sociales; ce sont elles qui, dans les cendres éteintes de leurs rêves, attisent les étincelles des désirs ardents, des énergies réprimées, des aspirations passionnées restées sans objet...

Le bien que peut faire une femme par sa seule présence est incroyable; ce qu'elle peut faire par l'exemple, par la persuasion, par l'éducation est sans limites. Le monde n'a pas besoin de plus de jurisconsultes, de plus de savants, de plus d'artistes. Le monde a besoin d'éducateurs. La femme qui sait faire une éducation, qui forme une intelligence, qui développe une âme, est mère, quoique vierge; elle occupe ainsi la première des dignités féminines... (p. 213-216).

Une des personnes qui me suivent et m'encouragent dans la campagne que je mène contre le féminisme m'a signalé une autre déposition féminine qui va trouver sa place naturelle à la suite des témoignages de Mmes Neera et Bos.

Cette déposition a été enregistrée *in extenso* par *Le Mercure* du 1er août 1908. En voici quelques extraits seulement, mais qui suffiront à montrer combien les femmes intelligentes sont unanimes à condamner le féminisme. La baronne *Charles de Benoist*, qui est l'auteur de cet article, se trouve, comme on va le voir, en concordance d'« idées » parfaite avec les deux dames dont j'ai analysé les travaux. A propos de « l'incompatibilité des sexes », elle remarque :

Il est en effet avéré, d'après les récentes recherches de l'anthropologie, que dans les races inférieures les crânes de l'homme et de la femme présentent à peu près le même volume, alors que chez les races supérieures l'écart apparaît notable et croissant à mesure que l'on avance dans la civilisation. Entre un Parisien et une Parisienne du XXe siècle, la distance sera plus considérable qu'entre un Australien anthropophage et sa femme... Instincts, besoins, occupations s'harmonisent ici facilement. C'est en s'élevant sur l'échelle de la civilisation que l'on voit progressivement s'accentuer les causes d'incompatibilité entre l'homme et la femme. Les divergences de leurs natures, presque insensibles et sans conséquences parmi les couches populaires, s'accroissent avec le niveau mental et viennent atteindre leur maximum dans les hautes sphères sociales...

Voilà qui confirme la théorie de Neera sur « l'accroissement de féminité ». Voici maintenant qui accrédite ce qu'elle ou moi avons dit du « leurre du féminisme ».

La plupart des libertés auxquelles aspire la femme moderne, hypnotisée par les prometteuses théories du *Féminisme*, l'inquiéteraient fort si elle parvenait à les obtenir.

Une secrète intuition jusqu'ici lui faisait pressentir que la famille constitue pour elle le seul palladium efficace contre l'inconstance de l'homme, et d'avance elle se tenait en garde contre les innovations sociales qu'elle réclame aujourd'hui. Elle ne les réclame d'ailleurs que puissamment suggestionnée et ne se croit malheureuse que parce qu'on le lui a dit. Les apitoiements des meneurs féministes, en voulant dénouer les liens augustes d'institutions que notre siècle de « progrès » considère comme de rétrogrades barbaries, lui ont appris qu'elle était enchaînée.

En réalité, jamais, à aucune époque, la femme n'a possédé plus de liberté, de même que l'ouvrier, dont le Socialisme fait un mécontent et un révolté, n'a jamais atteint un degré de bien-être aussi élevé qu'aujourd'hui...

Rêvant d'une supériorité plus effective que celle de son charme, elle s'érige un piédestal de brevets, de diplômes, auquel elle sacrifie sa séduction la meilleure...

Jamais la femme heureuse, aimée, n'aura l'idée de s'insurger contre un joug qui est son bien le plus délicieux.

Le féminisme sévit principalement parmi ces inadaptées de la vie que des tares constitutionnelles ou de spéciales circonstances ont empêchées de trouver place au soleil de la civilisation. N'ayant pu atteindre au mariage, seul capable de remédier à leur insuffisance sociale, elles tombent tristement des hauteurs sentimentales de leurs rêves dans les griffes acérées de la réalité. L'homme, inaccessible à leur sensualité rancunière, devient l'ennemi, contre lequel toute perfidie peut être impunément exercée. Elles vont, désorientées, se heurtant à lui en chaque carrière, lamentables épaves, errant d'un bord à l'autre, sans pouvoir se fixer.

Le rôle d'écrivain, dont les aspérités restent dérobées aux profanes, souvent alors les séduit. Les livres leur sont des amants qui ne trompent ni ne déçoivent. Plébéiennes besoigneuses de la littérature, toutes secrètement aspirent à cette aristocratie du talent, éclosion de mentalités féminines d'ordre supérieur. Mais rien ne s'improvise. Et, plus que toute autre, la carrière des lettres exige un don original, doublé d'un laborieux apprentissage. Aussi le plus fréquemment ces désexuées restent-elles végétantes, acerbes, aigries dans l'innombrable armée des écrivains sans nom, sans éditeur... ni lecteurs.

A ce contingent de déclassées, il faut ajouter celui des femmes mal mariées, pauvres créatures dont l'horizon d'amour n'a eu qu'une aurore, et qui ne connaissent de l'homme que la brutale tyrannie. Tout le parfum de leur vie s'est évaporé sous l'avidité corrosive des larmes. Leur âme, ouverte aux visions enchantées de la passion, se replie sous la rude main de la douleur. Et, quand une native délicatesse les a préservées de la haine, ce sont les intérêts matériels de l'existence qui viennent les armer contre l'homme.

Ainsi la scission s'est opérée. La femme n'est plus la victime, dupe des illusoires serments. C'est l'adversaire, soulevant les chaînes d'un séculaire esclavage.

Partout, désormais, dans tous les chemins où il marche, l'homme la rencontrera, hostile, défiante, agressive, le suivant, l'entravant, le dépassant même chaque fois qu'il lui sera possible... Rien ne lui sert pratiquement de se griser des mots dont la leurre le *Féminisme.*

Ces mots vagues... ont toujours été de puissants leviers sur les mentalités primitives, foules ou femmes.

Amour libre! Liberté de l'amour! etc. Leur ardente imagination se prend au charme des syllabes sonores! Leur cerveau se fascine à la puissance imprécise de l'idée évocatrice. Résolument elles ferment les yeux, pour ne pas apercevoir le sort déplorable que leur apporterait la réalisation de leurs espoirs.

Liberté d'aimer!... c'est-à-dire liberté de souffrir, sans plus aucun appui, les affres de la quotidienne misère; de se débattre sans défense, parmi l'encombrement des carrières, la concurrence des industries, les compromis et les insultes, pour un dérisoire salaire! Liberté d'enfanter de lamentables parias sans nom, sans avenir, dont elles ne sauraient attribuer à personne la responsabilité!... Et l'enfant, alors, cette fleur de chair, cette poésie éclose en tous les cœurs de femmes, même les plus arides, devenant l'ennemi..., le fléau, le cauchemar et l'épouvante des courtes nuits d'amour!...

Il serait bienfaisant de leur ouvrir les yeux, de leur démontrer que, dans l'union libre, où l'homme a tout à gagner, elles auraient tout à perdre, que leur situation serait insoutenable plus encore que par le passé. Si jamais une institution a été créée pour la femme, c'est bien le mariage, *seul* frein mis à l'instinctive inconstance de l'homme, seul recours de la famille contre l'abandon de son chef.

Le jour où elle obtiendra l'union libre, ou seulement le divorce facile qui en est le prologue, la femme pourra se dire qu'elle a brisé la dernière barrière qui la défendait contre l'égoïsme et l'instabilité de l'homme.

Mais la raison n'a jamais convaincu personne. On préfère l'erreur qui séduit à la vérité qui éclaire. Et le mirage décevant qui conduit à l'abîme les foules féministes ne se dissipera qu'après qu'elles se seront meurtries à la réalité...

Ce joug d'ailleurs était plus apparent que réel. Elle gouvernait l'homme par sa faiblesse même, et l'asservissait par son charme, tant que l'orgueil masculin ne soupçonnait en elle qu'une faible, une désarmée. Du jour où elle s'est posée en rivale, réclamant des droits égaux aux siens, cette imprudente Dalila a vu se réveiller Samson : l'homme est devenu l'ennemi.

Sur le terrain du sentiment, elle pouvait demeurer victorieuse; sur celui des intérêts, elle devait fatalement tomber vaincue. Le maître, qui ne résistait guère à la magie souple de sa tendresse, se retrouve armé par sa rébellion.

Dans l'âpre antagonisme qui déchaîne les deux sexes l'un contre l'autre, la femme, souveraine dont la douce voix enchantait le monde, a laissé s'échapper son sceptre. Son autel est brisé, pour jamais sans doute. Les divinités tombées ne se relèvent plus.

(Baronne Charles de Benoist).

CHAPITRE TROISIÈME

UN PRÉCURSEUR DU FÉMINISME [1]

I

Tout le monde connaît la véhémente apostrophe de La Bruyère : « Pourquoi s'en prendre aux hommes de ce que les femmes ne sont pas savantes ?... [2] Ne se sont-elles pas au contraire établies elles-mêmes dans cet usage de ne rien savoir... ou par la paresse de leur esprit,... ou par une certaine légèreté,... ou par un éloignement naturel des choses pénibles et sérieuses ?... » et la suite. (chap. *Des femmes*).

Il est impossible de ne pas être frappé du ton d'humeur que prend là le célèbre moraliste. Evidemment, il se soulage de quelque agacement personnel. Sa vivacité a des allures

---

1. DE L'ÉGALITÉ DES DEUX, SEXES, *Discours physique et moral*, où l'on voit l'importance de se défaire des Préjugés (2e éd.)
A Paris,
chez Jean du Puis, rue Saint-Jacques, à la Couronne d'Or.
M. DC. LXXVI.

L'attribution de cet ouvrage est incertaine.

On lui donne pour auteur Poulain de la Barre ou *Fremin*.

D'autres pensent qu'il est le fruit de la collaboration de ces deux écrivains, sur le compte desquels on ne sait rien. Pour la commodité du langage, nous dirons en parlant de lui ou d'eux : *l'auteur*.

Voir l'*appendice* de ce chapitre, intitulé *Palinodie*, où la question de la paternité du *Discours* est définitivement élucidée.

2. On retrouve encore cette antienne dans les ouvrages de G. Sand, une intuitive mal renseignée sur les choses de l'histoire. Elle écrit : « Les femmes reçoivent une déplorable éducation, et c'est là *le grand crime des hommes* envers elles. Ils ont porté l'abus partout, *accaparant* les avantages des institutions les plus sacrées. Ils ont *spéculé* à consommer (*sic*) cet esclavage et cet *abrutissement* de la femme... » (Lettres à Marcie, p. 230).

de représailles. On croit y surprendre l'écho de quelque discussion ou le mouvement d'impatience d'un homme d'esprit qui est tombé sur un livre « de mauvaise foy » et qui le rejette avec colère.

Ce livre ne serait-il pas par hasard celui que je vais présenter au public? [1]. Je veux faire juge le lecteur de la vraisemblance de cette conjoncture. Les dates s'accordent, puisque le *Discours physique et moral* est de 1676 et *Les Caractères* de 1688. En règle avec les dates, nous pouvons maintenant reconstituer la scène.

Il n'est pas téméraire de supposer que La Bruyère, en sa qualité de psychologue, était quelque peu fureteur. Il faisait de longues stations chez son ami, le libraire Michallet. Un jour il avise un petit volume gisant humblement à l'écart.

— Voilà une « nouveauté » qui ne paie guère de mine!

— Peuh! auteur anonyme et petit éditeur.

— Faites-la-moi donc voir de plus près.

— La voici. Prenez garde à la poussière.

La Bruyère lit le solennel et bizarre et interminable titre du livre. Le sous-titre : *Discours* PHYSIQUE *et moral* achève de piquer sa curiosité.

— Qu'est-ce que cela peut bien signifier : un Discours *physique*? Hum! cela sent son pédant. Tout de même, cette compilation semble bien être de mon « gibier », comme dirait mon maître Montaigne. Je flaire ici un document de haute graisse pour mon chapitre *Des femmes*. Voyons le dedans... Impression peu soignée, mais style agréable et correct. Sans doute c'est l'œuvre de quelque débutant qui n'inspira pas grande confiance à son libraire. Eh! eh! MM. les libraires, vous vous méprenez parfois sur la valeur des manuscrits

---

1. Je suis redevable de cette précieuse indication à M. Salomon Reinach. Peut-être n'en aurai-je pas tiré précisément le parti qu'il souhaiterait. Mais en tout cas, je tiens à rendre hautement hommage à sa courtoisie qui abandonne à l'adversaire le choix des armes.

qu'on vous apporte. M. Michallet, veuillez me céder ce volume : je le prends.

La Bruyère paya le livre et s'en alla, après avoir donné une tape amicale sur la joue de la petite Michallet, qui jouait à la poupée dans un coin de la boutique.

Rentré dans sa mansarde, qui était toujours ouverte aux vents et aux visiteurs, le philosophe se plonge dans la lecture du *Discours physique et moral*. Page 8, il apprend, non sans stupeur, que le « préjugé » a « fermé aux femmes *l'entrée des sciences*, du gouvernement et des emplois ». Page 28, même antienne : « On fit des Académies, où l'on n'appela point les femmes ; et elles furent de cette sorte *exclues des sciences*, comme elles l'étaient du reste ». Ainsi, « tout ce qu'elles avaient acquis de lumières mourait avec elles ».

Le sang de La Bruyère ne fit qu'un tour.

— C'est un peu fort, gronde-t-il. Voilà maintenant que c'est nous qui sommes cause que....

Et alors de saisir sa plume, et de riposter, un peu rageusement : « Pourquoi s'en prendre aux hommes de ce que les femmes ne sont pas savantes...? » Trait de bon sens et de verve qui en dit plus long qu'une réfutation en forme.

En effet, s'il est quelque chose d'incoercible et d'incompressible, c'est la force de l'esprit. On ne parvient à empêcher de penser que les gens *qui ne pensent pas*. Le « préjugé » n'a absolument rien à voir là. N'en croyons point les lamentations hypocrites de ceux qui se plaignent que, si on les avait fait instruire, eux aussi pourraient... Les grands inventeurs et les grands artistes furent presque tous des « autodidactes ». L'intelligence, ce rayon, perce et jaillit toujours au dehors. Ou bien alors c'est qu'il n'y a pas d'éclair au sein du nuage. Les premiers hommes qui ont écrit n'avaient que leur imagination et leur stylet. Encore Homère, ce dit-on, n'eut-il même pas de stylet. Jamais le génie littéraire ou artistique n'a été arrêté par la pauvreté des moyens d'expression ou par l'absence de modèles.

C'est pourquoi La Bruyère, devant cette impuissance féminine qui prétendait s'excuser sur on ne sait quel obscurantisme masculin, s'est nettement écrié : *Prétexte !*

Et il a renvoyé aux femmes — de son temps — le reproche qu'elles adressaient aux hommes. Son jugement si lucide et si frappant a remis la question à son vrai point : « Prenez-vous-en à vous-mêmes, à vous seules, Mesdames », ainsi se résume sa pensée.

On ne saurait trop répéter ces paroles de La Bruyère — et, pour ma part, c'est la troisième fois que je suis amené à en faire le commentaire[1] — car il n'est pas de procès plus injuste et pourtant il n'est pas de procès qui nous soit plus fréquemment intenté. Il faut donc renoncer définitivement à rendre les hommes responsables de l'infériorité littéraire, scientifique et artistique des femmes. C'est chose jugée.

II

Nous venons de nous divertir à imaginer quelle sorte de rencontre avait pu arracher à La Bruyère cette exclamation où il y a de l'indignation contenue. Quoi qu'il en soit de notre hypothèse, il faut convenir que l'ensemble du *Discours physique et moral* était bien de nature soit à révolter par sa mauvaise foi, soit à scandaliser par sa hardiesse un moraliste à l'esprit pondéré. On en jugera par cette brève analyse.

Résignons-nous tout d'abord à ne pas trouver dans le *Discours* ce qu'Horace appelle « le mérite et la beauté de l'ordre ». C'est le sort de tous ces traités de féminisme — avant ou après la lettre — de ressembler toujours plus ou moins à des conversations à bâtons rompus. Leur mise en œuvre rappelle le manège de Jeannot Lapin, qui « broute, trotte, fait tous ses tours », multiplie les crochets, s'amuse à de folles gambades.

---

1. Voir *Le Mensonge du féminisme* (Jouve, 1905), et *Autour du féminisme* (Poussielgue, 2e éd. 1908.)

Le féministe pourrait se définir : une personne qui ne *compose* pas. D'abord *la* féministe a trop d'orgueil pour *composer*. Ensuite elle est trop de son sexe pour s'astreindre à la logique de propositions bien enchaînées. *Le* féministe, quant à lui — et ici nous avons probablement affaire à un féministe-mâle — se laisse, dirait-on, gagner par l'incohérence féminine, et, la « vertu » secrète du féminisme agissant, il se comporte en femme.

Ainsi l'auteur du *Discours* nous annonce une division bipartite de son ouvrage. On y verra : 1° comme quoi l'opinion vulgaire qui attribue aux femmes une infériorité intellectuelle et physique est mal fondée ; 2° comme quoi les autorités diverses sur lesquelles on s'appuie pour soutenir cette inégalité sont toutes « vaines et inutiles ». Par conséquent deux parties, dont la première s'annonce comme dogmatique et représenterait la démonstration *in abstracto* de ce que nous appelons depuis Dumas fils le « féminisme », la deuxième représenterait la réfutation des arguments historiques produits depuis la plus haute antiquité par la littérature, la science ou la théologie contre l'égalité des sexes. Toute cette exposition est excellente comme « en-tête » et comme préface. Mais, quand l'auteur se met à dévider sa bobine, il brouille sans cesse les fils, c'est-à-dire qu'il revient sur ses pas, empiète d'une partie sur l'autre, et en somme ressasse continuellement la même idée. On croit lire une conférence improvisée où le diseur, qui d'ailleurs est disert, varie à l'infini un thème unique, étant tout plein de son objet.

Ce thème, cette idée génératrice du *Discours*, c'est donc que la croyance à l'inégalité des sexes n'est qu'un préjugé. Soit dit en passant, il y a en cette matière une distinction essentielle et préalable dont l'auteur ne s'est nulle part avisé. C'est que, comme on l'a vu, p. 80, l'homme et la femme ne sont nullement des êtres à proprement parler *égaux*, mais *complémentaires* l'un de l'autre. Et cette distinction si simple et si juste, ruine radicalement tout le fondement du féminisme.

Mais notre paladin a plus de zèle que de discernement[1]. D'ailleurs il tient à « placer » son *Discours*.

Admettons cependant son postulat : l'inégalité des sexes est un préjugé. —Mais alors on ne peut s'empêcher de songer que l'auteur eût déployé plus d'habileté en s'attaquant de front aux préjugés *en général*, quitte à établir *corollairement* le féminisme, qu'en choisissant, pour combattre les préjugés, le terrain du féminisme. Simple question de tactique. Car, si vous annoncez que vous allez brandir la massue du féminisme pour terrasser le préjugé, je sais bien des gens qui se récrieront d'abord. Au lieu que si vous déclarez officiellement la guerre aux préjugés, et qu'en apparence vous n'ayez pas d'autre dessein, je serai avec vous et je me prêterai mieux à l'escamotage qui consistera à glisser accessoirement une petite réclame en faveur du féminisme. Je ne me méfierai pas... et le tour sera joué. Ainsi procédait Jean-Jacques Rousseau, ce maître-sophiste. Mais l'auteur du *Discours* est plus hardi qu'adroit. C'est un sophiste novice.

C'est aussi — et voilà surtout ce qui me gâte son : Soyons égaux ! — un *galantin*. Sans doute il s'attache dans sa préface à nous prévenir en faveur de son impartialité et de sa sincérité ; il ferme, comme Dandin, son oreille à la brigue et ses yeux aux grâces féminines, enfin il a les intentions les plus pures et pas l'ombre d'arrière-pensée. Mais aussi il insinue « qu'on peut joindre la fleurette avec la raison » (préface). Or, se souvenant plutôt de ce dernier aveu que de ses déclarations liminaires, il mêlera sans cesse les « fleurettes » avec les raisonnements. Il madrigalisera comme un

---

1. J'ai amplement réfuté cette chimère de l'*égalité abstraite* dans mes précédents ouvrages sur le féminisme. Pour ne pas me répéter, je renvoie à l'excellent volume de M. G. Noblemaire sur *La République libérale*, dont je détache ce passage : « Il n'y a rien d'égal ni dans la nature, ni dans l'humanité qui s'y meut. Il n'est pas deux brins d'herbe, deux feuilles, deux insectes, et encore moins deux hommes, qui se ressemblent absolument ; dans le domaine des phénomènes moraux, intellectuels ou physiques, tout est différence, tout est inégalité. »

simple Trissotin. On sait ce qu'il advient dans ces cas-là : les « fleurettes » dominent sur les raisonnements. Résultat : le *Discours* porte plus de fleurs que de fruits. Des passages comme celui-ci, que je cueille aux pages 40 et 41, vous donneront le ton habituel de sa dialectique :

Les femmes, au contraire, disent nettement et avec ordre ce qu'elles savent : les paroles ne leur coûtent rien ; elles commencent et elles continuent comme il leur plaît ; et leur imagination fournit toujours d'une manière inépuisable, lorsqu'elles sont en liberté. Elles ont le don de proposer leurs sentiments avec une douceur et une complaisance qui servent autant que la raison à les insinuer...

Notez que tout cela est dit sans la moindre intention ironique ni badine. Prenez, s'il vous plaît, toutes ces paroles au pied de la lettre, ou bien vous trahiriez la pensée du Discoureur. C'est un homme grave, vous dis-je, un *précieux* attardé, qui, en guise de monocle, a un prisme sur l'œil. Après ce début idéaliste, nous sommes fixés définitivement sur les dispositions qu'il apportera au débat.

Il continue doctoralement :

Elles sont éloignées de l'esprit de contradiction et de dispute, auquel les savants sont si sujets ; elles ne pointillent point vainement sur les mots...

Où donc l'aimable vieillard — je ne puis me le figurer que très vieux ou très jeune ; mais la fermeté de son style me fait écarter l'hypothèse de : jeune — où donc l'aimable vieillard avait-il observé les femmes ? Là, bien franchement, ces choses mises en termes si galants ne relèvent-elles pas de la « fleurette » plutôt que de la « raison » ? On frémit en pensant que l'auteur avait promis de fouler aux pieds toute galanterie et qu'il avait défendu à son cœur toute « faiblesse humaine ». Que serait-ce, bon Dieu ! s'il cultivait la « fleurette » ? Et si je citais les six pages suivantes qui sont toutes consacrées à nous prouver que la femme raisonne bien mieux que les philosophes et les savants sur les matières de religion, de métaphysique et de science ! Il faut cependant transcrire le madrigal qui sert de conclusion à tout ce flatteur développement :

> Enfin, si l'on considère de quelle façon les hommes et les femmes produisent ce qu'ils savent, on jugera que les uns sont comme ces ouvriers qui travaillent aux carrières, et qui en tirent avec peine les pierres toutes brutes et toutes informes ; et que les femmes sont comme des architectes ou des lapidaires habiles, qui savent polir et mettre aisément en œuvre et dans leur jour ce qu'elles ont entre les mains.

Faut-il qu'un adage aussi rebattu que le *Ne quid nimis* des Latins ait été ignoré de l'auteur du *Discours*, qui, à force de vouloir trop prouver, finit par ne rien prouver du tout ! Que n'a-t-il bravement, ou simplement, intitulé son écrit : *Apologie du sexe féminin* ! On saurait ainsi à quoi s'en tenir et peut-être même y applaudirait-on[1]. Mais, voilà, il a eu la maladresse de le présenter comme une œuvre sérieuse, et alors l'exagération de sa thèse y jette un ridicule....

Ainsi, plan décousu et parti pris de galanterie, voilà les impressions qui nous accueillent au seuil du *Discours physique et moral*. Le reste est à l'avenant, comme on va le voir.

III

L'auteur établit d'abord que l'ordre social a été fondé par et sur la force :

---

1. Aussi est-il naturel que L'*Union fraternelle des femmes* ait compris l'auteur du *Discours* dans la liste des notabilités féministes qui orne son *Almanach*. Le traité sur l'*Egalité des deux sexes* devrait être le livre de chevet de tout bon féministe, et son auteur anonyme a quelque droit de figurer à côté de la marquise de Rambouillet, qualifiée élégamment de « salonnière » (page 2).

Je reviendrai plus loin sur ce savoureux libelle.

La force a toujours prévalu (p. 15). Les hommes, remarquant qu'ils étaient les plus robustes, et que dans le rapport du Sexe ils avaient quelque avantage de corps, se figurèrent qu'il leur appartenait en tout (p. 16).

Ces origines du « Contrat social » sont toujours nébuleuses, et j'admire ceux qui tranchent avec tant d'assurance sur la manière dont cela s'est fait. J'inclinerais plutôt à croire, n'étant pas grand clerc en ethnologie, que tout s'est peu à peu arrangé *sous la pression des circonstances*, et qu'aucune sorte de conspiration n'y a contribué. Aucun mot d'ordre n'a été ni donné ni reçu. *La force des choses*, et non la brutalité de certaines personnes, a, selon moi, tout disposé du train dont il va. Je ne vois pas trace dans l'histoire de tant de noirceur de la part de l'espèce masculine. Surtout l'*entente* que les féministes présupposent entre nos ancêtres mâles me paraît mystification ou chimère [2].

D'ailleurs ils se contredisent étrangement sur ce point, les féministes, puisque ceux de la nouvelle école se rallient à l'hypothèse — cela peut-il s'appeler autrement qu'une hypothèse? — du *Matriarcat*. Selon ce système, dont le pédant Bachofen [3] est le père, les femmes auraient possédé autrefois, il y a longtemps, bien longtemps, avant le déluge, l'hégémonie. Les bases de l'ordre social n'auraient donc nullement été

1. Voir sur ces questions *Lois psychologiques de l'évolution des peuples*, par Gustave Le Bon.

2. J'ai, pour fonder cette opinion, l'autorité de Renan, qui a dit dans un ouvrage posthume : « L'homme ne se souvient de lui-même que depuis trois mille ans au plus. Avant, c'était un enfant sans connaissance, presque animal. *O qui mihi det ut dicam quod de nostra origine sentio.* » (*Cahiers de jeunesse*, p. 31).

3. Les féministes n'ont jamais lu Bachofen, et pour cause : il a écrit en allemand et il n'y a que l'*Introduction* de son livre qui ait été traduite en français. Personne ne se donnera jamais la peine de traduire cette compilation cocasse : *aegri somnia.*

Néanmoins, ces dames ne jurent que par Bachofen, qu'elles prononcent *Bacophène.*

Voir mon précédent volume : *Autour du féminisme.*

jetées par la force, mais au contraire par la douceur et le charme. Ainsi voilà deux systèmes, également féministes et parfaitement contradictoires[1], sur l'origine des institutions humaines. Aux féministes de se mettre d'accord. Passons.

J'ai toujours remarqué que cette espèce de doctrinaires, pour les besoins de leur cause, faussent plus ou moins la psychologie féminine, c'est-à-dire que, pour mieux combattre l'injustice dont, suivant eux, on use envers les femmes, ils nient ou plâtrent les défauts caractéristiques du sexe. Celui-ci ne fait pas exception à cette règle quand il assigne à la *coquetterie* féminine une origine tout artificielle. Il fait de cette manière d'être un calcul et non un instinct. Les femmes, dit-il :

> voyant que les hommes leur avaient ôté le moyen de se signaler par l'esprit, s'appliquèrent uniquement à ce qui pouvait les faire paraître plus agréables (p. 30).

---

1. Cette *contradiction* de principe donne parfois lieu à des débats entre féministes, bien amusants pour la galerie.

Le 18 avril 1907, M. Edouard Langeron, professeur honoraire d'histoire de l'Université, faisait une conférence sur *La femme à travers l'histoire* pour le compte de « L'Ecole de la Pensée », un groupe féministe que préside Mme Lydie Martial. (Mme Lydie Martial, c'est le féminisme souriant et engageant *quand il parle,* mais hérissé, lui aussi, d'érudition indigeste et de galimatias *quand il écrit*).

Vous voyez ce que peut dire sur le thème choisi par M. Langeron un « honnête homme » et « dicendi peritus ». C'est ce que dit M. Langeron. Mais, à peine eut-il fermé la bouche, qu'une des auditrices, féministe militante, et qui souffrait de n'avoir pas entendu parler de son cher *Matriarcat* tudesque, se leva et somma poliment le conférencier de combler cette lacune.

— Hein? quoi? le Matriarcat? Connais pas.

Tableau! Malaise dans l'assistance. Un professeur d'histoire *et féministe*, qui ne sait pas ce que c'est que le Matriarcat! On peut donc être historien de profession et ignorer le Matriarcat! Le Matriarcat ne serait donc qu'une « *blague* », un « poisson d'avril »?

Je pense que jamais « plus cruelle petite chose » n'est advenue à des féministes que cette leçon d'histoire indirecte. Je suis bien reconnaissant à Mme Lydie Martial de m'avoir convié à ce piquant divertissement.

Il sera question amplement de Mme Martial plus loin, chap. V.

A un homme d'Ancien Régime nous pouvons sans ridicule opposer une légende biblique. Nous lui demanderons donc : quand Eve

essaye sur Adam le pouvoir de ses charmes,

c'est donc parce que celui-ci

a fermé son esprit aux sublimes clartés ?

Et l'aimable Galatée de Virgile, quand elle s'enfuit sous les saules

et se cupit ante videri,

c'est aussi parce que l'entrée des « hautes sciences » lui était interdite ? Peut-on contester que la femme *naisse* coquette ? Voyez-vous cela ? La coquetterie devenant une étude, un art d'agrément, comme le piano !

Dans le *Discours* il y a peu de transitions d'idées, il n'y a guère que des transitions de mots. Conséquemment, le critique que je suis n'est pas tenu à autre chose qu'à des associations verbales. Sachez donc que l'*étude* « est inutile à la plupart des hommes pour la fin qu'on s'y propose » (p. 36). Ils sortent de là, comme le disait Montaigne, avec « la tête bien pleine plutôt que bien faite ». Bon ! Mais, sans examiner la question s'il est bien nécessaire de faire le procès aux hommes pour réhabiliter les femmes, le bon auteur du *Discours* méconnaît cette vérité d'expérience que celui des deux sexes qui arrive le plus souvent à « s'instruire sans se cultiver », c'est le féminin. Plus encore que les hommes, les femmes tâtent de la science sans parvenir à s'en imprégner. Pour le trancher net, la femme plus que l'homme est sujette au pédantisme. L'explication de ce fait est très simple : par comparaison avec l'homme, la femme est oisive, et conséquemment plus abandonnée à tous les défauts qu'engendre l'oisiveté ou la frivolité des occupations : dérèglement de l'esprit et des mœurs, vaine curiosité, médisance, etc. L'homme a *besoin* de la science pour vivre et pour faire vivre les siens. A cause de cela, il *s'assimile* les idées davantage. D'autre part les grands intérêts de la vie pèsent sur lui plus lourdement. *Il faut* donc que cette science lui serve d'outil et de levier.

Mais, à part quelques exceptions, cette même science ne sert guère aux femmes que de parure. C'est un collier au cou, une bague au doigt. Il est donc naturel qu'elles n'en prennent que le dehors. N'en déplaise aux féministes, il en sera ainsi tant que les « suffragettes » — j'allais dire : les suff... rageuses, tant elles sont agressives et remuantes ! — n'auront pas déplacé l'assiette de la société, et substitué les femmes aux hommes.

Reprenons le fil de notre analyse, ce qui, dans l'espèce, est la même chose que de continuer à égrener les perles du collier des vertus féminines. Nous trouvons une suite de tirades sur : la supériorité des femmes en *éloquence* :

> Les pièces d'éloquence et de poésie, les harangues, les prédications et les discours ne sont pas de trop haut goût pour elles ; et rien ne manque à leurs critiques, que de les faire selon les termes et les règles de l'art (p. 50-51).

en *jurisprudence* et dans le métier d'*avocat* :

> C'est un plaisir d'entendre une femme qui se mêle de plaider. Quelque embarras qu'il y ait dans les affaires, elle les débrouille et les explique nettement (p. 53).

On voit que notre Discoureur est plus hardi que l'auteur du *Traité de l'éducation des filles*. Fénelon, disciple en cela de Molière, demandait qu'on donnât aux femmes des « clartés de tout » et notamment une teinte de jurisprudence. Mais il n'allait pas jusqu'à mettre les Jeanne Chauvin du temps (il y en avait donc déjà ?) au-dessus des Patru et des Pellisson.

Item la supériorité des femmes en *théologie* :

La solidité et la profondeur avec *laquelle* elles parlent des plus hauts mystères et de toute la morale chrétienne les *feraient*[1] prendre souvent pour de grands théologiens, si elles avaient un chapeau, et qu'elles pussent citer en latin quelques passages (p. 55).

On croirait entendre Sganarelle parler de la médecine. Les opinions du Discoureur sentent parfois un peu le « fagot ».. Mais n'anticipons pas.

Voici leurs aptitudes pour la *médecine* :

Il semble que les femmes soient nées pour exercer la médecine et pour rendre la santé aux malades (p. 55).

Tandis que les hommes donnent dans les *superstitions* et croient aux revenants, les femmes, elles,

savent le contraire des rêveries astrologiques (p. 56).

Ce sont des esprits d'un bien plus « haut étage » que les esprits masculins.

Enfin cette première partie du livre se termine par des effusions vraiment lyriques, où s'affirme de nouveau cet idéalisme béat d'un homme qui est délibérément optimiste et énergiquement décidé à voir la femme en beau :

Quelque genre de vie qu'embrassent les femmes, leur conduite a toujours quelque chose de remarquable. Il semble que celles qui vivent hors du mariage et qui demeurent dans le monde, n'y restent que pour servir d'exemple aux autres. La modestie chrétienne paraît sur leur visage et dans leurs habits. La vertu fait leur principal ornement. Elles s'éloignent des compagnies et des divertissements mondains; et leur application aux exercices de piété fait bien voir qu'elles ne se sont point engagées[2] dans les soins ni dans les embarras du mariage, pour jouir d'une plus grande liberté d'esprit et n'être obligées que de plaire à Dieu (p. 68).

1. J'ai déjà averti que le *Discours* est semé de « coquilles », dont je corrige la plupart. Il a été imprimé, semble-t-il, par grâce et sans soin.

2. Entendez : « fait bien voir que *si* elles ne se sont point engagées... *c'est* pour jouir... »

Avouez-le, ce bonhomme est touchant à force de candeur! Il n'avait entendu parler ni des Marion, ni des Ninon de son temps. Il avait eu une jeunesse rangée. Il n'était pas un vert-galant. L'aimable marquise de Sévigné a dû pouffer de rire ou hausser les épaules de pitié si ces lignes sont tombées sous ses yeux. Soit Rabelais, soit son joyeux luron de fils lui en avaient fait voir bien d'autres!

Après cet éloge indirect mais senti de la « demi-mondaine », voici, pour finir, le dithyrambe non moins enthousiaste de l'épouse, de la mère et de l'éducatrice :

Quelle complaisance n'emploient point les femmes pour vivre en paix avec leurs maris! Elles se soumettent à leurs ordres, elles ne font rien sans leurs avis, elles se contraignent en beaucoup de choses pour éviter de leur déplaire, et elles se privent souvent des divertissements les plus honnêtes, pour les exempter de soupçon (p. 70).

Si, après un si beau panégyrique, quelqu'un doute encore que la femme ne soit infiniment supérieure à l'homme, c'est qu'il est difficile à persuader. Aux déclamations enfantines du bonhomme — car nous n'avons pas entendu autre chose que des déclamations — il me serait aisé d'opposer des invectives. On s'est d'ailleurs déjà livré à ce vain exercice; il en est résulté deux volumes : *Le Bien qu'on dit des femmes*, et : *Le Mal qu'on dit des femmes*. Mais la question ne ferait pas un pas. Je préfère observer que les conclusions de notre « bonhomme » — il nous est bien permis maintenant de prendre avec lui cette innocente familiarité — sont en contradiction flagrante avec ses prémisses. Tout à l'heure en effet la femme se voyait exclue de l'empyrée scientifique, et c'était pour cela que son infériorité, toute relative et momentanée, constituait *le crime de l'homme*. Voici maintenant qu'elle se révèle supérieure, angélique, *surfemme*, enfin! Alors il n'était donc pas vrai que l'homme l'eût condamnée à l'ignorance? Ou bien, l'y ayant condamnée, elle avait trouvé moyen de s'évader de sa prison et d'attester quand même ses hautes capacités. *Eh! bien, alors?*

Avant de quitter cette première partie du *Discours*, je me demande s'il faut taxer de gaucherie ou de rouerie le procédé de l'auteur qui mêle sans cesse l'éloge de la *sensibilité* des femmes avec celui de leur *intellectualité*, de façon que l'un fait passer l'autre. Ainsi chez lui l'éloge des femmes savantes alterne avec celui des Filles de la Charité, et tout cela forme une disparate curieuse dont on ne sait si c'est le comble de l'art ou le comble de l'inexpérience.

Telle est cette première partie, qui consiste tout entière en affirmations énergiques sans aucune preuve. Il reste à démontrer que les femmes sont égales et surtout supérieures. L'auteur n'a réussi à prouver qu'une seule chose : c'est qu'il n'a pas la notion de la mesure ni le sens du ridicule; il désarme à force de naïveté.

... Solventur risu tabulæ...

IV

Je l'ai mentionné plus haut : la deuxième partie est calquée sur la première. Deux tranches du même gâteau. Mais, comme l'auteur sait écrire, il se fait lire encore.

Ainsi, cette deuxième partie s'ouvre, à peu près comme la première, par cette calomnie, ou cette erreur, ou cette supposition gratuite, que le règne de l'homme s'est établi et se maintient par la force [1].

Il faut considérer que ceux qui ont fait ou compilé les lois, étant des hommes, ont favorisé leur sexe; comme les femmes auraient

1. Ce sophisme a été réfuté au début du chap. (v. p. 109 et 110. Ajoutons à ce que nous avons dit ces réflexions très sages de M. G. Noblemaire : « La société n'a pas été *faite*, elle est *devenue*. Telle que nous la voyons, telle que nous la vivons aujourd'hui, elle est l'œuvre longue et patiente des siècles, elle est la synthèse des qualités et des défauts des générations antérieures; elle est ce qu'elle a pu devenir et ne pourrait, en un même temps, être autrement qu'elle n'est. » (*La République libérale*).

peut-être fait si elles avaient été à leur place... et ainsi l'on a attribué à la nature une distinction qui ne vient que de la coutume (p. 95).

Si un Français est « une personne qui ne sait pas la géographie », on peut dire non moins justement qu'un féministe est : une personne qui ne sait pas l'histoire. Où donc celui-ci a-t-il vu de ces conciles d'hommes qui se seraient *proposé* le dessein formel d'asservir les femmes, qui auraient adopté ce mot d'ordre — ou de désordre — : Guerre aux femmes ! Je croyais qu'il n'y avait que la Bélise de Molière qui pût donner dans de telles billevesées.

Tournant quelques pages, je trouve une des hérésies les plus graves qui puissent se rencontrer sous la plume d'un physiologiste. Il est vrai qu'elle est logiquement amenée par la hantise de « l'égalité » abstraite. C'est à savoir celle qui consiste à dire que le sexe gît tout entier dans les organes génitaux. Voici le morceau :

Il est aisé de remarquer que la différence des sexes ne regarde que le corps : n'y ayant proprement que cette partie qui serve à la production des hommes ; et l'esprit ne faisant qu'y prêter son consentement, et le faisant en tous de la même manière, on peut conclure qu'il n'a *poin* (sic) de sexe (p. 109-110).

A révérence parler, le Discoureur ne fait guère plus de différence entre hommes et femmes qu'entre animaux mâles et femelles, lesquels sont extérieurement tout semblables, à moins qu'on ne les examine de près. Il ne voit dans l'humanité que des têtes, des bras, des jambes, et il déclare ingénument qu'à une petite distance c'est, comme disent les bonnes gens, *tout pareil*. Il est vrai que de son temps les hommes se rasaient le visage et portaient perruque poudrée. La ressemblance de la physionomie masculine et de la physionomie féminine était donc plus grande qu'aujourd'hui. Possible aussi que le bonhomme fût très myope. Mais quel jugement superficiel! Parce que 2 et 2 font 4 pour une femme comme pour un homme, parce qu'elles boivent, mangent, respirent comme nous, parce qu'elles sont capables de douleur et de plaisir comme nous, *ergo* elles sont *égales!* On n'est pas mieux dupe des apparences. Le bonhomme ignore que la femme est bien plus que l'homme dominée par l'animalité; il ne sait pas ce que ce mot de *femme* représente de sensibilité spéciale et de nervosité. Il n'a pas pu connaître, c'est vrai, ni Marivaux, ni Musset, ni Paul Bourget, ces experts de la psychologie féminine; il n'a pas pu voir jouer *Les caprices de Marianne*, et tout cela l'excuse un peu. Mais Racine, le grand Racine, pouvait lui tenir lieu de tous les peintres modernes de l'âme féminine. Or il n'a rien appris de Racine et semble ne pas se douter de l'existence ou de l'œuvre de ce poète.... Si je n'avais des raisons de croire que l'auteur du *Discours* soit un homme, un vieux garçon vraisemblablement, j'ouvrirais l'avis que cet auteur est peut-être la femme de Racine elle-même, laquelle, on le sait, n'avait jamais lu une seule des tragédies de son mari.

Revenons à notre propos et affirmons qu'il y a un sexe des intelligences comme des corps. Une grande dame peut avoir l'esprit mieux orné qu'un manant, mais le manant, s'il est *un homme*, aura des *facultés* que toute la vie élégante ne donnera jamais à la grande dame. L'auteur ne voit entre les sexes que des différences de *degré*, alors qu'il y a entre eux d'évidentes différences de *nature*.

Résumons toute cette discussion en disant avec un sociologue autorisé de l'école d'Auguste Comte : « Le sexe n'est pas localisé dans quelques organes seulement; *nous sommes sexués des pieds à la tête*; nous le sommes au physique et au moral, et au moral la femme l'est *plus* que l'homme ».

Au sens de tout esprit non prévenu, la page 109[1] du *Discours* suffit à juger son homme. L'écrivain qui a lâché ces bourdes sera tout ce qu'on voudra : galant homme, « hon-

1. E. Delbet, *Revue internationale de Sociologie*, fascicule de février 1906.

nête homme », homme d'esprit, mais sociologue, non pas. L'auteur du *Discours* a manqué sa voie : il était né pour rimer des épîtres à Chloris et tresser des bouquets à des Iris, à des Philis, à des Amarante. C'est un *précieux* fourvoyé dans la prose sérieuse.

V

J'ai averti ci-dessus que sans cesse notre pré-féministe retournerait dans sa seconde partie à la doctrine qui faisait l'objet dogmatique de la première. Il n'y manque pas en effet. Voici une nouvelle énumération des sciences où les femmes seraient capables de primer, si elles voulaient seulement s'en donner la peine.

Et d'abord la *métaphysique* et la *physique*, ce qui était pour plaire à Philaminte. — L'histoire répond qu'il n'y a jamais eu de philosophe notoire en jupons.

Suivent : la *médecine* (déjà nommée), la *logique*, la *mathématique.*

A propos de cette dernière science, un argument assez inattendu, il faut que je transcrive :

> Il suffit d'alléguer la *propreté* reconnue du sexe pour faire croire qu'il est capable d'entendre les propositions de mathématique (p. 117-118).

Viennent ensuite l'*astronomie* et la *grammaire.*

J'accorde l'astronomie, mais la grammaire ! Le bonhomme semble n'avoir jamais lu de lettres ni de romans composés par des femmes. Il saurait que de toutes les « sciences » la grammaire est celle à laquelle les femmes sont le plus réfractaires. Croyons-en La Bruyère, arbitre un peu mieux renseigné, « Si les femmes étaient toujours correctes.... »[1]

Le défilé se continue par l'*éloquence*, ce qui est une redite,

1. *Des ouvrages de l'esprit.*

la *morale*, le *droit*, tant civil que canon, la *politique*, la *géographie*, l'*histoire*, tant profane qu'ecclésiastique, la *théologie*, nouvelle redite. Bref, tout y passe, et l'on n'attend plus que le cri de triomphe de Philaminte :

Oui, de science aussi les femmes sont meublées !

Ce dénombrement, qui n'aurait d'autre résultat « pratique » que l'établissement d'un programme d'éducation à la Rabelais, c'est-à-dire formidable, défie toute discussion.

Nourri dans les bonnes traditions littéraires de la composition des ouvrages didactiques, l'auteur introduit ici quelques épisodes pour reposer l'attention du lecteur. Ce sont, à ne vous le point celer, de simples lieux-communs et truismes. Exemple le long développement sur les « bienfaits de la science », qui d'ailleurs se concilie bien mal avec l'*inutilité* de la science, telle qu'elle a été exposée plus haut[1]. Il est vrai qu'alors l'auteur parlait de l'engeance-hommes.

De nouveau des paradoxes. A la page 154 le Discoureur affirme avec une tranquille assurance que les femmes sont bien moins sujettes que les hommes à l'orgueil résultant de la science. A la page 158 il nous apprend que si les hommes écartent les femmes de la science, c'est par *jalousie*. Ces monstres agissent ainsi

dans la crainte que si les sciences devenaient si communes, la gloire ne le devînt aussi, et que celle où ils aspirent ne se diminuât par le partage.

La page 164 est l'une des plus importantes du livre. Non point parce que c'est l'une de celles où le *Discours* « fluit lutulentus » et qu'il charrie des choses « quæ tollere velles », au nom du bon goût et de l'orthodoxie religieuse. Mais c'est parce qu'elle nous révèle la raison du mystère dont le bon-

1. Voir p. 111.

homme a voulu envelopper sa personnalité. Cette raison, hélas ! n'est pa- la modestie, mais la *prudence*, et ainsi tombe l'une de nos illusions sur le compte de cet initiateur du féminisme. Je ne me figure pas en effet un écrivain demandant, en plein XVIIe siècle et sous sa propre signature, le droit pour les femmes d'exercer le ministère sacré, au mépris de la tradition et des règlements de l'Eglise catholique, apostolique, romaine. Il se fût attiré sûrement certains désagréments de la part de la Sorbonne et du Parlement. Et personne n'eût pris la défense de cet hérétique désireux de renouveler les scandales du règne de la *papesse Jeanne*. Or notre Discoureur « craignait les coups, naturellement » ; il ne se souciait pas d'exposer son œuvre au bûcher de la place de Grève et sa personne à un décret de prise de corps. La palme de martyr du féminisme ne l'a pas tenté. Il n'était pas jaloux des lauriers d'un Dolet ou d'un Galilée. Il risqua donc sa petite manifestation sous le voile de l'anonyme. Il a bien fait.

Il eût fait mieux encore en retranchant de son livre cette théorie révolutionnaire que seuls les enfants perdus et les enfants terribles du féminisme osent propager. Même les *protestants*, auprès de qui pourtant est en honneur le féminisme, ne vont pas jusqu'à réclamer cette forme d' « émancipation », et leur abstention significative me dispense d'entrer dans le vif de ce débat qui serait « immensi moliminis ». Si donc l'Eglise réformée elle-même n'a pas admis les femmes au partage du sacerdoce, c'est qu'il y a pour cela de hautes considérations de raison, de politique et de *convenance* que je pense que mes lecteurs sentent assez sans que j'aie besoin de les leur déduire laborieusement. Je me borne à copier in extenso cette page 164 :

L'emploi le plus approchant de celui de Maître, c'est d'être Pasteur ou Ministre dans l'Eglise, et l'on ne peut montrer qu'il y ait autre chose que la coutume qui en éloigne les femmes. Elles ont un esprit comme le nôtre, capable de connaître et d'aimer Dieu, et ainsi de porter les autres à le connaître et à l'aimer. La foi leur est commune avec nous : l'Evangile et ses promesses ne s'adressent pas moins à elles. La charité les comprend aussi dans ses devoirs, et si elles savent en pratiquer les actions, ne pourraient-elles pas aussi en enseigner publiquement les maximes? Quiconque peut prêcher par ses exemples, le peut encore à plus forte raison par ses paroles : et une femme qui joindrait l'éloquence naturelle à la morale de Jésus-Christ serait aussi capable qu'un autre d'exhorter, de diriger, de corriger, d'admettre dans la société chrétienne ceux qui en seraient dignes, et d'en retrancher ceux qui refuseraient d'en observer les règlements, après s'y être soumis. Et si les hommes étaient accoutumés à voir les femmes dans une chaire, ils n'en seraient pas plus touchés que les femmes le sont des hommes.

Ce coup de pistolet tiré, l'auteur engage le feu roulant des paradoxes qui sont usuels en escarmouche féministe. Et ainsi il satisfait du moins à l'une des lois de la composition littéraire, la gradation des arguments.

En première ligne, voici la « revendication » féministe du droit de *gouverner* :

Faut-il pour la conduite d'un royaume plus d'application et plus de vigilance que les femmes en ont pour leurs familles, et les religieuses pour leurs couvents? (p. 167).

— Oh! oui, suis-je tenté de répondre et de m'en tenir là. Mais il faut ajouter que le règne des femmes a presque toujours été synonyme de désordre social ou moral. Il est vrai que le Discoureur n'a pas pu connaître Catherine II et tout ce que son gouvernement représenta de débauches inouïes [1]. Mais l'histoire lui offrait tant d'autres Catherine que son incurable idéalisme l'a empêché d'apercevoir!

L'homme qui a réclamé sans broncher le droit pour les femmes d'administrer les sacrements et de gouverner les empires ne va pas hésiter à leur conférer les attributions *militaires.* Pendant qu'il y est.... Voici le paragraphe mar-

1. Voir K. Waliszewski, *Le roman d'une impératrice*, 15e éd. Plon, 1902.

ginalement intitulé : *Elles peuvent être Généralles* (sic) *d'Armée.*

Il est aisé de conclure que, si les femmes sont capables de posséder souverainement toute l'autorité publique, elles le sont encore plus de n'en être que les ministres : comme d'être Vice-reines, Gouvernantes, Secrétaires, Conseillères d'Etat, Intendantes des finances.

Pour moi, je ne serais pas plus surpris de voir une femme le casque en tête, que de lui voir une couronne : présider dans un conseil de guerre, comme dans celui d'un Etat : exercer elle-même ses soldats, ranger une armée en bataille, la partager en plusieurs corps, comme elle se divertirait à le voir faire. L'art militaire n'a rien par-dessus les autres, dont les femmes sont capables, sinon qu'il est plus rude et qu'il fait plus de bruit et plus de mal (p.168-169).

Mais, intrépide Discoureur, ce n'est pas la même chose de posséder « l'autorité militaire », et d'être capable d'*autorité* tout court! Cette nuance lui échappe, parce que c'est, tranchons le mot, un *esprit faux*, et qui suit sa pente jusqu'au bout, comme il arrive à ces raisonneurs qui n'ont pour eux que « l'esprit de géométrie ». Autrement il distinguerait tout au moins entre l'égalité *intellectuelle* ou morale et l'égalité *physique*, et il conviendrait que le *corps* de l'homme est tout de même plus propre aux besognes guerrières que celui de la femme.

Lancé en si beau chemin, notre homme ne s'arrête pas à une seule des objections que le bon sens suggère. Il les méprise, il n'a cure du ridicule et il poursuit éperdument sa course vers l'absurde. Cela se formule sous sa plume comme suit :

Les femmes peuvent prétendre l'avantage pour le corps (titre). — Quoi qu'il en soit, si on voulait examiner quel est le plus excellent des deux sexes, par la comparaison du corps les femmes pourraient prétendre l'avantage, et sans parler de la fabrique intérieure de leur corps, et que c'est en elles que se passe ce qu'il y a au monde de plus curieux à connaître (p. 200).

Je veux bien que les femmes aient « l'avantage pour le corps », car tout dépend du point de vue. Mais alors comment l'archétype du féminisme peut-il bien chercher à réhabiliter la force intellectuelle au détriment de la force physique? Comment peut-il dire que la force physique est en raison inverse de la force intellectuelle? Il faut choisir. Les attributs auraient-ils été si mal partagés par le Créateur entre les deux sexes que toutes les qualités, tant physiques que morales, seraient du côté de la femme, et tous les défauts, tant physiques que moraux, du côté de... la barbe!

Je renonce à me reconnaître au milieu de toutes ces contradictions et de ces contre-vérités. Voici, pour nous achever, l'affirmation solennelle que « tous les tempéraments sont presque égaux » (p. 202). Or, il n'y a pas deux pages, l'auteur déclarait que le « tempérament » de la femme est plus parfait!... « De la lumière, de la lumière! » imploré-je avec Gœthe.

De nouveau l'auteur revient sur ses pas. Toute la fin du *Discours* ne va consister qu'en variations sur l'air connu : *La femme est un être séraphique.* Sachez donc que :

> Les défauts qu'on attribue aux femmes sont imaginaires.

Le « babil » par exemple. Eh! bien, rien n'est plus « impertinent » que ce reproche. La vérité, c'est que les femmes

> se représentent les objets sans peine et s'expriment avec une facilité admirable : cela fait que les idées qu'elles ont se réveillant à la moindre occasion, elles commencent et continuent la conversation comme il leur plaît (p. 221-2).

Rappelez-vous l'amusante définition que Covielle donne à M. Jourdain de la profession de marchand, c'est du même ordre : « Lui, marchand! C'est pure médisance, il ne l'a jamais été. Tout ce qu'il faisait, c'est qu'il était fort obligeant, fort officieux; et, comme il se connaissait fort bien en étoffes, il en allait choisir de tous les côtés, les faisait apporter chez lui, et en donnait à ses amis pour de l'argent » (*Le Bourg. gentilh.*, acte IV, sc. III).

Suite du même sujet :

Si les hommes avaient la langue aussi libre, il serait impossible de les faire taire... Elles peuvent dire qu'elles s'entretiendraient encore mieux et plus solidement que nous, si on avait pris autant de peine à les instruire... Je regarde les conversations des femmes comme celles des philosophes, où il est permis également de s'entretenir des choses dont on n'a point la connaissance, et il y a des contretemps dans les unes et dans les autres (p. 223, 4 et 5).

J'ai risqué au début l'hypothèse que le Discoureur n'était qu'un « vil courtisan ». Je me demande si je n'aurais pas mieux fait de l'appeler tout simplement un *amant.*

Car l'on voit les *amants* vanter toujours leur choix ;
Jamais leur passion n'y voit rien de blâmable,
Et dans l'objet aimé tout leur devient aimable :
Ils comptent les défauts pour des perfections.
(*Le Misanthrope*, acte II, sc. IV).

N'est-ce pas là exactement ce que fait le Discoureur tout le long de son livre ?

Comme il a joué tout à l'heure sur les mots *autorité*, *avantage* (du corps), etc., il joue maintenant sur le mot *curiosité*, quand il dit :

Je les estime d'être curieuses, et je les plains de n'avoir pas les moyens de se satisfaire en cela (p. 225).

Il y a décidément en lui de l'Oronte, sinon du Trissotin. L'homme au sonnet eût applaudi à l'ingénieuse réhabilitation que son congénère fait successivement de l'*inconstance* et de la *malice* féminines. Voici pour la malice :

Lorsque l'on dit des femmes qu'elles ont plus de malice, cela ne peut signifier autre chose, sinon que quand elles se portent au mal, elles le font plus adroitement et le poussent plus loin que les hommes. Soit. Cela marque en elles un solide avantage. On ne peut être capable de beaucoup de mal sans avoir beaucoup d'esprit et sans être aussi par conséquent capable de beaucoup de bien (p. 232-3).

L'ouvrage se termine par le redressement, vertement fait, je vous assure, de quelques opinions d'anciens philosophes injurieuses pour les femmes.

Ainsi le mot qu'il nous cite de Platon

suffirait à des gens raisonnables pour le condamner lui-même d'ignorance ou de bêtise, et pour achever de le dégrader du titre de Divin *qu'il n'a plus que parmi les pédants* (p. 236).

Il ménage un peu plus Aristote, car

de dire que (sa sentence) est une impertinence, ce serait trop ouvertement choquer ses *suppôts* (p. 236-7).

Mais enfin, à lui aussi, sa gloire est usurpée.

Quant à Socrate, il était laid, et cela l'excuse. Voici le passage, il est vraiment spirituel. Notre Discoureur ne fait pas mentir le proverbe qui dit qu'avec de l'esprit on peut n'être qu'un sot.

Socrate, qui était pour la morale l'oracle de l'antiquité, parlant de la beauté du sexe, avait accoutumé de la comparer à un temple bien apparent, mais bâti sur un cloaque. Il ne faut que rire de cette pensée, *si elle ne fait pas mal au cœur*. Il y a des apparences qu'il jugeait du corps des autres par le sien, ou par celui de sa femme, qui était une diablesse, qui le faisait détester; et qu'il lui parlait ainsi de son sexe, à dessein de la faire bouquer [1], et qu'il enrageait dans son âme d'être laid comme un magot (p. 239).

Diogène, Démocrite, Caton, seigneurs de moindre importance, reçoivent aussi leur paquet. L'historiette qu'il rapporte

1. Synonyme de *bisquer* (?)

de Caton [1], et qui est une variante de la fable *Les femmes et le secret*, fait songer au « mot de la fin » par lequel Voltaire devait achever son *Siècle de Louis XIV*, à savoir une plaisanterie sur les Chinois. Et voilà comment des auteurs de plus d'esprit que de jugement mettent le point final à un docte ouvrage !

VI

CONCLUSION

Avais-je tort de nommer l'obscur et anonyme auteur du *Discours physique et moral sur l'égalité des deux sexes* le véritable fondateur du féminisme ? J'entends du féminisme pratiqué comme doctrine d'action belliqueuse et subversive. Car il y a plusieurs aspects du féminisme, et, dans un certain sens du mot, qui est-ce qui n'est pas féministe, c'est-à-dire soucieux de plus de justice, de plus de douceur dans les rapports entre les sexes, et d'une plus rationnelle éducation des femmes [2] ? Mais le féminisme qui dresse l'une contre l'autre les deux moitiés de l'humanité en rivales et en ennemies-nées, qui insinue à la femme qu'elle n'est rien et qu'elle devrait être tout, qui l'affole de cette chimère du Matriarcat restauré, enfin le féminisme des Bourses du Travail et du temple maçonnique de la rue Cadet [3], ce féminisme-là a pour

1. Et que les historiens mettent d'ordinaire sous le nom du consul Rutilius.

2. Ne suis-je pas *fémimiste* à ma manière, en ce que je rends au féminisme le service de discréditer ceux qui le compromettent ?

3. Ce féminisme a tenu, dans le courant de mars 1907, un Congrès sous le toit du Grand-Orient. Motif officiel : organisation d'un office du travail féminin. But réel : amener les participantes à se ranger sous la bannière des syndicats rouges, afin de « *balayer les piliers pourris du vieux monde agonisant* ». Présidente : Mme Marguerite Durand, de la feue *Fonde* et de l'actuelle *Action*.

Assistaient à la séance d'ouverture les délégués de *trois des ministres* alors aux affaires.

ancêtre authentique l'auteur de l'ouvrage que je viens de consciencieusement analyser.

L'antique cloche d'alarme qui sonne aujourd'hui le glas du « vieux monde agonisant », c'est lui qui l'a ébranlée le premier. Cet homme est un exemple de tout ce que peut, pour fausser l'esprit, le culte des idées *abstraites*. Ce gauche disciple de Descartes, qui se montre sans cesse préoccupé — sans jamais le dire — d'appliquer la première règle du *Discours de la Méthode:* « ne recevoir aucune chose pour vraie qu'on ne la reconnaisse évidemment être telle », ce grand pourfendeur des préjugés raisonne avec ivresse dans le vide. Nul compte tenu de l'expérience, ignorance totale de l'histoire, nul sens de l'objectif, du contingent, du réel. A ces traits vous reconnaissez déjà le parfait féministe. Alex. Dumas fils a inventé le mot, mais, lui, il a inventé, et de toutes pièces, la chose.

Son procédé est le madrigal à jet continu, mais encadré entre une affirmation creuse et un paradoxe. C'est un « abstracteur de quintessence » qui galantise, un Cydias s'appliquant à la sociologie. Esprit d'ailleurs fin et délié, qui, s'il n'était pas si systématique, aurait pu faire un bon moraliste de second ordre, genre Nicole. « Un moraliste de petit salon, qui épingle des observations assez fines sur le métier à dentelles d'une femme », comme le disait Barbey d'Aurevilly de l'auteur oublié d'un livre médiocre (*Femmes et moralistes*, 1857). Son traité est semé d'aperçus ingénieux, présentés dans un style toujours lucide, sinon brillant. Ce féministe, rencontre rare, sait écrire.

Mais que sont tous ces menus agréments à côté du tort irréparable que font à la morale et à l'équilibre social les théories dont ce bel esprit s'est fait le lointain champion? La postérité issue de lui et qui s'élance fiévreusement à l'assaut des institutions traditionnelles témoigne assez du péril.

On commence par disserter sur l'*égalité des sexes en soi*, thème déjà faux, s'il faut entendre par là l'*identité*, mais surtout gros de conséquences redoutables. Car qui dit *égalité absolue*, dit *concurrence et conflit*.

Mais l'égalité n'est qu'une première étape. La substitution, le détrônement, tel est le but : il leur faut la femme-prêtre, la femme-roi, la femme-ministre, ou tout au moins la députée, la sénatrice. Surtout, il leur faut la femme-*libre*, c'est-à-dire indépendante du mariage et de l'homme, et affranchie des charges de la maternité. L'étape finale s'entrevoit déjà, c'est la faillite du Mariage, prononcée par le Divorce par consentement *unilatéral* et aboutissant à l'Union libre.

Voilà où nous mène ce féminisme que l'exhumation d'un libelle poudreux m'a fourni une fois de plus l'occasion de dénoncer. En quoi je pense avoir fait preuve de plus de dévouement à la cause féminine que les énergumènes du féminisme, passé ou présent. Mieux vaut pour l'intérêt de cette cause un « antiféministe » sincère qu'un féministe exaspéré.

A l'heure actuelle, on n'a plus à défendre les femmes contre je ne sais quelle « tyrannie » imaginaire, mais on a à les défendre *contre elles-mêmes*. Contre leurs propres entraînements et contre les perfides suggestions de leurs faux amis.

Le malheur de la femme commencerait avec le lendemain de la victoire du féminisme, parce que ce serait un retour à la brutalité de l'état de nature.

L'oppression véritable de la femme coïnciderait avec l'humiliation de l'homme.

PALINODIE

Les pages qu'on a lues plus haut, ayant paru en Revue avant de paraître en volume, me valurent aussitôt, de la part d'un lecteur [1], aussi obligeant qu'érudit, une intéressante communication qui va me permettre de verser une abondante lumière sur les points restés obscurs de l'étude ci-dessus. Il n'y a plus d'*x*, plus d'anonymat, plus d'hésitation possible entre deux

1. M. Raymond Toinet, avocat, à Tulle.

personnalités. Firmin rentre dans l'ombre, c'est bien *Poulain de la Barre* qui est l'auteur du *Discours*. Grâce aux pièces à conviction dont mon honorable correspondant a bien voulu se dessaisir en ma faveur, nous sommes en mesure de reconstituer les faits, c'est-à-dire de dresser la bibliographie complète de la question.

En 1673, Poulain débute par son *Discours sur l'égalité des deux sexes*, mais sans le signer. En 1676, il en fait paraître une seconde édition, ou, plus vraisemblablement et plus modestement, un nouveau tirage avec simple changement de couverture. (On voit que le « truc » pour faire croire à un succès de librairie ne date pas d'hier). *Dans l'intervalle*, en 1675, il avait publié chez le même libraire un petit volume en deux tomes, intitulé : *De l'excellence des hommes contre l'égalité des sexes*, également non signé, mais où il se reconnaît l'auteur du précédent, puisqu'il dit au début de sa préface : « C'est ce qui m'a porté à *reprendre la plume* pour faire ce traité de l'Excellence des hommes, non pour prouver qu'ils sont plus excellents que les femmes, étant persuadé du contraire plus que jamais... » (p. 4). Enfin, il renonce définitivement au mystère dont il s'enveloppait et il fait paraître, en 1679, cette fois chez le libraire Antoine Dezallier, une suite d'*Entretiens*, en 350 pages, précédés d'une épître dédicatoire à « S. A. R. Mademoiselle[1] », qu'il signe en toutes lettres de son nom de *Poulain*, et où il revendique nettement la paternité du *Discours* : « Après avoir fait voir aux femmes qu'il n'y a rien de grand dont elles ne soient aussi capables que les hommes... » (p. 1).

* * *

Poulain fait invinciblement songer à ces célébrités d'Académies de jeux floraux auxquelles on ne demande pas la

1. Titre qui ne pouvait être porté alors que par Marie-Louise, fille de Philippe d'Orléans, frère du roi, laquelle épousa, en cette même année 1679, Charles II, roi d'Espagne.

profondeur ni la suite dans les idées, mais simplement un joli brin de plume et de l'esprit. Ces hommes à talent s'évertuent à piquer la curiosité et à intriguer le lecteur qu'ils ne sont pas sûrs de pouvoir frapper ou ébranler. Ils suppléent par de petites habiletés au génie absent. C'est d'un Poulain que Molière a dit :

Ses titres ont toujours quelque chose de rare.

En effet, *Discours* PHYSIQUE ET MORAL *sur l'égalité*... *De l'excellence des hommes* CONTRE *l'égalité*... *De l'éducation des Dames pour la conduite de l'esprit dans les sciences et les mœurs*, ces titres sont énigmatiques et même incorrects. Sur la foi de telles indications, le voyageur ne sait où il va et son guide n'en sait pas davantage.

Outre cette spécialité des titres fallacieux, Poulain a encore celle des contradictions. Chacun de ses trois livres semble provenir d'une gageure inverse. Poulain tient boutique de poison et d'antidote. A tout prendre, il est plutôt « féministe », mais quel flottement dans ses opinions ! S'il y allait de plus graves intérêts, comme ce serait le cas de le récuser avec sévérité :

Arrière ceux dont la bouche
Souffle le chaud et le *froid* !

Mais ce serait faire trop d'honneur à un bel esprit qui ne vise qu'à s'amuser et à éblouir la galerie. Oui, Poulain se moque des autres et de lui-même. Impossible de le prendre au sérieux. Esprit d'ailleurs très aristocratique et qui fait peu de fonds sur l'opinion du vulgaire.

J'avais déjà le pressentiment de cette comédie en lisant son *Discours physique et moral*, mais combien mes doutes se sont précisés quand je suis tombé sur les passages suivants de l'*excellence des hommes* CONTRE *l'égalité des sexes !*

Il est donc vrai de dire que la nature a favorisé un sexe plus que l'autre en lui donnant des qualités plus avantageuses, non seulement pour la conservation du corps, mais aussi pour la perfection de l'esprit : l'expérience nous apprenant qu'un homme a d'autant plus de solide et de capacité pour les sciences qu'il a plus d'étendue et de fermeté d'esprit, ce qui est *un effet de la chaleur et de la sécheresse* (?) Aussi voyons-nous que les femmes se sont toujours moins appliquées à l'étude et à la méditation. Et pour marque que *cela vient plutôt du tempérament que de la coutume,* c'est que de tout temps et par toute la terre elles *on* (*sic*)[1] fait paraître un esprit borné, superficiel et badin, ne s'occupant que de bagatelles, de modes, de chansons, de comédies, de promenades, et ne recherchant que de vains ajustements, sans se soucier des vrais ornements de l'esprit qu'autant qu'ils pouvaient contribuer à relever la beauté du corps ou bien à en couvrir les défauts. Et, sans sortir de chez nous, il est aisé de remarquer qu'*elles sont bien moins capables d'application que les hommes,* ne pouvant soutenir une conversation sérieuse où l'imagination et la mémoire ne sauraient tenir la place du jugement, s'ennuyant avec les personnes *un* (*sic*) solide entretien, en un mot ne pouvant s'arrêter longtemps sur un même sujet pour le bien considérer. Sans quoi tout le monde sait qu'il est impossible de juger des choses sainement, sans prévention et avec solidité, qui sont des conditions absolument nécessaires pour éviter l'illusion et pour trouver la vérité. Il faut avouer pourtant qu'elles ont une merveilleuse facilité de parler, les mots leur venant à la bouche comme s'ils n'étaient faits que pour elles. Mais il ne faut pas se laisser surprendre à ce faux brillant, qui trompe et éblouit ceux qui confondent la facilité de penser avec la facilité de s'énoncer. Ce sont deux avantages qui se rencontrent rarement dans un même sujet, parce qu'ils viennent de deux causes presque inalliables : *la volubilité de la langue étant presque toujours accompagnée de la légèreté de l'esprit* (1re part., p. 107-109).

... Ainsi toutes choses contribuent à nous convaincre de la noblesse et de l'excellence des hommes, et que *ce n'est point par injustice qu'ils ont pris le premier rang dans la société :* puisque ce qui leur donne moyen de travailler plus aisément à leur propre conservation les rend en même temps plus capables de *concurrir* (*sic*) à celle des autres, ce qui a été le seul but de la nature quand elle nous a rendus sociables. A quoi l'on peut ajouter que la *subordi-*

1. Les fautes continuent à fourmiller dans les ouvrages de Poulain. Seulement, comme il a changé d'éditeur, on est fondé à les appeler des fautes d'orthographe plutôt que des fautes d'impression et à lui en imputer la responsabilité.

nation si absolument nécessaire en toute sorte de sociétés demande que le plus faible cède au plus fort, le moins sage à celui qui l'est davantage. En un mot, que celui qui a le plus de talent pour commander avec prudence et pour exécuter avec succès, soit considéré comme le premier (*ibid.*, p. 110-111).

... Les femmes mêmes sont si persuadées de toutes ces choses qu'elles s'imaginent qu'*on veut se moquer d'elles* quand on leur dit, qu'elles pourraient aussi bien que les hommes posséder les dignités de l'Eglise et de l'Etat, instruire tout un peuple, lui administrer les Sacrements, gouverner un royaume, présider dans un Parlement, être à la tête d'une armée et faire toutes les fonctions militaires. Cela me fait souvenir de ce que disait une dame très spirituelle sur le sujet de l'égalité des sexes, que ceux qui la soutenaient ne songeaient point à l'empêchement de la grossesse ni à toutes ses suites, et que cette seule considération devait faire rabattre beaucoup de toute cette haute estime que l'on témoigne avoir pour les femmes. Elle ajoutait encore, fort judicieusement, que *les femmes sont si éloignées de pouvoir gouverner les autres, qu'elles sont incapables de se gouverner elles-mêmes*, le témoignant assez par la soumission aveugle qu'elles ont pour les hommes qui les dirigent, ayant toujours eu recours à eux pour apprendre leur devoir, et prêchant sans cesse cette *déférance* (*sic*) aux sentiments de leurs supérieurs, comme la vertu la plus convenable à leur sexe. Tant il est vrai que la prééminence appartient au nôtre, comme au plus parfait et au plus noble, et l'autorité, comme au plus capable et au plus digne de la posséder (*ibid.*, p. 112-114).

... De sorte qu'il est inutile de nous opposer les exemples que l'histoire nous fournit de femmes fortes qui ont excellé dans les sciences et dans les arts, gouverné de grands empires, et donné des marques d'un courage et d'un esprit héroïque. Car, outre que le nombre de ces femmes est très petit en comparaison des hommes, il est certain que comparant ceux qui ont éclaté dans le même genre, on trouvera que les hommes ont toujours surpassé les femmes, et que quelque habileté et quelque vertu qu'elles aient fait paraître, il y a toujours eu des hommes qui en ont eu davantage.

On peut ajouter à cela, sans dessein de rabaisser le mérite des femmes, qu'il est de la prudence de ne pas croire tout ce que l'on en a dit de bien, non plus que ce que l'on en a dit de mal. Nous ne savons que trop combien l'on est sujet à les flatter, en exagérant ce que l'on croit y trouver (de) digne d'estime. *On admire en elles les moindres choses quoique communes*, et encore plus celles qui paraissent nouvelles et extraordinaires. Qu'une femme aime un peu les belles choses, qu'elle en parle passablement, qu'elle témoigne prendre plaisir aux entretiens des savants, on en fait aussitôt une héroïne digne des statues et des autels, une merveille qui n'a jamais eu de semblable. C'est toute autre chose de celles qui sauraient un peu tourner une lettre ou une petite poésie, composer un roman, une historiette, un almanach. Tous ceux qui les connaissent deviennent leurs adorateurs, l'on ne trouve point d'encens assez précieux pour *leur* en donner, on en fait *une* (*sic*) dixième Muse et c'est beaucoup d'honneur à un Apollon d'être *son* premier galant. Qu'un homme ait du talent pour ces choses, qu'il y excelle, on croit lui faire grâce de l'estimer un peu plus que le commun; mais, quelque habile qu'il puisse être, on n'en parlera jamais avec tant d'éloge que d'une femme beaucoup au-dessous de lui. La raison de cela est que toutes ces choses sont ordinaires entre les hommes et très rares parmi les femmes (*ibid.*, p. 115-117).

...De tout ce que nous avons avancé sur leur tempéramment[1], nous avons conclu qu'elles ont beaucoup moins de raison et de sagesse que les hommes, et qu'elles sont par conséquent bien moins capables de commander.

... On ne peut pas ôter cette louange aux femmes d'être modestes et retenues, même jusqu'à l'excès et au scrupule; mais on ne peut pas dire qu'elles soient véritablement sages et vertueuses, n'ayant pour règle de leur conduite que l'opinion, la coutume et l'autorité de ceux dont elles se laissent gouverner. *Que si cela s'appelle avoir de la sagesse et de la vertu, les enfants en ont autant que les femmes...* C'est pourquoi les femmes étant si furieusement impérieuses, vaines, molles, sans solidité ni jugement, sujettes au caprice et aux emportements, *leur domination ne pourrait être qu'un sujet de malheur et de confusion parmi les hommes* (2e part., p. 10 à 13, *passim*).

Après de telles tirades lancées avec une sorte de verve rageuse, le moins qu'on puisse dire de Poulain, c'est qu'il n'est qu'un faux féministe. Achevons de donner un aperçu de ce traité au début duquel il déclare candidement n'avoir point varié sur le compte de « l'excellence des femmes ». (Que serait-ce donc s'il eût varié !)

---

1. Poulain écrit ce mot tantôt avec une m, tantôt avec deux. Sa grammaire est comme sa doctrine, flottante.

Toute la préface — près de cent pages — est consacrée à rappeler que l'Ecriture enseigne la soumission aux femmes. L'auteur se montre là si étroitement traditionnaliste et si ridiculement respectueux de la lettre qu'il donnerait envie même au plus déterminé antiféministe de lui crier : Ah! Poulain, c'en est trop; arrête-toi, de grâce! — Mais au contraire Poulain s'engage de plus belle dans le maquis de cette théologie subtile et tatillonne.

Nous ne l'y suivrons pas : son argumentation, en quelque sens qu'on la prenne, est aujourd'hui dénuée d'intérêt, car il y a belle lurette que le féminisme est sorti de ces limbes confessionnels.

Continuant à faire son *mea culpa*, l'ancien auteur du *Discours* ruine d'avance l'hypothèse du *Matriarcat*, l'abracadabrante invention du suisse Bachofen.

Car, outre que les mâles sont toujours mâles, c'est-à-dire que la nature ne discontinue point de les faire naître avec les avantages qui relèvent leur sexe au-dessus de celui des femmes, ils viennent tous d'un même homme qui leur a communiqué le pouvoir qu'il avait reçu de Dieu et qu'ils ont porté avec eux dans les cantons de la terre les plus reculés, *sans que l'on puisse dire qu'il se soit fait pour cela entre eux aucune convention* (2e part., p. 32).

Poulain qui, précédemment, démontrait la supériorité des femmes, les traite maintenant de sexe inférieur, de grands enfants.

Elles ont le corps mou, délicat, infirme, le visage doux et uni comme des enfants. Elles sont tendres, crédules, opiniâtres, timides, honteuses, ardentes dans leurs désirs, impatientes dans leur recherche, emportées dans la jouissance, changeantes et volages en tout, badines, folâtres, friandes, ne respirant que l'oisiveté, les divertissements, les jeux, les chansons, les danses. Enfin, elles haïssent, elles aiment aisément, elles pleurent, elles rient, elles crient, elles querellent, elles se vengent, on les apaise, on les gagne, on les trompe, en un mot on les tourne comme on veut par les caresses, les flatteries, les promesses, les bijoux, les bagatelles, à la manière des enfants.

C'est pourquoi elles ont toujours été considérées comme eux, vêtues de longues robes, condamnées à la vie privée, comme étant incapables de toutes les charges publiques, exclues des sciences et des emplois pénibles, comme n'ayant pas assez de force, ni assez d'esprit, ni assez de corps pour les supporter, et enfermées dans un logis sous les ailes d'une mère ou d'un mari, comme étant sujettes à s'égarer quand elles sont seules. C'est pour la même raison qu'en plusieurs endroits les hommes ont eu sur elles le même pouvoir que sur leurs enfants ; qu'ils ont été chargés de leur conduite, comme en ayant la garde, qu'ils ont été responsables de leurs fautes, comme en étant les maîtres ; qu'ils sont exposés à l'infamie quand elles manquent à leur devoir, et qu'ils portent sur la tête des marques de leur propre négligence et de l'infidélité de leurs femmes, parce qu'ils en sont les chefs (*ibid.*, p. 43-45).

... Ainsi l'opinion de ceux qui soutiennent qu'il y a entre les sexes une égalité entière est *une erreur grossière* et insoutenable qui ne peut trouver créance que dans les esprits qui aiment la nouveauté et qui se laissent surprendre par des fausses lueurs : Et l'opinion contraire doit demeurer pour très certaine, comme ayant tous les caractères de vérité que l'on peut souhaiter, étant si conforme au sentiment de tous les hommes, de tous les siècles et de tous les savants et surtout à l'Ecriture Sainte, qui est la règle de toutes les vérités du monde (*ibid.*, p. 50).

Peut-on réfuter plus formellement ses propres conclusions, s'administrer à soi-même démenti mieux conditionné ? Plus loin, notre homme explique qu'on peut sans impertinence traiter les femmes de « monstres ». Il ne s'agit que d'avoir des lettres, et « ceux qui les comparent à des monstres ne font pas plus que l'Ecriture Sainte qui les compare à des dragons » (p. 57).

Décidément, depuis le *Discours*, on nous a changé notre Poulain ! A cette heure, il flagelle ses anciennes idoles, mais, d'ailleurs, d'une main lourde plutôt que rude :

Tout ce qu'elles font pour paraître libres, jeunes et aimables, leurs regards, leurs discours, leurs gestes et toutes leurs actions montrent assez évidemment quel est l'esprit qui les conduit, et qu'elles sentent bien elles-mêmes *qu'elles sont comme ces viandes qui ont besoin d'être mises en ragoût pour donner de l'appétit* (*ibid.*, p. 63).

Craignant d'avoir un peu passé la mesure, Poulain revient sur ses pas et se rejette sur un prudent éclectisme, malheureusement gâté encore par des métaphores saugrenues :

L'expérience nous faisant voir beaucoup de sagesse et de jugement dans des personnes de tempérament tout opposé, et *des femmes fort humides* raisonner avec plus de solidité et de justesse et de plus de choses que *des hommes assez secs* et qui ont beaucoup étudié (*ibid.*, p. 79).

Dès lors, et jusqu'à la fin de cet opuscule, l'auteur parle *au féminin*, comme s'il s'était identifié avec « le sexe ». Poulain, si l'on ose dire, s'est mué en Pouliche.

Sous l'empire de cette métamorphose inconsciente, il établit de nouveau la supériorité du sexe féminin par un argument qui ne manque pas de piquant, mais qui scandalisera quelque peu le clan des féministes « chrétiens ».

Les femmes entendent mieux que les hommes le plus beau de tous les arts, qui est l'*art d'aimer*, c'est-à-dire le principe, la fin et la règle de tous les autres... Oui, la science des hommes est une pure charlatanerie; il n'y a que la science d'aimer qui mérite un si beau nom, puisque nous ne pouvons ni faire ni savoir autre chose avec certitude. C'est pourquoi les femmes y étant plus habiles que les hommes, elles ne leur doivent rien de ce côté-là (*ibid.*, p. 105 à 108, *passim*).

Cy finit la première des palinodies de Poulain.

***

L'*Education des Dames* est une récidive assez faible, quoique beaucoup plus étendue. L'ouvrage d'abord ment à son titre : on s'attendait à y trouver un pendant du traité de Fénelon sur l'*Education des Filles.* Or, il y est fort peu question de pédagogie. Estimant cette matière « infertile et petite », Poulain, résolument, « se jette à côté », et consacre ces cinq Entretiens ou Dialogues à quatre personnages (un quadrille, naturellement), à des considérations variées, mais peu originales. C'est la *Somme* des opinions *philosophiques* de l'auteur, un cartésien, qui nous explique comment de la scolastique il est venu au cartésianisme et comme quoi M. Des-Cartes (*sic*) a renouvelé la face du monde pensant.

Il nous exprime avec diffusion ce que nous trouvons vigoureusement condensé par Pascal[1] dans son opuscule sur l'*Autorité en matière de philosophie.* Il est judicieux, mais ennuyeux et prolixe. Quel besoin avons-nous de savoir tout ce que ce petit Platon de ruelles pense de tout ce qui est *scibile?* Démonstration de l'existence de Dieu, métaphysique, rapports du physique et du moral, origine de nos idées, sensations, physiologie de l'homme, perfection du corps humain, beauté de la création, rapport des sciences entre elles, fondement de la morale, etc.; tout y passe!

Permis à Poulain comme à un autre, d'y aller de son *Traité de la connaissance de Dieu et de soi-même,* mais pourquoi, diantre, l'intituler : *De l'éducation des* DAMES? Permis à lui de remonter aux principes des choses, mais commencer et finir par des principes! Pendant ce temps, les Dames attendent toujours leur programme d'éducation!

Or, tout ce qu'il dit à ce sujet se ramène à quelques pages où il préconise l'emploi des traductions (p. 40), expose son rêve — que l'avenir a réalisé — de la création de collèges de filles et d'écoles normales d'institutrices.

Comme Fénelon, il fait entrer dans son programme l'étude

1. Voici un exemple de la manière comparée de Poulain et de Pascal. Pascal avait dit: « Bien penser, voilà le principe de la morale ». Poulain délaie : « Or pour bien parler et pour bien faire, je crois qu'il faut bien penser » (p. 282).

du Droit. Il propose aussi quelques livres de lecture aux femmes. Ce sont principalement des ouvrages de Descartes. Pourquoi cette philosophie plutôt qu'une autre? Non point parce qu'elle est

Subtile, engageante et hardie,

et parce que de son inventeur les païens « eussent fait un Dieu », mais tout simplement « parce que, ayant dessein de vous épargner la peine et le temps qu'il faut pour apprendre le latin et le grec, sans quoi on ne peut bien étudier Aristote, Platon ou Epicure, j'ai vu que je devais vous donner une philosophie française » (p. 322). Ainsi, c'est uniquement parce que Descartes a eu la bonne idée d'écrire, ou plutôt de traduire en français sa *Méthode*, qu'il lui donne la préférence! Il est vrai qu'il ajoute qu'il n'y a « aucune philosophie qui ait mieux parlé des préjugés et qui les ait plus fortement combattus ». (p. 324). A la bonne heure! Mais que voilà une réparation bien tardive!

En vérité, je ne vois dans tout ce bavardage pseudo-philosophique rien qui ressortisse au « féminisme », si ce n'est cette manie particulière aux féministes d'envelopper sous une étiquette quelconque tout leur bagage scientifique et de le déballer sans considération du sujet et sans égard à la patience du lecteur.

Et pourtant, c'est ce même Poulain, qui, auxiliaire imprévu de La Bruyère, fait une réponse anticipée et un commentaire excellent à sa fameuse question : « Pourquoi s'en prendre aux hommes de ce que les femmes ne sont pas savantes?

— Elles n'ont qu'à en prendre la permission (d'étudier) sans en rien dire à personne» (p. 183), riposte Poulain avec bon sens, mais avec quelque naïveté, puisqu'enfin c'est là ôter à sa diatribe toute espèce d'à propos.

C'est ce même Poulain qui nous trace au début de son traité un portrait à l'emporte-pièce du type qu'on a appelé depuis le *Bas-Bleu* (p. 8-9).

C'est ce même Poulain qui nous explique en excellents termes que le pédantisme fait de bien plus grands ravages chez la femme que chez l'homme (p. 12-13). Ce qui ne l'empêche pas d'ajouter, en galantin impénitent et en contradicteur éperdu de ses propres sentiments :

N'est-ce pas assez que la coutume vous ait assujetties aux hommes en ce qui regarde le corps, sans que vous vous assujettissiez encore à eux en ce qui concerne l'esprit? N'est-ce pas une honte que cette divine partie soit vaincue par ceux dont votre visage est le vainqueur? Venez donc, venez remporter sur nous un double triomphe; et, pendant que vos charmes tiendront les cœurs attachés par une douce victoire, faites que la beauté de vos pensées ravisse en admiration les esprits! (p. 26).

Comme si des exhortations, même oratoires, même belliqueuses à la du Bellay (« sus donc! qui vous retient? ») étaient des raisons ou des moyens! D'ailleurs, celles-ci me semblent exhaler un vague parfum d'ironie...

***

En résumé, Poulain de la Barre nous apparaît comme un sophiste qui est faible dans la *thèse* et vigoureux dans l'*antithèse*. Ses arguments *pour* ne sont que des madrigaux, ses arguments *contre* sont des raisons.

C'est un *mystificateur* qui a dit aux femmes : Attention! je vais prendre votre défense! — et qui, sous le couvert de cette précaution, leur a décoché quelques rudes vérités avec les gestes les plus respectueux du monde.

Les femmes n'ont vu que les gestes et ont rangé avec candeur ce bel esprit parmi leurs oracles. Et le féminisme grandiloquent et révolutionnaire d'aujourd'hui continue à regarder Poulain comme un ancêtre!

CHAPITRE QUATRIÈME

UNE HISTORIENNE DU FÉMINISME

I

Dans les dernières semaines de l'année 1906, l'*Almanach féministe illustré* [1] nous promettait pour nos étrennes un volume sensationnel de Mme Avril de Sainte-Croix, intitulé : *Le féminisme.* Ce devait être le nouvel Evangile du féminisme, ni plus ni moins.

Nescio quid majus nascitur...

chuchotaient déjà les « vaillantes militantes » (style Sainte-Croix, p. 95) avec des airs de triomphe. La partie « mâle » de l'humanité n'avait qu'à bien se tenir !

Au 1er janvier 1907, rien. Au 1er mars, rien. Au 1er avril, rien, naturellement. Enfin, en juillet seulement, fit son entrée dans le monde cet enfant dont la gestation avait été si longue [2].

Si longue que la mère semblait s'être désintéressée de sa progéniture ! Je veux dire que la correction des épreuves (ces soins préalables dus à tout nouveau-né littéraire), avait été fort négligée et que la plus élémentaire « mise au point » faisait même défaut. Ainsi, quand Mme de Sainte-Croix avait remis son manuscrit à l'éditeur, la « loi Schmahl » sur le

1. C'est ce même libelle qui qualifie la marquise de Rambouillet de « salonnière ». L'érudition qui brille dans ce savoureux opuscule y marche de pair avec le goût.

2. Son berceau fut la librairie Giard et Brière, rue Soufflot.

salaire de la femme mariée n'avait pas encore passé. C'est pour cela que le livre l'annonce seulement comme une éventualité prochaine. Or dans l'intervalle de la mise sous presse et de la mise au jour la loi Schmahl avait été votée par le Sénat (juin 1907). Nonobstant le livre n'en parle que comme d'un projet et même d'un projet renvoyé aux calendes grecques.

Mme de Sainte-Croix ne s'était pas senti le courage de reviser sa « copie » en dernière heure et de l'adapter au fait accompli. Elle s'en tire par une notule. Et c'est ainsi que dès le jour de sa naissance son enfant avait de la barbe et des rides.

Mais au moins le livre répondait-il à l'attente anxieuse que nous avaient fait concevoir le chœur des « vaillantes militantes »? Hélas, les plus résolues des zélatrices de Mme de Sainte-Croix furent désappointées. Elles durent reprendre le *Nascitur* de tout à l'heure, mais en y ajoutant le *ridiculus mus* d'un autre poète.

Plus d'Evangile féministe, plus d'exposition magistrale! Un titre ambitieux sur une brochure, une étiquette prétentieuse sur une petite boîte à moitié vide, une façade sans rien derrière : voilà ce que c'est que le *Féminisme* de Mme de Sainte-Croix! Si Barbey, le bon Barbey d'Aurevilly, l'immortel auteur des *Bas Bleus*, était encore de ce monde, il jurerait que Mme Avril de Sainte-Croix a élaboré cette petite compilation à seule fin de témoigner de l'incapacité radicale des femmes à écrire l'histoire!

Car c'est une Histoire du Féminisme que s'est proposé de faire Mme de Sainte-Croix, estimant avec raison que le Féminisme en soi avait déjà été étudié (par M. Turgeon), et que le sujet, au point de vue didactique, était hors de la circulation. Mais alors pourquoi ce titre ambigu de *Féminisme*, puisqu'elle se borne à dresser, au gré de ses préférences et de ses informations, une nomenclature sèche et incomplète des manifestations du féminisme en ces dernières années? Cette

« historienne » du féminisme n'a jamais entendu parler ni de Poulain de la Barre qui, en plein XVIIe siècle, créa de toutes pièces le féminisme contemporain, ni de l'abbé Fauchet qui, en 1790, mérita le nom de père du féminisme du XIXe siècle. A plus forte raison ne faut-il pas lui demander de remonter jusqu'au véritable ancêtre du féminisme, Christine de Pisan. Voilà à quoi se réduit la valeur « historique » de cet ouvrage, qui fut oublié sitôt que publié, tant la désillusion était grande ! Combien y a-t-il de personnes qui aient lu *Le Féminisme* de Mme de Sainte-Croix ? Et pourtant c'est une des personnalités considérables du parti [1].

II

Mais d'abord elle nous rebute par l'incorrection et la lourdeur de son style.

Madame, lui dirais-je, comment pouvons-nous accéder jusqu'à votre pensée, du moment que vous interposez entre votre pensée et la nôtre un écran opaque et commun, qui est votre style ? La « pénétration pacifique » des esprits ne se fait pas directement ; il y faut un intermédiaire indispensable, qui est la langue. Or si votre langue n'a ni pureté, ni exactitude, si elle atteste l'ignorance la plus grossière de la syntaxe et de l'usage, si elle afflige l'oreille et choque le goût, eussiez-vous, Madame, cent fois raison dans le fond, votre forme déplaisante mettra toujours en fuite les auditeurs les mieux disposés. Songez que vous prêchez des Français, c'est-à-dire des gens amoureux du beau langage. Ces gens-là sont ainsi faits que cette anarchie lexicologique qui se révèle dans votre « écriture », toujours ils l'imputeront à désordre intellectuel,

1. La *Table des matières* elle-même du livre est déconcertante, tant elle est peu rationnelle. Allez-y chercher par exemple cette « loi Schmahl » dont je viens de parler ! Elle n'y est même pas mentionnée, pourtant c'est une des « conquêtes » les plus notables du féminisme. Ce livre tout entier n'est que papotage de « salonnière ».

à fourmillement chaotique d'idées. La netteté de l'expression est pour nous le reflet de l'ordre intérieur. Ce que l'on exprime incorrectement a été conçu confusément, voilà une vérité ancrée dans nos cerveaux depuis plus de deux siècles et que je défie bien tous les féministes du monde d'en faire sortir. Et, si ce n'est assez de l'autorité de Boileau, écoutez Joubert : « Le style littéraire consiste à donner un corps et une configuration à la pensée par la phrase ». Le style est donc comme le *geste* de la pensée. Si ce geste est tellement gauche qu'il vous ferait, Madame, refuser à l'examen du « brevet » simple, comment pouvez-vous compter sur lui pour nous séduire ou nous frapper ? Un livre comme le vôtre est bien fait.... pour donner la nausée aux lettrés.

Et c'est pourquoi votre action se limite à des « primaires » qui n'ont aucun sentiment des délicatesses de notre race, ou bien à des esprits, soit prévenus, soit intéressés au triomphe de l'amour libre. Et c'est pourquoi vous en êtes réduite à faire patronner votre livre par un des « déboulonneurs » les plus notoires de notre Code civil, un « penseur » qui se recommande à notre estime par des aphorismes de ce goût : « le mariage, la famille, la société.... cette *trinité de geôles* » (p. VI). Mais, espérons-le, « ni sa rage ni ses dents n'y feront rien ». Dieu merci, la femme est essentiellement monogamme, à plus forte raison la femme civilisée et à plus forte raison encore la femme chrétienne. Nous ne sommes donc pas près de voir, sous le nom de féminisme, triompher la polygamie, et l'humanité retourner à ses origines barbares. Car le féminisme n'est pas autre chose au fond qu'un *retour à l'animalité primitive*, à ce qu'un homme d'esprit appelait récemment « la chiennerie universelle ».

III

Le bon antiféministe ne doit rien avancer qu'il ne prouve. Il faut donc qu'avant d'aller plus loin je montre par des échantillons de son style quelle est l' « autorité » de Mme de Sainte-Croix et si elle peut prétendre à nous éclairer. Or il me semble voir en elle un soi-disant professeur de fugue ou de contre-point qui jouerait ou chanterait faux à faire grincer des dents.

Un auteur qui lâche des fautes d'orthographe a toujours une échappatoire toute prête : « c'est la faute au prote ». Vaille que vaille, c'est une excuse. Toujours est-il qu'en ce cas l'auteur n'a pas revu avec soin ses épreuves et qu'il ne s'est pas acquitté de tout son devoir envers le lecteur.

Voici quelques-unes de ces négligences :

« Pour Dieu, pour le Roi, pour Madame » (en un seul mot). (p. 12).

« une admiration sans born*e* » (p. 19).

« une servitude que l'ancien régime lui-même n'avait pas conn*u* » (p. 53).

« avec une largeur de vue, une éloquence extraordinair*e* » (p. 139).

« de tou*s* temps (p. 95).

A ces « coquilles typographiques » je rattache l'orthographe étrange de ce titre d'un ouvrage allemand : « Von der *Budgerhchen* Verbesserung... etc. » (p. 48). Evidemment, Mme de Sainte-Croix ne sait pas l'allemand, ce qui est permis. Mais pourquoi diantre veut-elle faire croire qu'elle sait l'allemand ? A qui pense-t-elle en imposer[1] ?

Mais laissons ce qui dans son livre n'afflige que l'œil et relevons ce qui heurte l'usage ou qui révolte le goût.

1. A ceux qui voudraient suivre le féminisme jusque dans ses plus lointaines ramifications, je livre la remarque suivante : Le parti de l'orthographe *phonétique* n'a pas de plus ardents champions que les féministes ; *item* le parti des tenants du *volapuk* et de l'*esperanto*. Il semble donc que la querelle orthographique qui s'est rallumée ces dernières années se ramène à une tentative pour faire prédominer l'orthographe des femmes — c'est-à-dire *incorrecte* — sur l'orthographe des hommes — c'est-à-dire *correcte*.

Les féministes, en effet, sont encore plus brouillées avec la grammaire qu'avec le code.

Voici quelques échantillons de la crême de macadam liquide dans laquelle patauge sa pensée.

Les prérogatives dont jouissent les femmes dans la horde, le clan ou la famille, l'influence que purent avoir plus tard telles d'entre elles, supérieures par leur intelligence ou simplement leur beauté, ne furent jamais le fait de *leur* volonté, d'*un* droit reconnu, mais bien, dès les temps les plus anciens, le résultat de nécessités passagères *pour le mâle* de concéder à la femme, en vue de ses besoins ou de son plaisir à lui, plus de liberté ou de puissance, puissance et liberté *par lui* toujours révocables (p. 7).

D'ailleurs, *en dehors du facteur* puissant que fut pour l'émancipation de la femme en Angleterre l'éducation libérale qui l'habitue à se gouverner elle-même, et laisse l'individualité de chacune se développer, un nouveau facteur, *là comme ailleurs*, mais plus qu'ailleurs, était intervenu, *hâtant le mouvement*.

L'industrialisation de la femme qui, chaque jour, *jette* hors de chez elles des milliers d'ouvrières... (p. 92).

Elles obtiennent pendant la première période du XIXe siècle : le droit d'élection dans les assemblées cultuelles, la libre disposition du produit de leur travail, — cette loi de toute justice *qu'en France*, Mme J. Schmahl, aidée du sénateur Goiraud, n'a encore pu faire aboutir [1] ; — l'entrée *pour* les femmes dans les académies et les universités ; et, enfin, victoire décisive, la suppression totale de l'incapacité de la femme mariée (p. 97).

Dans les pays latins surtout, où la femme est rarement sortie de l'obéissance passive, *où elle eût* (?) *besoin pour cela de moments de crise révolutionnaire*, les femmes regardent d'un œil défiant, aussi bien *dans* les camps avancés que dans les camps réactionnaires, ce mouvement dont elles ne comprennent pas toute la portée (p. 114).

Les femmes catholiques, non pas seulement *celles désignées* sous ce *vocable* dans leur acte de baptême, mais les catholiques pratiquantes, celles pour lesquelles les prescriptions de l'Eglise constituent la base de la morale et dirigent *leur* conscience, vont, à partir de ce moment, prendre part à la campagne menée pour l'affranchissement de la femme (p. 144).

Cependant, quelque chose devait arrêter *malgré toute leur activité*, les efforts communs des femmes en vue des réformes législatives,

1. Voir ci-dessus, p. 142.

une discussion d'ordre général ne pouvant à ce sujet être introduite, par le fait même de l'organisation et de l'administration autonome des vingt-deux cantons confédérés *ayant* chacun ses lois propres, ses us et coutumes (p. 152-3).

Dans presque tous *les articles de ceux que le féminisme inquiète encore* (?) la vieille rengaine revient — *un peu ridicule* lorsqu'il s'agit d'une réunion de femmes d'aussi *haute valeur morale et intellectuelle, que le fut la Conférence* de Paris, — *de* ne pas oublier qu'en se masculinisant elles risquaient de perdre le charme de leur sexe, et par conséquent l'admiration de leurs adorateurs (p. 171).

Quant à moi, je ne trouve pas cette « rengaine » déjà si « ridicule », et j'ose certifier à Mme de Sainte-Croix, en toute sincérité, qu'avec des phrases de ce calibre, les femmes (de lettres) perdent en effet « le charme de leur sexe ». Je pense avoir fait assez de citations pour montrer que Mme de Sainte-Croix nous assène sur le crâne les vérités plutôt qu'elle ne nous les présente dans un drageoir.

Passons à sa syntaxe.

A l'égard de la syntaxe, Mme de Sainte-Croix en use comme les jolies femmes à l'égard de la mode. Elles la plient à leur genre particulier de beauté. Mme de Sainte-Croix a donc sa syntaxe à elle, qui n'est pas celle de tout le monde.

Elle dit :

Hors la Cité (p. 35).

M. Léon Richer... préoccupé surtout jusque-là *par* les œuvres de prévoyance (p. 84).

Dans un but (p. 90 et *alias*).

Les *quelques rares* droits politiques (p. 91).

Celui formulé (p. 92).

Le meilleur argument en faveur de *l'obtention pour elles de* leurs droits politiques (p. 92).

Les féministes d'avant-garde, celles qui n'avaient pas attendu cet *appel d'outre-mer* pour protester et s'insurger contre le despotisme du mâle [1], *ne trouvèrent pas* le programme du Conseil interna-

1. Dans la « littérature » féministe, on dit couramment « le mâle » pour l'homme. L'esthétique de ces dames les incline au réalisme.

tional *assez* radical. (Mme de Sainte-Croix veut dire : trouvèrent que le programme... n'était pas assez radical, p. 113-4).

Les sociétés féministes, comprenant qu'elles ne réussiraient pas *elles seules* à forcer... (p. 124).

En 1874, avec Mlle Maria Deraismes, le mouvement féministe semble vouloir s'organiser. *Elle* fonde... (p. 130).

A la surprise *de beaucoup* (p. 138).

Mme de Sainte-Croix s'extasie sur cette phrase de Clémence Royer :

« Je crois pouvoir présumer que, loin de considérer ma nomination comme *déméritée,* le ministre l'a plutôt jugée tardive » (p. 141).

Je le comprends : elle s'est reconnue elle-même dans cet amphigouri.

Malgré, ou plutôt à cause même *de* ces controverses (p. 164).

Cette nomination d'une femme, *la première dans* une commission... (p. 165).

La grande abolitionniste anglaise dont l'éloquence et l'inlassable ardeur amenèrent *en partie* (elle veut dire : contribuèrent à amener) le retrait... (p. 165).

Les féministes... s'adressèrent au ministre... pour obtenir que quelques-unes d'entre elles *soient* choisies... (p. 168).

Des réceptions sont organisées *nombreuses* (p. 170).

On s'accorde à reconnaître que l'on serait mal venu *pour* nier... (p. 170).

Ces dames *jetèrent* (pour : firent pleuvoir) sur la tête des députés *des* petits carrés de papier (p. 192).

Moins heureuses, quoique de beaucoup *en avant* (pour : en avance) *sur* les femmes d'Europe (p. 193).

Toute une partie de la population, celle dont la moralité est *la* (pour : le) moins développée (p. 193).

Elles démontrent avec une logique *jamais* en défaut (p. 194).

Les manifestations... se produisent *simultanément* dans plusieurs pays *à la fois* (p. 195).

Réclamer pour les femmes *justiciables et contribuables comme* l'homme (p. 196).

Il lui semble qu'une réforme comme celle de l'extension du suffrage politique aux femmes, *dont* les répercussions peuvent être si grandes (p. 201).

Quand ce jargon s'enjolive de métaphores, il atteint au plus haut degré de saveur dont il est susceptible.

Le livre de Mary Astell peut être *envisagé* (p. 42).

Des événements qu'elle *espérait gros* de conséquences (p. 44).

Elle se *documente,* rentre en Angleterre (p. 44).

Le féminisme est *submergé* faute d'avoir, en se *propageant* en province, pu *enfoncer* de profondes *racines* (p. 53).

On lui tira un coup de pistolet qui la blessa grièvement... Elle *surmonta le mal* (p. 61).

Cette noble figure dont le charme était fait de douceur autant que *d'énergie* (p. 64).

Elle *part* au contraire de son *cas* particulier pour *réclamer* au *point de vue général* (p. 71).

Le féminisme *subit* un moment d'arrêt (p. 93).

On les voit, dès qu'elles se mettent en mouvement, marcher avec une rapidité d'autant plus grande qu'elles sont plus longtemps restées *silencieuses* (p. 96-7).

Les femmes *s'éduquent* (p. 97).

La majorité des femmes, les modérées quand même, courbées jusque-là *sous le joug séculaire du maître qui ordonne ou de la religion qui défend,* avaient peur de ce *timide* essai d'émancipation (p. 113).

Bien des femmes se demandent encore si elles ne préfèrent pas les *murailles* qui *enserrent,* mais qui protègent... (p. 113).

Deux courants s'établirent qui, s'ils *procédaient* de façon différente, *voulaient* arriver au même *but* (p. 127).

Lourdeur, emphase, incohérence, mauvais goût, tels me paraissent être les signes caractéristiques de cette langue. Il faut y ajouter la *sécheresse,* pour avoir la marque vraiment spécifique, la marque de fabrique du « style Sainte-Croix. »

Voici comment se termine le chapitre VIII du livre :

En 1895, M. E. Pradzynski fait paraître un ouvrage très intéressant : « O Pranach Kohiet. »

P. 106 : Les cinquante-huit associations féministes des Etats-Unis y étaient représentées par leurs déléguées, *femmes compétentes.*

Habituellement, Mme de Sainte-Croix ne se met pas en frais d'imagination pour caractériser ou pour louer ses « consœurs », les « vaillantes militantes ». Elle n'a pas l'épithète expressive. Elle méprise « l'écriture artiste ». C'est une quackeresse littéraire. La plus banale qualification, et toujours la même, lui suffit pour colorer son admiration. Exemples :

Une femme *de valeur,* Mme Pégard (p. 105).

Lady Aberdeen,... personnalité féminine *de haute valeur,* tant au point de vue intellectuel que politique (p. 112).

Dans un ouvrage, de *volume* modeste, mais *de grande valeur...* (p. 62).

« Valeur, haute valeur, grande valeur », elle ne sort pas de là. C'est son épithète « de nature », celle que chez elle le mot de féminisme amène invariablement par la main. Quant aux féministes-hommes qui soutiennent les féministes-femmes, ce sont, invariablement aussi, des « hommes éminents ».

Cette femme, aussi peu écrivain que possible, atteint le comble de la monotonie dans la lourdeur et dans l'incorrection. Mais au moins s'est-elle bornée à une brochure de deux cents paginettes.

IV

Sans doute Mme de Sainte-Croix par son mauvais style nous gâte le féminisme, et tout lecteur un peu délicat aura déjà jeté bien loin son livre. Mais le critique n'a pas le droit de s'en tenir à l'extérieur d'un « document » de sociologie ; il lui faut pénétrer au dedans et faire le tour de cet édifice mal bâti.

Pesons donc maintenant les titres de Mme de Sainte-Croix à se croire un « historien », et ensuite examinons ses « idées ».

Brièvement, cela va sans dire, car je ne me sens pas le courage de suivre point par point cet esprit décousu et superficiel. Il y aurait même pédantisme ou naïveté à procéder avec méthode envers une « imagination » féminine qui est inconsciente de toute espèce de méthode historique. C'est proprement la *caricature de l'histoire* que nous allons trouver ici.

Je viens de prononcer le mot de « document ». Quel grand mot à propos du *Féminisme* de Mme de Sainte-Croix ! Précisément la valeur « documentaire » en est nulle. Le livre donne l'impression d'une de ces « montres » de modiste de province où les chapeaux sont jetés pêle-mêle et sans aucun art d'arrangement. Un déballage hâtif, des couleurs criardes, des formes excentriques, nul souci des proportions ni des nuances, tout ce qu'il faut pour « tirer l'œil » à une clientèle de foire ou de jour de marché. C'est une « histoire du féminisme » rédigée pour des féministes, c'est-à-dire des personnes décidées d'avance à y tout trouver bien. C'est un petit arsenal d'armes de combat, grossièrement travaillées.

Mme de Sainte-Croix ne se doute évidemment pas que la première qualité de l'historien, c'est l'*impartialité*. Elle ne décrit et n'explique rien ; elle juge sommairement et exécute sans phrases. Que dis-je ? avec force phrases ! Son ton, ses allures sont d'un polémiste et d'un pamphlétaire. Elle livre ses adversaires au ridicule, ou plutôt, car elle a la main trop lourde pour manier l'ironie, elle les écrase de son dédain. La gravité et la tenue du style lui sont étrangères. Son livre est un plaidoyer enfantin en faveur du féminisme, ce n'est nullement œuvre de science ni de conscience.

Je vais dire une chose qui a l'air d'une charge ou d'un comble, et qui n'est pourtant que l'exacte vérité.

Ce livre, pompeusement intitulé : « le Féminisme », *ne contient pas une ligne, pas un mot, qui nous instruise de ce que c'est que le Féminisme en soi.*

L' « historienne » a oublié de définir, même au début, l'objet de son étude! A plus forte raison « oublie-t-elle » de l'exposer loyalement sous ses deux faces, afin que le lecteur puisse choisir. Etrange « savante » qui ne présente qu'un des côtés de la question, celui qu'elle veut faire prévaloir! Etrange raisonneuse qui développe l'*antithèse* et ne pose pas la *thèse!* Par là vous pouvez juger quelle contribution un tel « travail » fournit à la « recherche de la vérité ». Mme de Sainte-Croix suppose, expédient commode, le « problème résolu », et ne se préoccupe que de tancer ceux qui y apportent une solution contraire.

Ainsi elle mentionne que Proudhon, ce gêneur de Proudhon, qu'elle devrait ménager pourtant en tant que socialiste, a commis des pages contre le féminisme. Que contiennent ces pages? Que valaient les arguments de Proudhon? Autant de questions laissées sans réponse. En revanche elle s'étend copieusement sur la réfutation que Mme Adam aurait faite des idées de Proudhon. Là-dessus, déterminez-vous! En vérité, je vous le dis, c'est de l'histoire « à la cavalière », de l'histoire pour rire. Ainsi les bonnes gens prennent la prestidigitation pour de la « physique ». A mettre les choses au mieux, Mme de Sainte-Croix n'est qu'une moitié d'historien.

Que de lacunes je pourrais relever dans cette prétendue « encyclopédie du mouvement féministe »! Allez un peu y chercher ce qu'il faut penser du féminisme scandinave, et quels sont les traits qui le différencient du féminisme américain par exemple, et enfin ce qu'il y a de proprement signalétique dans le féminisme de chacune des nations civilisées! Allez-y chercher des « idées générales », une « philosophie » quelconque de l'histoire! Mme de Sainte-Croix mentionne quelque part l'Italie. Eh bien, nul passage ne montre mieux que c'est un de ces historiens qui ne parlent que de ce qui est *dans le sens* de leur système. En effet, elle qui se borne à l'époque contemporaine, elle ne prononce même pas le nom de Neera, la grande féministe italienne, dont le livre sur *Les Idées d'une femme* fit tant de bruit dans la péninsule quand il parut à Milan, il y a deux ans. Pourtant des femmes comme Neera sont les plus authentiques représentants du féminisme, du vrai féminisme, celui qui a du talent. Mais Mme de Sainte-Croix aime mieux une *féministe* « de quatre sous » qui prêche la Cause qu'une femme d'esprit et de cœur qui prouve le féminisme comme ce philosophe prouvait le mouvement : en marchant. Elle aime mieux le féminisme sans art que la féminité éminente. C'est son droit et, hélas ! c'est son goût, mais alors qu'elle ne se donne pas pour historien ! Avouons qu'elle mérite aussi peu le titre d'historien qu'un histrion le titre d'auteur. Une monnaie qui ne serait gravée que d'un seul côté ne serait que de la fausse monnaie ou un jeton pour jouer. En effet, Mme de Sainte-Croix « fait joujou » avec la science.

Ainsi, ni impartialité, ni loyauté scientifique, ni justesse de proportions, aucun sens de l'art de la composition, voilà ce que nous révèle jusqu'à présent l'analyse du « talent » de Mme de Sainte-Croix. Voyons si du côté du *jugement*, qui est aussi l'une des facultés essentielles de l'historien, nous serons mieux servis.

Mme de Sainte-Croix fait consister une grande partie de sa tâche dans la célébration enthousiaste des « conquêtes » du féminisme, de ce féminisme qui a « le vent dans les voiles », et qui, ainsi qu'un ouragan salutaire, va purifier l'air des miasmes masculins qui l'empestent. Au nombre de ces « conquêtes » du féminisme, c'est-à-dire de ces mesures hardies, arrachées aux hommes par l'intimidation féministe, elle range sans hésiter... la nomination de Mme Curie comme professeur en Sorbonne au lieu et à la place de feu son mari. Eh bien, il faut qu'elle ou moi ayons l'esprit mal fait et que l'un de nous deux se trompe lourdement. Car je vois dans cette nomination justement un trait du *libéralisme masculin*, un geste *spontané* de cette générosité masculine, contemporaine des origines de notre civilisation, et qui n'a pas attendu, Madame, que vous brandissiez vos foudres pour se manifester. Direz-vous sans rire que le gouvernement qui a fait cette nomination a cédé à aucune pression féministe? Vous savez bien que *ce n'est pas vrai.* Le gouvernement s'est simplement souvenu que c'était une de nos vieilles traditions françaises que de faire place aux dames librement et sans y être forcé. Toutes les fois qu'il s'est agi d'un talent reconnu, nous n'avons jamais, tant dans la France royale que dans la France républicaine, regardé au sexe. Bien plus, nous exigeons de vous, Mesdames, *une moindre dose de talent, à sanction égale,* parce que cette moindre dose suppose effort plus grand. N'écrivez pas l'histoire, Madame, mais lisez l'histoire de France avec d'autres yeux, et vous renoncerez à la dater de la Révolution. Combien resterait-il de féministes chez nous si tous les Français, et notamment toutes les Françaises, savaient l'histoire de leur pays et en comprenaient les enseignements? S'il y a un pays où le féminisme soit un anachronisme et une absurdité, c'est bien le nôtre! L'une de ces leçons de l'histoire, c'est que l'agitation féministe est réellement restée étrangère à la plupart des adoucissements et tempéraments apportés à la « loi d'airain » des vieux âges. Qu'y avait-il de plus aisé pour l'homme, qui a la force, que de maintenir la femme en servitude? *Il ne l'a pas voulu,* parce qu'il est chevaleresque, chrétien et raisonnable. Mais je crains qu'à la longue cette indiscrète et agaçante et ridicule « agitation », je crains que ces « revendications » tapageuses et tumultuaires n'arrivent à faire que les hommes se fatiguent, se ressaisissent et se rejettent dans l'oppression. Vous l'aurez voulu, Mesdames les féministes!

Le « dada » favori de nos modernes amazones, c'est « l'égoïsme de l'homme [1] ». Parlons-en, de cet « égoïsme »! Un « égoïsme » grâce auquel l'homme (je parle de l'homme instruit et moral, je ne fais pas acception des brutes ni des

1. « Le jour où l'homme, revenu de son *erreur* (?), de son « *égoïsme* » mal compris, aura enfin donné à la femme la place qui lui est due. » (p. 203).

alcooliques) prend pour lui la plus rude partie de la tâche, prend *toute la responsabilité,* et grâce auquel la femme (je parle de la femme qui se respecte et qui a de la religion) n'a qu'à se laisser vivre! Parlons-en, de cet « égoïsme »! Quatre-vingt-dix-neuf fois sur cent, la famille est ce que la fait la femme : voilà ce que l'expérience montre à des yeux non prévenus et à des esprits qui ne se paient pas de phrases creuses. « L'égoïsme » de l'homme, un de ces « clichés » dont la mauvaise foi des féministes a fait une sorte d'axiome et qu'on se passe de main en main comme une vérité indiscutable! Et là dessus *on* échafaude des systèmes! Telle est la tactique féministe : remettre en question les plus élémentaires notions du sens commun, acceptées jusqu'ici par la conscience universelle, obscurcir les principes les plus certains sur lesquels reposait la société, troubler l'eau pour y voir plus clair! Et c'est ainsi qu'on va peu à peu substituant à des idées saines et à des traditions respectables des chimères confuses, des calomnies, des mensonges. On veut rendre justiciables de je ne sais quelle « évolution » les instincts les plus sacrés, comme si famille, mariage, sens moral, ces assises éternelles de la société, pouvaient sans péril être secouées sur leur base!... Mais revenons à Mme de Sainte-Croix.

J'ai dit que sa logique laisse à désirer autant que sa bonne foi. J'en veux faire juge le lecteur, en lui soumettant le passage suivant :

> A l'objection qui leur est faite que la femme n'étant pas soldat ne peut être électeur elles répondent que : si l'homme a le service militaire, la femme a la maternité, et que, selon elles, la mère rend au pays un service au moins aussi grand, si ce n'est plus, que *celui* du soldat (p. 199).

Ne parlons plus du style, c'est fait. Mais que de choses à dire sur un raisonnement qui ne repose que sur des assimilations fausses! Fausse l'assimilation du service militaire, imposé à tous les hommes par la loi, et de la maternité, acceptée librement par la femme, en échange de certaines joies, maternité que d'ailleurs toutes les femmes qui la désirent n'ont pas le bonheur de connaître. Et puis... et puis... voyons, Madame, n'existe-t-il pas une certaine secte féministe, tous les jours plus cynique, qui tend à « libérer » la femme de la maternité, sans souci des conséquences pour la propagation de l'espèce? Vous la connaissez bien, cette secte, vous nous faites assez souvent et sur tous les tons l'éloge de sa triste « prêtresse »! Pourquoi donc feignez-vous soudain que cette secte, qui est devenue *l'âme* même du féminisme, n'existe pas?

Dans un autre passage, Mme de Sainte-Croix ne va-t-elle pas jusqu'à insinuer que c'est « la peur » qui fait résister les Anglais aux prétentions des « suffragettes »? Voyez-vous cela? C'est « la peur » maintenant qui fait prendre à quelqu'un l'offensive? Alors, c'est parce que Mercure a « peur » de Sosie qu'il tape sur Sosie? Et de quoi ont-ils « peur », ces Anglais? Ils ont « peur » que les « suffragettes » ne cherchent à obtenir « par la force » ce qu'on leur refuse! Bref, on n'y comprend plus rien. Au surplus, voici le passage :

> A l'occasion de cette discussion, la salle des séances avait été protégée par des forces de police aussi nombreuses qu'aguerries. On avait eu peur que les suffragettes, dont l'ardeur combative avait déjà fait ses preuves, n'essayassent d'envahir la Chambre des Communes et d'obtenir *par la force* ce qu'on ne voulait pas leur accorder par la persuasion (p. 200).

N'est-il pas vrai

> Que les moindres défauts de ce grossier génie
> Sont ou bien l'équivoque ou la cacophonie?

Le premier chapitre du livre suffirait à nous avertir que nous avons affaire en Mme de Sainte-Croix à une logicienne « sui generis ». En effet le résumé de ce chapitre, c'est que la poussée du féminisme est irrésistible, que c'est « un mouvement qu'aucune force ne pourra enrayer désormais », etc., etc. Eh bien, alors, à quoi bon des Ligues, des Comités, des Journaux, des clameurs, des manifestations sur la voie publique, des meetings dans les cafés, des poings levés, des bannières au vent, des boucliers agités ? Puisque le progrès se fait de lui-même, pourquoi tout ce « tumulte » à faire sortir de sa tombe le vieux Caton ? Mesdames les féministes, puisque l'ascendant des femmes n'a pas besoin des lois, puisqu'il s'exerce spontanément, par persuasion, quoique les femmes soient politiquement « opprimées », à quoi sert d'ériger cet ascendant en Lois ? Mme de Sainte-Croix ne s'aperçoit pas que tout ce qu'elle dit pour justifier le vote politique des femmes tend précisément à le faire rejeter comme inutile. Elle est de ces « maladroits amis » qui sont plus nuisibles à une cause que ses ennemis déclarés. En tout cas, sa « philosophie de l'histoire » vaut sa manière de raconter l'histoire.

Pour en finir avec ces questions de métier (c'est en effet un « métier » que de faire un livre, mais il y a des « écrivains » qui ne s'en doutent pas), je me risque à lui donner un conseil. C'est, la prochaine fois qu'elle s'adonnera encore au genre de l'histoire, de faire un peu plus de fonds sur l'intelligence et sur les lumières du lecteur, et de ne pas se croire obligée de faire suivre le nom de chacun des auteurs qu'elle cite d'une biographie sommaire. Ainsi elle pousse le scrupule jusqu'à nous apprendre en une note que Daniel de Foë est « l'auteur de Robinson ». On le savait, Madame, et aussi que Gottsched fut un « littérateur allemand ».

V

J'en ai fini avec l'analyse du tempérament littéraire de Mme de Sainte-Croix. Il me reste à analyser ses idées. Si je procédais aussi expéditivement qu'elle-même envers ses adversaires, cet examen ne serait pas long. Il me suffirait de dire :

C'est une féministe et des plus avancées! — Mais cela ne renseignerait qu'imparfaitement le lecteur : tant de gens ignorent encore le féminisme, qui sont peut-être des féministes sans le savoir, des féministes dans le bon sens du mot!

J'ai dit plus haut que Mme de Sainte-Croix faisait l'apologie du féminisme. A y regarder de plus près, je devrais dire qu'elle en dresse le nécrologe. Au cours de son opuscule, on voit les petites chapelles féministes tomber l'une après l'autre comme des châteaux de cartes, les journaux féministes apparaître un jour « au banquet de la vie » et disparaître.... Hélas! qu'elle en a vu mourir de ces feuilles féministes!

Ut silvæ foliis...
Prima cadunt.

Aussi bien, à la réserve d'une seule de ces coteries, toutes les autres — et ceci n'est pas un calembour que je fais — ont manqué de *Pognon*. Les féministes, à ce qu'il paraît, ont des nerfs, mais elles n'ont pas *celui* de la guerre. « Elles donnent pour un sentiment, mais elles ne savent pas encore donner pour une *idée* » (p. 137). C'est pourquoi tous leurs groupes se fondent et fondent presque en même temps. Un seul de leurs périodiques a un peu duré, c'est le *Journal des femmes*, qui, créé vers 1890, existe encore, on ne sait par quel miracle.

Le féminisme, ainsi que l'entend Mme de Sainte-Croix, c'est la guerre des sexes, comme le socialisme, son allié, est la guerre des classes. « Depuis soixante ans, s'écrie Mme Montefiore, citée par Mme de Sainte-Croix, nous employons les moyens pacifiques. Puisqu'on ne veut pas nous entendre, *passons à la méthode forte* » (p. 194). Autre déclaration de guerre, p. 180 : « Le sexe fort est, cette fois, sérieusement *menacé*. » Va pour la menace et la « méthode » forte! Mais comment Mme de Sainte-Croix concilie-t-elle ces attitudes agressives avec l'hommage qu'elle rend aux hommes dans plusieurs autres parties de son livre, où elle avoue que le régulateur indispensable du féminisme, son élément de pondération, c'est l'homme? (Voir p. 73-74). Ainsi le féminisme n'a jamais abouti que par nous. Eh bien, alors, quelle est la raison d'être du féminisme? Y a-t-il ingratitude plus noire que celle des femmes si l'on prend au mot Mme de Sainte-Croix?

Mais elle ne voit pas bien clair dans ses idées ni dans ses sentiments. Son erreur la plus fondamentale, c'est la confusion qu'elle fait entre *féminisme* et *empire des femmes*. Eh! Madame, prenez donc garde que vous confondez l'eau et le feu! Le féminisme est en raison inverse de l'empire des femmes, au point qu'un sculpteur connu a pu dire: « Les femmes n'avaient sur nous qu'une supériorité, le charme, et elles sont en train de la perdre! » Je pense, moi aussi, que l'ascendant de la femme sera un jour d'autant plus faible que le féminisme social et légal sera devenu plus arrogant. La « dictature de la persuasion » — la plus solide de toutes les dictatures — aura vécu pour faire place à la « concurrence vitale ». Générosité, galanterie, dévouement sont choses spontanées et volontaires : si vous les édictez, vous les tuez. Je ne dois rien à qui traite avec moi d'égal à égal, de puissance à puissance. La grande imprudence des femmes, la voilà. Elles sont en train de gâter irrémédiablement leur situation. Elles introduisent insensiblement dans notre pays chevaleresque des mœurs nouvelles, du sans-façon et du sans-gêne, des manières garçonnières... dont elles seront les premières victimes.

Mais allez donc parler de ces trésors cachés à des esprits que le féminisme a pervertis! Peu importe à une Mme de Sainte-Croix que l'influence féminine soit bonne ou mauvaise, pourvu que cette influence soit. A tout prix le pouvoir! L'usage du pouvoir, c'est une autre affaire. Elle dirait, elle aussi : périsse la société plutôt que le féminisme! Elle reproche à Michelet que son « sentimentalisme un peu puéril à l'égard de la femme le rend souvent inapte à comprendre les aspirations féministes » (p. 27). Peste! Récuser Michelet, récuser Rousseau, ces deux célèbres objets de l'idolâtrie et de la reconnaissance féminines! Qui donc sera assez « pur » aux yeux de Mme de Sainte-Croix? Ou bien cette récusation est absurde, ou bien c'est un aveu que féminisme et empire de la femme sont deux choses opposées.

Si elle refuse de lier partie avec ces grands paladins, où donc Mme de Sainte-Croix cherchera-t-elle son point d'appui? Vous l'avez pressenti déjà : dans le *socialisme*. Voilà ceux qui pour elle sont des alliés « bon teint », des alliés « de tout repos »! Elle a tendresse d'âme pour ces chers socialistes « qui furent toujours si favorables aux femmes ». Le socialisme est pour elle le « ciment armé » du féminisme; l'hydre socialiste compte le féminisme parmi ses sept têtes[1].

Il est cependant une chose, qu'au point de vue social on doit remarquer et que l'on peut *regretter;* c'est que dans la composition de ce Conseil national allemand et par conséquent dans son apport au Conseil international, l'élément *socialiste* fasse totalement défaut (p. 117).

Ne vous frappez pas, Madame; l'alliance entre socialistes et féministes a été jurée au Congrès de Stuttgart et renouvelée récemment au Congrès de Nuremberg. Nous savons maintenant où vous nous menez, vers le socialisme et tout ce qui s'ensuit. Voilà ce qui est net.

A toutes les pages du livre de Mme de Sainte-Croix suinte le plus parfait mépris pour le féminisme à l'eau de rose, le féminisme filtré, édulcoré : Mme de Sainte-Croix est pour la « manière forte». Elle se rallie à ce qu'elle appelle le « fémi-

1. Cette union du socialisme et du féminisme est un *fait* qui dorénavant « appartient à l'histoire ». La doctoresse Pelletier le proclame dans sa brochure *La femme en lutte pour ses droits*, ce qui ne l'empêche pas d'écrire dans son journal, *La Suffragiste :* « La société est faite pour l'individu et non l'individu pour la société » (avril 1908), ce qui est la négation catégorique du socialisme. Ce qui éloignera toujours du féminisme les hommes de bonne volonté, c'est l'amas de contradictions ou l'abîme d'incohérence, comme on voudra, qui gît sous ce nom.

nisme radical ». Elle marche la main dans la main avec l'ineffable doctoresse Madeleine Pelletier. Ni l'une ni l'autre de ces deux « surfemmes » ne veut entendre parler de demi-mesures. Ce sont esprits de géométrie et non esprits de finesse. Il leur faut des solutions radicales et même des solutions... de continuité, comme celles que se propose le socialisme, à savoir une refonte totale de la société. Le socialisme n'est-il pas le parti qui « se déclare officiellement et nettement partisan de *toutes*[1] les revendications féministes »? (p. 172). Le féminisme à la Sainte-Croix et à la Pelletier est donc synonyme de bouleversement intégral. La nuance propre à la doctoresse, c'est le *communisme* qu'elle accepte crânement, quant à elle, et au seuil duquel s'arrête Mme de Sainte-Croix. Reste de préjugé ancestral, sans doute. Mme de Sainte-Croix est moins « nouvelle couche » que la citoyenne Pelletier. Il y a sans doute entre elles l'espace d'une génération et l'épaisseur d'une particule.

Au fond, le vrai nom de ce féminisme, c'est Révolution ou Anarchie. Si vous en doutez, lisez — et surtout lisez entre les lignes — les pages 87 à 89, qui sont un éloge et un regret à peine voilé de la Commune. Méditez aussi le cri de triomphe qu'elle pousse dans la page (136) où elle nous apprend qu'enfin la Franc-Maçonnerie a consenti à ouvrir une de ses loges aux femmes. Cette victoire du féminisme remonte, paraît-il, à l'année 1893. Pourvue de ce cabanon — pardon, de cette loge — Mme de Sainte-Croix se croit dès lors en mesure de tout espérer. « Animée d'un regard » du Vénérable, elle peut « tout entreprendre ». D'autres ont la « folie de la croix »,

1. Un commentaire amusant de ce *toutes* a été fourni au public en avril 1907 par des féministes naïves.

Les garçons de café s'étant mis en grève à propos du port de la moustache, les « *petites bonnes de chez Duval* » y allèrent aussi de leur meeting, où elles jurèrent sur l'autel de la Solidarité qu'elles « s'associaient pleinement à *toutes* les revendications des garçons de café », moustache comprise.

Heureusement qu'elles ne mirent pas leur menace ou leur promesse à exécution !

Mme de Sainte-Croix a, si je puis, dire, la croix de la folie. Ce que c'est que d'être « venue trop tard dans un siècle trop vieux »! Celle-ci, au Xe ou au XIe siècle, se serait « croisée » peut-être. O femmes, quand vous aurez le sens de la mesure...

Les opinions morales et religieuses de Mme de Sainte-Croix ne nous arrêteront pas longtemps : on les devine assez. Elle est libre-penseuse, cela va sans dire. (Quelle féministe, et surtout « radicale », n'est pas libre-penseuse?) C'est son droit, hélas! mais ne se permet-elle pas de donner des conseils aux catholiques? (v. p. 175). Alors : holà! Elle ne peut digérer que son « bloc enfariné » ne dise rien qui vaille aux catholiques et elle houspille vertement les féministes nuance Maugeret. C'est de haute bouffonnerie.

Plus bouffon encore, tellement c'est faux, son propos comme quoi « l'Eglise *oublieuse* des paroles du Christ... *a oublié* de relever la condition de la femme. » (p. 10). Mon Dieu, Madame, mêlez-vous donc de radicalisme, de socialisme, d'internationalisme, de matérialisme, et de tous les « ismes » possible, mais laissez là le rôle de l'Eglise, s'il vous reste quelque crainte du ridicule! Où en seriez-vous, vous à qui je parle, si l'Eglise n'avait relevé la femme de la condition inférieure que lui avait faite le paganisme, cette « religion de la nature » à laquelle vous voulez nous ramener? N'insistons pas : il y a de ces accusations auxquelles on ne répond que par le haussement d'épaules [1].

Cette ingratitude envers l'Eglise est générale dans le camp des féministes. « Le féminisme, ayant obtenu du christianisme tout ce qu'il était *raisonnable* qu'il en obtînt, tourne maintenant le dos au christianisme » (Em. Faguet). Voilà l'explication; je l'emprunte à un fin psychologue et qui n'est pas anti-féministe.

---

1. Mme de Sainte-Croix oublie, ou plutôt ignore — car elle n'a pas de lecture — que l'ancienne école féministe faisait consister presque toute son argumentation à prouver que l'*Eglise* met sur le même pied l'homme et la femme, et que le féminisme d'alors établissait ce fait à l'aide d'innombrables citations des *Pères de l'Eglise*. On n'est donc pas plus ingrat que les féministes « nouveau jeu ».

Mais, par exemple, on peut, on doit relever ce qui est dit sous forme d'*insinuation*. Or il y a une insinuation qui circule tout le long du livre de Mme de Sainte-Croix et sur laquelle il faut que je m'explique une bonne fois avec elle. Avant d'accepter une leçon de morale, j'ai bien le droit de regarder à la qualité de celui qui me l'administre. Cette insinuation consiste à dire que les féministes luttent pour obtenir « *l'unité de la morale pour les deux sexes* ». A force de répéter de pareilles sottises (ma foi! tant pis! le mot est lâché), on finit par les accréditer. Il y a maintenant des naïfs qui croient qu'en effet les féministes « luttent pour obtenir... » etc., et que par conséquent il y avait jusqu'ici deux morales. C'est là une *diversion grossière*. Jamais les hommes n'ont réclamé le bénéfice d'une morale particulière; jamais aucune religion n'a sanctionné une telle prétention, et jamais une telle prétention n'a osé se produire dans aucun écrit sérieux. Le christianisme, quant à lui, n'est jamais entré en traité avec le vice. Notre « credo », Madame, c'est justement que l'homme et la femme, *inégaux à tous les autres points de vue, sont égaux devant la loi morale* et que c'est donc là leur seul genre d' « égalité » parfaite. Les violations de la loi morale, de qui qu'elles viennent, restent pour nous des violations de la loi morale, et nos prêtres ne distinguent pas entre le sexe quand il s'agit de péché. Où donc avez-vous pris une aussi audacieuse contre-vérité? Dans quel arrière-fond de loge maçonnique avez-vous ramassé cette calomnie? Prenez un peu plus conseil de votre expérience, de vos souvenirs d'une enfance sans doute très lointaine et prenez un peu moins conseil de vos passions. Connaissez donc un peu mieux ce dont vous parlez, à savoir les enseignements de l'Eglise ou même de la saine philosophie, et alors vous comprendrez combien cela ressemble à enfoncer une porte ouverte que de prêcher « l'unité de la morale »! Ah! çà, est-ce que par hasard les féministes se forgeraient des fantômes pour l'unique plaisir d'en découdre? Vous êtes donc, Mesdames, des gens qui aiment l'agitation pour elle-même? Pendant que vous y êtes, « revendiquez » donc aussi le droit de respirer, pour faire croire que vous ne l'avez pas! Il se trouvera bien des imbéciles qui se figureront qu'on vous le conteste en effet!

Mentionnons, pour mémoire, que Mme de Sainte-Croix célèbre avec enthousiasme les « travaux » de ce « Comité du Mariage » dont les frères Margueritte étaient le plus bel ornement. Quelle autorité avait-il, ce « Comité du Mariage » pour légiférer sur le Mariage, alors que *tous* ses membres en étaient des adversaires plus ou moins déclarés? Je fais une simple comparaison et je dis que ce serait une belle garantie de justice qu'un jury criminel tout entier composé d'escarpes! Toute proportion gardée, c'est exactement là ce qui s'est passé dans cette affaire : on a livré le Mariage à une bande d'égorgeurs. Tel des membres les plus notoires de ce « Comité » était un « concubin » non moins notoire et qui n'aspirait qu'à inventer un biais de la loi à la faveur duquel il pût régulariser cette situation fausse. En vérité, Mme de Sainte-Croix n'est pas heureuse dans le choix de ses motifs d'enthousiasme.

Je ne m'étendrai pas longtemps sur ses opinions « politiques », exprimées, elles aussi, sur le mode lyrique, car tout est tendu et monté de ton dans cet ouvrage d' « histoire ». J'ai déjà dit que pour elle l'histoire du féminisme, et d'ailleurs l'histoire de la France elle-même, commence à la Révolution. C'est une « simpliste », et qui a du sang de Jacobin dans les veines. Elle admire la Révolution en bloc et elle ne se permet contre elle que de légères critiques de détail. Son enthousiasme l'entraîne jusqu'à lui représenter la Terreur comme une époque de modération et de pondération! Je n'exagère rien : lisez son chapitre II. Elle ne remarque pas qu'en 93 sévissait une véritable rage d'égalité, d'où résultait une surenchère de propositions tendant à établir cette égalité de manière absolue, sans aucun égard aux garanties réclamées par l'ordre social. On légiférait alors sous l'empire des passions, on passait le but nécessairement. Cela est d'information courante. Il n'y a que Mme de Sainte-Croix qui l'ignore, elle qui veut tout garder des « conquêtes » de la Révolution... et y en ajouter beaucoup d'autres. Elle fait penser à ces cuisinières novices qui n'écrèment pas leur pot-au-feu et qui vous le servent avec l'écume. Pourtant elle n'ignore pas que 93 fut une période d'incohérence et d'anarchie; elle-même nous apprend que les femmes d'alors fondèrent un « Club de femmes » et, un an après, en demandèrent la suppression, parce que Marat avait été assassiné par l'une d'elles. Ces dames n'avaient donc pas trop l'air de savoir ce qu'elles voulaient. « La Révolution eut *peur* de la femme », écrit Mme de Sainte-Croix sans sourciller (p. 34). Ne serait-ce pas plutôt que les femmes eurent peur d'abuser de cette liberté effrénée qu'elles avaient acquise? On ne voit pas bien les Robespierre, les Saint-Just, les Fouquier-Tinville ayant « peur » de la femme.

Mais laissons Mme de Sainte-Croix se bercer de la flatteuse illusion que la Révolution a reculé devant des femmes. Contentons-nous de sourire, et essayons de démêler les contradictions que renferme le passage suivant. Ou plutôt ne l'essayons pas, bornons-nous à citer.

> *Moins clairvoyante que l'Église*, qui, si elle n'a pas relevé la femme de sa condition inférieure, a du moins essayé de la gagner en donnant jusqu'à un certain point satisfaction à ses aspirations morales ou à ses besoins artistiques par la confession ou les pompes de son culte, *la jeune République ne fait rien pour les femmes* (p. 26).

Autre exemple d'incohérence. Cette fois, il nous est fourni par une des trois grandes agitatrices de ce temps-là, Olympe de Gouges, mais Mme de Sainte-Croix prend la pensée à son compte et s'extasie sur sa « justesse ». Il n'y a vraiment pas de quoi, car elle est parfaitement absurde.

> « Il ne suffit pas de faire tomber la tête d'un roi pour le tuer; il vit encore longtemps après sa mort; mais il est véritablement mort lorsqu'il *survit* à sa chute. » (?)

La logique du système féministe que préconise Mme de Sainte-Croix l'amène à partager les idées antipatriotiques de cet Hervé dont le jury de la Seine et le barreau de Paris ont fait enfin bonne justice. Mme de Sainte-Croix ne recule pas devant cette conséquence.

Ce qui détruit *chez* les partis avancés les derniers préjugés que l'on a contre le féminisme, c'est le grand souffle de générosité, de fraternité *internationale* qui anime le Conseil international des femmes. Avec le féminisme, *l'internationalisme* a trouvé sa plus belle et sa plus haute expression (p. 172).

Là-dessus elle s'abrite derrière l'autorité de Mme Nelly Roussel, la propagandiste néo-malthusienne, « empoisonneuse non des corps, mais des âmes », qui a déclaré dans *L'Action* que « au-delà des frontières des cœurs peuvent battre à l'unisson des nôtres, et que *le véritable ennemi n'est pas toujours l'étranger* » (p. 172).

Ainsi, plus de guerres de peuple à peuple, mais des guerres civiles, et à tout propos ; plus de *Marseillaise*, mais l'*Internationale !* Tel est le progrès... selon l' « école » pacifiste. O femme,

Voilà donc quels vengeurs s'arment pour ta querelle !

Sainte-Croix, Nelly Roussel, Madeleine Pelletier, Hervé, tels sont les « saints » que bientôt l'*Almanach féministe illustré* inscrira dans ses colonnes !

Si Mme de Sainte-Croix est « suffragette », c'est-à-dire persuadée que les droits politiques manquent à la dignité de la femme et au bonheur de l'humanité, point n'est besoin de le demander. Le vote féminin est en effet pour elle « la clef de voûte de l'édifice » (p. 181). C'est une « nécessité » pour les femmes de l'obtenir. Elle ajoute, dans ce style aisé dont elle a le secret :

Dans aucun domaine, *pas plus* moral que matériel, *pas plus* économique que social, elles ne pourront défendre leurs intérêts, ni faire prévaloir leur opinion, si elles continuent à *rester des êtres inexistants au point de vue politique* (p. 194).

Puis, elle se pâme — le mot n'est pas trop fort — sur le projet de loi du député Gautret, qui, remarquez-le bien, accorde le droit de vote aux filles publiques et le refuse aux femmes mariées et mères de famille! (v. p. 184-5). Cette circonstance me dispense de discuter de pareilles incongruités. Je respecte Mme de Sainte-Croix, je respecte M. Gautret, mais j'avoue avoir plus de respect encore pour l'ensemble de mes lecteurs. Et puis je me sens une âme d'épais bourgeois si solidement chevillée dans le corps, que je ne saurais absolument pas entrer dans les sentiments de ces deux féministes. Il ne reste plus à Mme de Sainte-Croix qu'à réhabiliter la courtisane, comme fait la doctoresse Pelletier, et à déclarer qu'elle « a raison » de se livrer à la prostitution.

Venant après M. Gautret, son collègue, M. Dussaussoy, a tenté d'élargir la base de l'électorat féminin. Mme de Sainte-Croix les enveloppe tous les deux dans la même oraison funèbre mélancolique et laconique :

Le projet de M. Dussaussoy n'a pas eu plus de succès que celui de M. Gautret; ils dorment tous les deux enfouis sous la poussière des cartons (p. 187).

Que n'ajoute-t-elle. « Mais l'ère de nos revendications reste à jamais ouverte! » Toujours cette même sécheresse d'accent qui brise ses nobles élans!

Le grand argument des féministes pour nous engager à introduire dans notre Constitution le vote des femmes, c'est l'exemple de la Nouvelle-Zélande, du Queensland, de la Finlande[1]... et d'autres landes plus ou moins exotiques. « La

1. La dissolution de la diète de Finlande a été prononcée par un oukase du 4 avril, après moins d'un an d'existence. Apparemment que l'entrée des femmes dans ce parlement n'a pas suffi pour lui donner la viabilité

femme d'un prêtre, dit-elle, fut élue en Finlande. » Je vous demande un peu : parce que dans les Etats de Wyoming, du Colorado, d'Utah, d'Idaho, les femmes possèdent les droits politiques, cela prouve qu'il faudrait les établir, et plus vite que ça, en France! Voilà les arguments du féminisme, cette doctrine « excentrique » dans les deux sens du mot! — Mais, Madame, le cas de votre femme de prêtre finlandais prouve justement qu'il n'y a nulle comparaison à établir entre la Finlande et la France. Enfin, Mme de Sainte-Croix, cette généralisatrice à outrance a tellement l'art de faire ressortir l'exagération ou le danger de ses « revendications », qu'elle décourage de les soutenir même ceux qui seraient frappés de ce qu'au fond elles peuvent avoir de légitime. C'est une « enfant terrible », un « touche à tout », qui ne peut manier aucun bibelot sans le casser.

Pour de telles personnes l'histoire n'est ni une science, ni un art, c'est, répétons-le, un joujou. Un joujou dont elles se servent gauchement, parce qu'elles ont passé l'âge où l'on joue. Quelqu'un en effet qui aurait le moindre sentiment de l'art ne terminerait pas ses chapitres et surtout son livre comme fait Mme de Sainte-Croix dont les « mots de la fin » sont d'une faiblesse déplorable. On se rappelle le « finale » sur lequel tombait le 8e chant de sa « suite d'orchestre ». Voici la « clausule » de son chapitre XII.

---

qui lui manquait. Les « mauvaises langues » diront que c'est même ce qui a précipité sa chute.

Empruntons au *Temps* (7 avril) le relevé de la composition féminine de cette feue diète :

On y remarquait plusieurs femmes parmi les députés : Mlle Alexandra Gripenberg, connue sur le continent pour ses campagnes féministes; Mlle Mina Silliampe, socialiste, qui pendant de longues années fut domestique et cuisinière avant de diriger un petit journal socialiste; Mme Gebhard qui siégeait à côté de son mari; Mlle Maria Laine, une terrible socialiste; une autre femme, député, mère de cinq enfants, et qui figure dans la liste des partis sous la rubrique « agitatrice ». Il y avait sept maîtresses d'école, trois femmes d'ouvriers; une avait ses brevets d'officier de marine marchande et une autre était tisseuse.

Parmi les *députés*, il faut également signaler M. Renwall, le mari de Mme Aïno Ackté.

Le féminisme a rencontré en Belgique un défenseur éloquent, M. Louis Franck, docteur en droit, auteur de nombreux ouvrages féministes (p. 159).

Enfin son livre lui-même se termine par une platitude courtisanesque. Si en effet il y avait un moment où elle devait parler en son propre nom, c'était bien le moment où l'hagiographe du féminisme allait prendre congé de son lecteur. Une citation n'est pas une conclusion. Mme de Sainte-Croix conclut en citant un mot — un mot qui n'est qu'une prétentieuse niaiserie d'un féministe-mâle :

Le féminisme disparaîtra, comme disparaîtra le masculinisme, pour faire place à « *l'humanisme intégral* » (p. 204).

En d'autres termes, elle fait à Léopold la cour !

Gentillesse symbolique, qui nous annonce une ère nouvelle dans laquelle on verra, « par un juste retour des choses d'ici-bas », les femmes faire la cour aux hommes, et sous le nom de triomphe du féminisme, le « masculinisme » devenu plus fort et plus brutal que jamais.

CHAPITRE CINQUIÈME

UNE MÉTAPHYSICIENNE FÉMINISTE

I

Plus hautes encore sont les ambitions de Mme Lydie Martial[1] : celle-ci aspire à se faire immatriculer parmi les philosophes, et même parmi les plus transcendants des philosophes.

En effet, de toutes les provinces de la philosophie elle a choisi la plus difficilement accessible, la métaphysique, région montueuse et hérissée de pics.

Avia peragro loca...

dirait-elle avec Lucrèce, si cette allure pédestre n'était trop humble pour symboliser son génie impatient de s'élancer à la conquête de l'Infini. Il lui faut des sommets d'où sa pensée puisse voisiner avec la Nature, et scruter les mystères de l'Etre, les sources de la Vie. Sur l'une de ces hauteurs eschyléennes, ou plutôt caucasiques, (à condition de mal prononcer le mot), elle a planté, voici trois ans, son fanion. Ce fanion est rose ; il s'appelle *Le nouvel éducateur*, « revue d'éducation laïque et sociale », où les plus hautes sciences sont mensuellement approfondies.

Ce pavillon flotte au frontispice d'une Ecole, *L'Ecole de la Pensée*, dont Mme Lydie Martial est l'âme, l'administratrice, l'institutrice... et la seule élève. Mais les plus grandes infortunes ne sont pas toujours les plus méritées.

---

1. Il a déjà été question de Mme Martial au chap. III.

Des cimes où elle plane, Mme Martial lance de temps à autre sur l'humanité des manifestes dont je possède quatre, trois courts, des brochures, et un long, lourd, laid, un volume in-4° de deux cents pages imprimées en petits caractères.

Les brochures ont pour titre communs et génériques : 1° *Le féminisme. Sa grandeur et son but;* 2° *La femme et la liberté;* comme sous-titre, l'une des plaquettes porte : *La femme intégrale,* l'autre n'est que le « tirage à part » d'un des chapitres de *Vers la Vie,* dont il sera question ci-dessous; enfin la dernière plaquette est une continuation et un développement de la précédente et roule sur l'*Education humaine.*

Dans *La femme intégrale,* nous apprenons que jusqu'ici la femme était un être « incomplet », et à qui il faut se hâter de procurer ce qui lui manque encore, si l'on ne veut que l'œuvre de civilisation échoue misérablement. Car, sachez-le, tout ce qui s'est déjà fait en ce sens a lamentablement avorté. Le monde a, jusqu'à Mme Martial, piétiné sur place ou plutôt il est dans une situation cent fois pire qu'au lendemain de la Genèse. Par conséquent notre admiration, qui a placé si haut certaines femmes de l'histoire, s'est trompée : ces héroïnes, ces saintes, ces martyres, ces reines, ces inspiratrices, ces libératrices n'étaient que des êtres « incomplets ». Mme Martial, elle, nous donnera la femme « intégrale » et achèvera l'œuvre manquée du Créateur, si nous voulons bien la laisser faire, elle et M. Léopold Lacour. Elle se sent l'audace et la sagesse que comporte une œuvre si ardue. Elle s'attend à rencontrer de la résistance même parmi les femmes. Car

le changement effraie. La *généralité* est ainsi faite que, *souffrant,* elle préfère la routine connue à un état meilleur possible, dont elle est l'inconscient *cran d'arrêt,* mais *pour* lequel il faudrait *se déranger,* sinon lutter et se dévouer. Elle attend qu'un fait probant s'accomplisse et l'instruise sur ce que vaudrait le changement proposé (p. 30).

Dans sa brochure complémentaire sur *L'éducation humaine*, Mme Martial a repris en sous-œuvre, et avec des « précisions » nouvelles, certaines de ses vues sur ce sujet qui lui est cher, sinon familier. Elle sait les causes secrètes du malaise dont tout le monde souffre et elle veut bien nous les révéler.

L'Education humaine peut combler cette importante lacune qui est le gouffre où viennent s'engloutir tous *les bons résultats possibles* des meilleurs efforts, et son champ d'action, c'est l'Etre Humain lui-même.

Elle n'est donc point un ensemble de rêveries et de vagues utopies, d'élans vers le beau, tantôt *attendris*, tantôt tumultueux, tantôt *amers* d'impuissance et facilement découragés. C'est une certitude dans la possibilité de la Régénération humaine, *basée* sur la vie *dans* l'Etre humain tout entier, sur la conscience, sur la justice, sur la pensée triomphantes, sur ce que l'humanité porte en elle, à tous les *échelons* du développement individuel, de grand, de noble, de supérieur, de réel, et qu'il faut savoir faire *éclore*, en toute *dignité, sans des* craintes absurdes comme l'enfer, ou des espoirs chimériques comme le ciel (p. 31).

Je m'écrierais volontiers :

Je suis déjà charmé de ce petit morceau !

si Mme Martial n'était précisément un écrivain « grandiloquent. » La directrice de « l'Ecole de la Pensée » a le tour oratoire ; c'est une métaphysicienne inspirée plutôt qu'une miniaturiste. Elle sculpte la glaise, elle taille le marbre, elle brosse de larges fresques, elle méprise le « fignolage »...

Entrons dans son « Ecole de la pensée », au seuil de laquelle elle nous attend souriante, grasse et ronde. Car si en elle la philosophe est austère et même rébarbative, la femme est avenante et sympathique.

II

Sur la couverture de *Vers la Vie*, qui est la « Somme » de Mme Martial, s'accumulent, en guise de sous-titres, les diverses devises qu'arbore son féminisme : *La femme et la liberté; Le féminisme. Sa grandeur et son but; Education humaine; Ecole de la pensée;* toute une brochette de décorations étrangères. Il n'y manque que la formule *Union de pensée féminine,* mais celle-ci figure tout en bas, comme « firme » commerciale, car Mme Martial est à elle-même son éditeur et son libraire. Je ne pousserai pas l'impertinence jusqu'à dire qu'elle est aussi *son* lecteur, puisque je l'ai lue. Mais je crois être l'un de ses rares lecteurs, car

On lit peu ces auteurs nés pour nous ennuyer.

Mme Martial a l'air d'être poussée par l'ambition bizarre de n'être lue que par peu de personnes. On me conte qu'à quelqu'un qui lui disait qu'il n'avait pas entendu ses ouvrages, elle répondit avec la sérénité souriante qui la caractérise : « Je n'écris que pour une élite. »

Stendhal aussi disait : « Je n'écris que pour cent lecteurs ». Mais c'était Stendhal !

La « Table des matières », par laquelle s'ouvre le volume, est extraordinairement surchargée et compliquée. Les grandes divisions, qui se subdivisent elles-mêmes en une foule de petits compartiments, s'appellent :

La vérité, c'est la vie.
La loi de progrès.
Vers la liberté !
Vers l'amour !
Vers l'harmonie ! La morale.
L'éducation humaine.

Voici pourtant le détail de la dernière rubrique, car il faut bien que le lecteur se fasse une idée par lui-même :

L'ÉDUCATION HUMAINE RATIONNELLE MORALE

DIVISÉE EN SIX TABLEAUX

1° Education mécanique.
2° Education corporelle.
3° Education germinale MORALE.
4° Education générative RATIONNELLE.
5° Education humaine. — ÉCOLE DE LA PENSÉE.
6° Education constructive. — Créative (*sic*).

La spirale évolutionnelle.
Moyen éducatif général.
Science éducative.
Différences sexuelles, objectives et subjectives. La Coéducation.
L'unité masculine.
La complexité féminine.
Puissance sexuelle et puissance cérébrale.
Conscience de vivre.
L'Education Intégrale.
Les Recherches américaines.
La Supériorité de l'Education Humaine-Rationelle-Morale.
L'Education **Humaine** et **nationale**.
L'Unité de l'Education dans le respect, la connaissance et la culture des spécialités de chacun.
L'Harmonie des divergences progressantes.

Mme Martial aura tout au moins gagné ce titre à notre estime qu'elle n'écrit jamais le mot : *éducation* qu'avec un grand *E*. C'est d'un auteur qui respecte son sujet. Elle a droit aussi à notre gratitude pour le soin minutieux qu'elle met à rassembler tout ce qui peut parler aux yeux : grandes capitales alternant avec de petites capitales, caractères gras, italique, tout cela tranchant sur le fond des caractères ordinaires; on ne saurait pousser plus loin l'amour de l'arrangement extérieur.

Mais l'ordre dans l'esprit, c'est une autre affaire! Le thaumaturge Cagliostro le savait bien, qui disait d'un de ses contemporains, charlatan comme lui : « Son art ne dit rien à la raison. »

III

Je n'entreprendrai pas d'explorer un à un tous les méandres où circumbilivagine la pensée tortueuse de l'auteur de *Vers la Vie.* Je ne possède pas, hélas! le fil d'Ariane qui me permettrait de me reconnaître dans ce labyrinthe métaphysico-physiologico-physico-psychique. Le critique le plus subtil ne pourrait faire de l'ordre avec du désordre. Après avoir parcouru tout ce fatras de pensée exprimée en galimatias triple, je renonce à donner aucune idée de ce qu'a voulu dire Mme Martial. Que pense-t-elle de la vie, de la morale sociale, de la morale individuelle, de l'éducation même? J'avoue humblement que je n'en sais absolument rien et je pense que l'auteur n'en sait pas davantage. Et c'est pourquoi je la salue du nom de *métaphysicienne,* parce que, comme il a été dit, par Voltaire, je crois : quand une personne parle à une autre et que cette autre ne la comprend pas, c'est de la *philosophie.* Mais si la première ne se comprend pas elle-même, alors, c'est de la *métaphysique.*

Bornons-nous donc à parcourir « du pouce » son premier chapitre : *La Vérité, c'est la Vie!*

Mme Martial aspire à nous tirer de « l'ignorance de nous-mêmes où nous *stagnons pour* accomplir l'œuvre de la Rénovation humaine » (p. 3).

Seulement, sachez-le, bien,

aucun labeur ne sera profitable ni *progressant* ni *résolvra* (*sic*) le problème de la vie, tant qu'il ne sera pas conforme strictement, dans ses *raisons*, ses moyens et son but, à *la vérité de ce qui est sans nous* (p. 3).

Qu'est-ce que la vie?

La *vie* est le *modèle* de ce fait.

Signifiant formation évolutionnelle perpétuelle de ce qui se manifeste par les deux principes générateurs universels, le masculin et le féminin, il renferme et représente les principes agissants dans tout ce qui existe, *l'actif et le passif producteurs* de la vibration, *selon* l'ordre et leur régulateur, la raison; il s'étend à leurs *expressions vibratoires :* mouvement, lumière, chaleur, sensibilité, couleur, son, parfum, saveur; qualité de substance, de matière; fluidité, opacité, dureté, etc., *selon* les forces et les qualités qui les actionnent et les constituent; *selon* ce qu'ils déterminent dans l'action de vivre pour s'exprimer, se conserver, se reproduire et progresser... L'Etre ou vibrateur est un élément de vie, *porteur* des deux principes et du régulateur dans un organisme de facultés, correspondant à l'expression qu'il doit en manifester, *d'après* son rôle dans la Loi de Progrès, *selon* le plan de vie auquel il appartient et la limite de ce plan d'existence (p. 5).

Qu'est-ce donc que le Progrès?

... *L'on* peut en déduire, *sinon en conclure*, que la loi de Progrès ou de la Vie, *notion intelligente*, collective et agissante de tout ce qui est, *afin* de s'exprimer *dans toutes ses forces* et qualités et d'arriver à la *rayonnance pensante, consciente et spirituelle*, dans l'unité réalisée de ses deux principes, *réside dans l'Etre, porteur* des deux principes de la vie, entièrement séparés l'un de l'autre, en lui comme dans la nature; leur perpétuel effort de conjonction, par le contact, y produit leur rapport ou vibration, puis progressivement y détermine leur *amour exprimant, pour* son évolution, sa *production* et sa conjonction intime et extérieure, *avec* ce qui la complète dans la nature (p. 6).

(Ouf!)

Quelques considérations sur l'Etre maintenant[1] :

1. Mme Martial se tarabiscote étrangement le cerveau pour établir des données très simples. A quoi bon tant de contorsions, en effet, pour

Participant des règnes qui l'avaient précédé, et soumis aux mêmes lois physiologiques qu'eux; porteur des deux principes de la vie, de la loi d'ordre et d'harmonie générale et de sa raison particulière; obligé de se compléter dans la nature et dans le social pour exister; par un être de sexe différent pour se reproduire et progresser physiquement et intellectuellement, il se différenciait des autres êtres en ce qu'il possédait des moyens d'action et d'expression différents, et, inconsciemment, l'intelligence des pouvoirs de la vie, avec les facultés psychiques, capables par leur rapport avec eux, de rendre leur exercice fécond pour la réalisation de la valeur humaine-morale-consciente, dans l'individu, et de la vie correspondante, dans le social...

En l'observant, toujours créatrice, agissante, connaissante et pensante, dans l'Etre, quel qu'il soit, qui est son moyen, son élément d'expression; en admirant son œuvre, depuis l'infiniment petit, jusqu'à l'être le plus élevé sur l'échelle évolutionnelle des êtres de notre planète : l'homme, la femme, on peut concevoir que la vie est en tous la même : *le fluide cosmique, moteur essentiel, porteur de la notion et de l'essence intellectuelle collective de tout ce qui est. Elle est la Raison, le moyen et le but de tout ce qui fut, est et sera ; et ce tout, différencié par étapes progressantes, y correspond à des centres de vie, des foyers d'êtres capables de se manifester selon la force et la qualité qu'ils renferment, auxquels elle mesure la connaissance et les moyens, selon ce qu'ils ont à manifester*[1] ; l'Etre humain étant seul libre et responsable et limité par lui-même; dans le plan physique et naturel, les autres êtres n'existent que pour la servir elle-même en évoluant automatiquement, instinctivement et impulsivement tant qu'ils demeurent dans l'incons-

---

inviter la femme à *être*, pour la convier à être consciente, pour la conjurer de ne pas ressembler au « mâle » qui est, lui, *perturbé?*

Les femmes les plus aimables sont celles qui ne se donnent aucun mal pour cela et qui ne font pas de la vie une étude, une science abstruse.

Il y a quelque naïveté à conjurer la femme, comme le fait Mme Martial, d'*être* enfin. Les femmes n'*étaient* donc pas jusqu'ici? Il faut donc la permission ou les leçons de Mme Martial pour *être?*

Cette perpétuelle et fastidieuse antithèse entre *la femme consciente* et l'*homme perturbé* n'est qu'une « fausse fenêtre pour la symétrie », comme aurait dit Pascal.

1. Passage souligné par l'auteur, et bien maladroitement, puisqu'il est inintelligible. Une fois pour toutes, je me désintéresse des erreurs typographiques qui pourraient se glisser dans la reproduction de ces hiéroglyphes. Le prote n'y sera pas, comme de coutume, guidé par le sens. Il a droit à toute espèce d'indulgence.

cience involontaire ou voulue ou dans l'ignorance de ce qu'ils sont (p. 8 et 9).

Prière de ne pas l'oublier : Mme Lydie Martial se donne comme spécialité de nous apprendre à être « conscients ». Elle est de son état « professeur de pensée ».

Comme on écrit avant tout pour son siècle et que la postérité, qui ne pourra manquer de payer aux efforts de Mme Lydie Martial le tribut d'admiration qui leur est dû, ne passe tout de même qu'après les contemporains, la théoricienne de l'Etre y va de son petit « Discours sur les misères de ce temps ». Elle vaticine en ces termes :

Mais tant que la Liberté ne sera pas l'œuvre d'Hommes libres en eux-mêmes ; tant que le Bien Etre ne sera pas le Savoir-Etre et la science de la Vie selon le But de Vérité et de Justice ; tant que l'Amour conscient ne répandra pas la Beauté et la Bonté pour tous les enfants de notre pays, le plus apte à réaliser la Vie par la Liberté, le Bien-Etre et l'Amour conscient, et d'en enseigner la science à l'Humanité, la guerre morale et intellectuelle, plus redoutable, plus pernicieuse, plus ruineuse que toutes les guerres, restera permanente au sein de la paix armée ; elle nous empêchera de résoudre efficacement le problème que tiennent (*sic*) dans l'esclavage, la faiblesse, l'ignorance et la pauvreté (p. 13).

N'est-ce pas qu'on croirait lire de l'allemand, où c'est l'usage d'écrire par une majuscule tous les substantifs ?

Chemin faisant, la grande maîtresse en l'art de « penser » rencontre la Sensibilité. Mais que ne rencontre-t-elle pas dans son bavardage à travers champs ? Elle nous la présente ainsi :

Tout ce qui se manifeste est la vie, tout est Etre. Tout ce qui vit est être et est sensible à sa manière. Tout ce qui existe est sensibilité (p. 16)[1].

---

1. Se rappeler Shakespeare : « Des mots ! des mots ! des mots ! ». Le « féministe » Poulain de la Barre, si cruel pour les « Bas-bleus, » semble avoir jugé par anticipation Mme Martial quand il écrit : « Je ne conçois pas comment un homme raisonnable peut acquiescer au fond de

Suivent deux pages (qui en valent quatre) de ce style cacophonique, qui nous font aboutir à une digression sur la Conscience, qu'elle quitte bientôt pour en revenir à sa définition de la Sensibilité, qu'elle ne se souvient plus qu'elle a déjà commencé à définir. Elle se noie dans ses définitions, et, au bout du compte, elle n'est jamais allée plus loin dans l'exposé de son « système » que jusqu'aux définitions. Son livre est un vestibule qui ne mène nulle part, mais qui est construit par Dédale. Quand vous croyez qu'elle a fini de définir, elle recommence. Ainsi, tournez la page (c'est la page 20), et vous tombez sur une redéfinition, celle de la Sensibilité « française », car il paraît que celle-ci est d'une tout autre étoffe que l'allemande ou l'anglaise. Littérairement ou artistiquement, je ne dis pas, mais physiologiquement? Tout le long du livre, ce sera comme cela. Voyez par exemple la définition de la Morale dans le chapitre *Vers l'harmonie !* où elle semble avoir pris comme gageure de parler de l'Harmonie aussi peu harmonieusement que possible.

> *La morale est donc l'ambiance réelle de l'Etre humain*, vivant *selon la loi qui répond à sa force qualitative*[1]. C'est le mode de vie qui convient à l'Humain réalisé, *état naturel de l'humanité*[1], c'est-à-dire connaissant ses pouvoirs et ses moyens, en étant le maître et le conducteur au lieu d'en être l'esclave, et sachant employer sa force qualitative pour gagner l'existence et la vie : mode dans lequel l'usage de la vie est selon les lois de la vie elle-même ; la notion intelligente de ce qui est et son application, que seul l'Etre humain, élément supérieur de la planète, peut exprimer et réaliser (p. 147).

Nous disions donc que Mme Martial avait fait ce qu'elle a pu pour embrouiller les notions communes sur la Sensibilité.

---

l'âme à des choses qui répugnent à ce qu'il sent, ou à *des mots dépourvus d'idées* sur lesquels l'esprit n'a point de prise. Les pensées sont pour nous faire entendre aux autres ; et c'est étouffer le désir que nous avons de savoir, et aller contre la nature et la perfection de l'esprit que de *s'arrêter à de purs sons.* » (*De l'éduc. des dames*, 2me entretien, p. 79).

1. Souligné dans le texte.

De là, elle passe au « savoir-vivre, à la science de la vie et à l'art de la vie », qui n'est fichtre pas simple, je vous le garantis, chez Mme Martial! Mais c'est un esprit subtil qui a pris très à la lettre le mot de Sénèque : « Res est difficilis vivere ».

En passant, elle esquisse une moue dédaigneuse à l'adresse de la Religion qu'une penseuse comme elle fait profession de mépriser.

La religion suffit et va bien aux époques de stagnation tourmentées par l'ignorance, la peur de tout, l'erreur et la petite guerre entre voisins gênés dans leurs démarcations. C'est la lumière dans les ténèbres. Mais dès que la clarté du jour se dévoile dans l'Idée de liberté et par la science, c'est le soleil seulement, mais le soleil resplendissant, qu'il faut à l'intelligence et à l'âme humaines (p. 22).

Il est temps de conclure, ou plutôt de *concluer* [1], comme s'exprime Mme Martial, qui est une métaphysicienne et non une grammairienne.

Voici la péroraison de ses « prolégomènes » :

Mais en même temps qu'elle cherche à asservir et à déjouer par la microbiologie, les êtres que la nature naturante, la matière vivante suscite en elle-même, dans les produits morbides de son foyer vital, il faut qu'elle comprenne que ces efforts, ces travaux, ces améliorations ne valent qu'autant que, moralement et intellectuellement, dans toute sa sensibilité, elle se sentira maîtresse de la nature; et qu'heureuse de connaître le but de bonheur et de noblesse, de dignité d'existence pour laquelle (*sic*) elle est faite, elle saura par la lumière et la chaleur intérieure rendues libres et agissantes en elle, conquérir la vie triomphante et faire luire le soleil dans son harmonie intime, capable de se reverser en puissance et en direction sur ce qui l'entoure...

Conquérons notre véritable état naturel, l'Humain, que le moral

1. « *Concluera* par analogies » (p. 26). Le livre fourmille d'exemples de « cacographie » burlesque. Si Mme Martial n'a pas créé de système en philosophie, elle a créé une langue, la sienne.

et le conscient réalisés en nous rendront apte à traduire le psychique, en exerçant le spirituel. Sachons faire mouvoir par tous nos moyens, rationnellement mis en œuvre, la loi de Progrès qui porte la notion intelligente de ce qui est et de ce qui doit se produire; et nous goûterons, dans tout notre être, ce bonheur désiré, que peut seul procurer le travail d'une extension féconde, utile et bienfaisante pour soi et pour tous : *la joie de vivre tout entier, par la vérité qui vit, et pour elle, en sachant et en voulant en préparer l'extension dans le social.* [1] (p. 23).

Et le vers malicieux de Molière vous revient à l'esprit :

On cherche ce qu'il dit après qu'il a parlé.

De telles élucubrations ne laissent d'autre alternative que l'admiration ou l'hilarité. Je prends pour ma part résolument le second parti, me souvenant de la maxime attribuée à Raphaël : « Comprendre, c'est égaler ». Puissé-je ne jamais être si malheureux que de « comprendre » Mme Lydie Martial, puisque ce serait l' « égaler »!

Et dire que la directrice de l'Ecole de la Pensée avait un moyen bien simple d'échapper au ridicule! C'était d'intituler son livre : *Songeries d'un fumeur d'opium,* ou bien : *Visions apocalyptiques,* ou encore : *Ratiocinations humoristiques d'un lycanthrope en goguette,* que sais-je? Mais elle a préféré barytonner sur le mode grave, et c'est ce qui l'a perdue. Au moins que de pareilles « toquées » ne prétendent pas à régenter l'humanité et à lui « apprendre à penser ».

IV

Je vous fais grâce des autres chapitres, parce que ce serait toujours la même chose. Tous ces chapitres se suivent sans plus de logique que les grains d'un chapelet, et, circonstance aggravante, *ils se répètent!* On le voit bien, Mme Martial

1. Souligné dans le texte.

dédaigne les situations et les titres officiels. Si par exemple elle était simplement « docteur en philosophie », même de la plus humble des Universités suisses, elle saurait que ce n'est pas un *livre* qu'une enfilade de chapitres dont chacun est une espèce d'abrégé de tout l'ouvrage. Notre métaphysicienne n'a pas étudié l'anatomie : elle y aurait vu qu'un livre est un *corps*, formé par conséquent d'organes tous différents entre eux, mais concourant à une fin commune. Et c'est de cette variété même que résulte l'harmonie, cette harmonie dont elle nous vante tout le temps les charmantes douceurs, sans savoir ce que c'est.

Anarchie et logomachie, ainsi se résument la conception et l'élocution de Mme Martial. J'ai donné des spécimens de son doux gâtisme; j'en pourrais exhiber une foule d'autres. En réalité tout son livre n'est qu'une divagation soutenue. Ainsi dans son chapitre *Vers l'amour!* elle traite de la « première communion dans l'Eglise catholique »! Vous pensez bien que c'est pour saisir une occasion de dire des impertinences sur le compte de la religion. Dans son chapitre sur *la loi du progrès*, il est question du « baptême », car elle aime décidément se poser en « mère de l'Eglise ». O Madame, « pourquoi ces choses et non d'autres? », vous eût demandé Beaumarchais. L'imprévu de ses « déductions » a l'air d'une véritable gageure, comme son style a l'air d'un défi à la syntaxe. Son péripatétisme court à travers choux, ainsi qu'un chasseur, parti pour tirer ce qui se présentera et qui ne sait pas s'il va lever derrière le bouquet de bois qui est là un lapin ou un éléphant. Elle bat les buissons, et, au bout du compte, elle fait buisson creux. Car, ne vous y trompez pas, l'obésité soufflée de tous les grands mots qu'elle emploie remplirait à peine la tête d'une épingle. Elle se nourrit de viande creuse. Imaginez Bélise, la Bélise des *Femmes savantes*, qui broderait des variations sur « les mondes tombants » ou sur « le vide des petits corps »; c'est à peu près cela. *Vers la Vie* est au fond un désert d'idées et un océan de vague (sans *s*).

Vue de loin, cette masse imposante donne l'impression d'un penseur assis sur un rocher dans une attitude méditative. Quand on s'approche, on s'aperçoit que c'est tout simplement un bœuf qui rumine. La force cogitative de Mme Martial est en effet purement verbale. De là l'inextricable confusion de ses développements. C'est une réplétion d'idées qui s'épanche au dehors à tout propos et surtout hors de propos.

Nul « écrivain » ne nous fait mieux comprendre combien le don de l'expression est lié à la faculté même de concevoir. La netteté du style est une épreuve de la vérité : les pensées justes sont lumineuses par elles-mêmes. Or Mme Martial possède à un degré extraordinaire l'art de parler pour ne rien dire. Elle croit que ce qui est permis à une femme dans son salon lui est permis dans un livre, à savoir de *jaboter*. Mais le caquetage frivole transporté dans des matières de science est flétri du nom de *pédantisme*. Pédantisme implique prétention. Or si l'on peut pardonner, si l'on doit même savoir gré à quelqu'un de se « battre les flancs » pour animer une conversation languissante, on a le droit d'être très sévère pour l'auteur qui, sans y être obligé, se fait fort de nous enseigner ce qu'il n'a lui-même jamais appris.

Car il serait vraiment trop commode de déraisonner avec ivresse, de se prélasser dans l'extravagance comme une prune dans de l'eau-de-vie, pour être classé du coup parmi les « ouvriers de la pensée ». Il ne suffit pas de clouer des termes philosophiques à des idées d'une banalité écœurante pour être rangé d'emblée parmi les « penseurs ».

C'est pourtant l'illusion de Mme Martial, qui, parce qu'elle ne prononce pas dix paroles sans y mêler l'épithète de « *conscient* », s'imagine qu'en effet la conscience de l'humanité s'est incarnée en elle.

Somnia pythagorea...

Jamais un auteur n'a fait une consommation aussi exagérée du mot « conscient » : c'est une débauche, une orgie, une hantise, une monomanie. Mme Martial s'autosuggestionne avec son « conscient ». — Les « facultés conscientes », « le triomphe de l'Humain-moral-conscient » (p. 2 et 3), « l'épanouissement conscient et réversible (?!) de l'être » (p. 13), la « volonté consciente » (p. 165) etc., etc. Pour l'amour de Dieu, qu'est-ce que ce serait qu'une faculté qui ne serait pas « consciente », une volonté qui ne serait pas « consciente » ? Tautologie et verbiage ; griserie de mots. Bref, dans une certaine couple de pages de Mme Martial, j'ai vu reparaître le « conscient » jusqu'à *vingt-cinq* fois ! Mme de Sévigné disait qu'elle voudrait faire un bouillon des traités de morale de Nicole pour l'avaler. Mme Martial, elle, fait du « conscient » une solution dont elle se gargarise avec volupté et qui lui fait courir dans tout l'*Etre* mille petits frissons de plaisir. Ce glouglou métaphysique est pour sa gorge un chatouillement exquis et pour son oreille une musique céleste. — Le « conscient », ma chère, quel délice !

Qu'est-ce donc que ce « conscient » qui lui tient lieu de rime et de raison ? Elle veut bien nous l'apprendre, à sa manière et dans sa langue.

En un mot, *il ne faut pas que dans l'Etre humain,* vers lequel tous les organismes des êtres de la planète tendent, qui possède leurs moyens évolutionnels génératifs et reproductifs, et qui doit employer *selon l'ordre* tout ce qui est en lui pour se réaliser, *l'animal mange le végétal et le détourne de son rôle ;* il faut qu'il apporte, comme le végétal, sa valeur particulière au cerveau humain, et qu'il y porte ses moyens de puissance germinale-éclosive avant que la force sexuelle ait servi à la procréation physique ; il faut que l'Individu ait pris l'habitude et le besoin de l'élévation, par la communion, consciente en lui, du psychique, du moral et de l'intellectuel, et d'en faire sa volonté prépondérante, avant d'être enlizé sous la matière par son sexe et de rester dépendant des deux.

Ceci est le point fondamental et capital de l'Education humaine : celui qui détermine rationnellement, après surveillance et préparation vigilante, consciencieuse et sachante (*sic*) : 1° *la base de la spirale progressante* par la mise en œuvre et l'emploi rationnel du moteur de l'Etre; 2° *la cérébralité*[1], point terminus, réceptif et générateur de toute action et réaction sensible pour conception et fécondation; siège de la direction du moteur, de la sensibilité connaissante (*sic*) de toutes les facultés, et du travail que l'Intelligence, la Pensée et la Raison opèrent entre elles, en les employant avec la volonté consciente réalisée (p. 170-1).

— Mais cela ne définit pas plus le « conscient » qu'autre chose! — D'accord, mais cela est intitulé dans le livre : « Réalisation de la volonté humaine consciente ». Alors?

La « conclusion » même du livre est une sorte d'hymne en l'honneur du « conscient ». Il faut encore citer :

La France se doit à elle-même de garder à l'Humanité, à travers les manifestations et les appétits, le haut idéal, par elle entrevu, senti, proposé et voulu, qui exige que tout vive dans l'Etre humain; son corps, son cœur, sa pensée, son âme, son intelligence, sa raison et sa sensibilité consciente, et que tout cet ensemble concourt (*sic*) au Bonheur général et particulier du Social et de l'Individuel.

L'Education Humaine répond à ce grand œuvre. Elle apporte les moyens, en se conformant à la Loi de Progrès et en s'unissant à elle, de libérer, dans le vibrateur supérieur de la Planète, les principes de vie qui l'actionnent; de rendre leur vibration *lumineuse et radiante* dans la cérébralité humaine, et leur amour conscient, fécond et reversible en Beauté et en Bonté sur le social.

Elle donne le moyen de réaliser la loi morale, la conscience que chacun porte en soi; elle prépare l'exercice et assure l'éclosion des facultés et de la dignité Humaines; elle réalise en l'Individu la vie de notre Credo national et Humain :

Liberté-Egalité-Fraternité.

SACHONS, VOULONS et nous POURRONS en faire la rayonnance sociale de la Loi d'Ordre et d'Harmonie, PAR LA VIE, notion intelligente, libre et exprimante de ce qui est, devenue en tous,

LA VOLONTÉ CONSCIENTE (p. 199-200).

---

1. Ces divers passages sont soulignés dans le texte par l'auteur et non point malignement par le commentateur. « On pourrait aisément s'y tromper. »

Je pense que Mme Martial « sent où le bât la blesse », et qu'elle ne nous parle tant de cette entité philosophique que pour nous persuader, nous, qu'elle est elle-même « consciente ». C'est un stratagème pour prévenir nos objections et pour nous faire rentrer nos ironies dans le corps. Osera-t-on traiter d' « inconsciente » une femme qui n'aura eu que le mot de « consciente » à la bouche, et dans la bouche de qui ce mot aura toujours pris des proportions énormes? Ainsi Calino dit qu'il pleut quand Calino bave.

V.

Si ce n'était un monument d'absurdité et de cocasserie, « un je ne sais quoi qui n'a plus de nom dans aucune langue », je vous analyserais ce chapitre de l'*Education Humaine* dont j'ai cité plus haut le résumé « synoptique ». J'avais la ferme intention de le faire, pour vous bien montrer ce que c'est qu'une vraie féministe en fonction de philosophe, et que c'est la suprême expression du pédantisme. J'ai essayé à plusieurs reprises cette autopsie, mais à chaque fois :

Lassatae cecidere manus.

Il y faudrait un Brunetière, un Doumic ou un Faguet.

Pour moi j'ai dû y renoncer et jeter ma langue au chat. Je détacherai seulement de ce « monument » une aile, pour que par elle vous jugiez du « style » architectural de l'ensemble.

Il s'agit donc du programme de l'*Education Humaine* telle que l'entend Mme Martial.

D'abord quelques mots sur l'urgence de cette réforme pédagogique.

Chez l'enfant, l'ignorance de ce qui est, de lui-même, est complète, comme son impuissance et son incapacité le sont sans le secours d'autrui.

Il est esclave et prisonnier de ce qui l'entoure, de la nature, de la société et de lui-même. C'est la société, ce sont ses éducateurs de la première heure, les parents, la nourrice (?) qui doivent assurer la base de sa loi de progrès, savoir y déterminer rationnellement les points d'appui naturels, les éléments intérieurs et extérieurs qui lui sont indispensables pour progresser, après la mise en œuvre du principe actif de son être moral (p. 169).

Plan du Cours, qui ne contient pas moins de *dix* grandes pages in-4°.

1° Education Mécanique.
2° » Psycho-Physique.
3° » Germinale.
4° » Générative.
5° » Humaine.
6° » Constructive-Créative (*sic*).

Voici maintenant le fac-similé de la 3e partie de ce plan, la perle du volume :

ÉDUCATION GERMINALE

PSYCHIQUE SPIRITUELLE VÉGÉTALE MORALE

Action de l'Intérieur sur lui-même.

Ecole préparatoire de la pensée

L'Éducation Germinale éclosive, qualitative, —	correspond à l'expression qualitative, au moyen, au mode de reproduction du *règne végétal.*
Préparation de la Liberté des facultés psychiques. — Élévation des tendances. —	Préparation du terrain de culture germinale ; éclosion des germes particuliers existant dans l'enfant ; semence et culture. Véritable science appliquée de la Loi de Progrès, de l'Horticulture et de l'Hygiène morale.
Culture des facultés psychiques réceptives. —	Direction, orientation des tendances supérieures affectives et morales de l'âme vers la Vérité, l'Equité, la Beauté, la Bonté ;

Moyens : Idéal But selon la Vérité de la Vie. — Enseignement de la valeur de la vie et de la *sensibilité*. Son emploi. — Langage. —	vers l'idéal du But que doit atteindre l'Être Humain pour se réaliser dans sa valeur et sa dignité Humaines, dans l'Ordre et l'Harmonie qui sont la Loi morale, dans sa conscience et dans sa force qualitative, capable de lui faire gagner s. n existence et la vie, et de participer à la réalisation du But de l'Humanité : créer le plan social Humain-moral conscient selon la Justice et la Vérité pour tous.
Valeur et sens des mots. —	*Prise de possession consciente* par l'enfant, pendant la période de culture intensive, de 9 à 13 ans, *de sa sensibilité psychique intellectuelle.*
Enseignement de la Valeur Humaine, morale consciente ; de sa réelle dignité ; de sa responsabilité. —	Culture et préservation *du sens de l'Ouïe*, qui est le sens de l'entendement duquel on doit se méfier le plus au point de vue éducatif : il est ouvert à tout et ne peut pas se fermer.
Mise en activité des facultés psychiques indispensables au travail de l'Intelligence. —	Influence de la parole, de la lecture, de la musique, du chant, pour entretenir et intensifier l'aspiration consciente vers la réalisation Humaine morale. Poésie.
Détermination de l'Humain-moral. —	Habitude de l'observation, de la concentration, de la méditation selon le But de Vérité : savoir et se connaître en toute intégrité (p. 175).

La 4e partie, consacrée à l' « éducation générative rationnelle », contient un alinéa assez inquiétant et que je laisse admirer aux disciples du Robin de Cempuis. Le voici :

Liberté de l'Intelligence, connaissance de ses pouvoirs. —	Utilisation par l'éducateur de la mise en œuvre naturelle de foyer sexuel chez l'enfant, de l'ardeur et de la force générative,

Savoir-vivre. — Préparation du connaître pour choisir.	réceptive, fécondante, gestative, inconsciente, pour déterminer en lui l'évolution de l'être psychique, rationnel, intellectuel, moral (p. 176).

Un peu plus loin, « l'Ecole de la Pensée » s'affirme par la

Réalisation de la *Volonté consciente*, par la liberté de l'Intelligence et la liberté de l'Amour physique et spirituel de tout l'Etre en possession de sa sensibilité (hum!)

LIBERTÉ

LUMIÈRE INTELLECTUELLE ET CHALEUR DE L'AMOUR CONJUGANTES.

Radium humain.

Responsabilité.

Conscience vivante.

Moi humain

réalisé.

(p. 180).

Pour moi, qui n'ai point, Dieu merci, été élevé à cette « Ecole de la Pensée » et qui suis « enlizé dans la matière », je n'hésite pas à ranger à 15° au-dessous du bon sens et à 50° au-dessous du bon goût les conceptions de cette « Education Humaine ». Je crois que le public est assez du même avis, car il m'est revenu que les araignées tissent leurs toiles paisiblement dans les locaux de « l'Ecole de la Pensée ». Si l'Etat maçonnique n'accorde pas des subsides à ce charlatanisme « anticlérical » d'un nouveau genre....

Notez par parenthèse que tous ces grands inventeurs de réformes pédagogiques se déclarent mus à ce dessein par l'indignation que leur cause le « pédantisme » de notre éducation. A un pédantisme bénin, bénin, ils veulent en « substituer un abracadabrant et formidable. Si c'est là comme on améliore....

Je ne voudrais pas exécuter une métaphysicienne avec des critiques de « pion », mais de même que j'ai tenu à produire un fragment entier du bloc philosophique de Mme Martial, on me permettra de détacher une quelconque de ses phrases pour donner la sensation vive de son style. Je jure que je vais ouvrir le livre au hasard, car avec l'ahurissante Mme Martial on n'a que l'embarras du choix. L'expérience que je vais tenter pourrait donc se répéter à *toutes* les pages de *Vers la Vie*, sans nulle exception.

Cependant, il n'est pas téméraire d'affirmer que l'Etre humain, esprit, âme et *raison*, idée, pensée, amour, porte en lui avec les *raisons*, les moyens et le but de l'infiniment petit, des *raisons*, des moyens et un but tellement différents que ce qui se passe dans le ciron, si intéressant et admirable *cela* soit (*sic*), n'est qu'une faible partie de ce que l'Humain doit accomplir pour vivre, et que l'Humain porte en lui des pouvoirs et des facultés qui, contenant ceux et celles du ciron, les dépassent au point que ceux-ci ne sont plus des fins pour lui, mais seulement des moyens se rapportant à une branche de ses facultés (p. 60).

Voilà un échantillon, le premier venu, de ces phrases invertébrées qui sont la « manière » de Mme Martial. Cette « manière », c'est le style amorphe engendrant des périodes flasques formées d'une superfétation de propositions filandreuses. Cela fait masse et tas. C'est compact comme un pâté de charcuterie, mais d'ailleurs creux comme une meringue. Il y a plus de chair que d'os, plus de gélatine que de muscles dans ces « organismes » bouffis qui rappellent ces grosses Juives ou ces houris mafflues d'Orient. Une phraséologie de bazar, évoquant des langues pâteuses, des yeux noyés d'opium ou de hachisch, des coulées de guimauve plate et fluente à couper au couteau, des pêches trop mûres qui s'avachissent au toucher, voilà en effet les images qui vous viennent quand on lit et surtout quand on entend psalmodier Mme Martial. Et c'est avec ces empâtements d'expression et ces logogriphes de pensée qu'elle prétend nous endoctriner[1]!

VI

Un des mots les plus curieux de la langue allemande, c'est celui qui y sert à désigner un littérateur : *Belletrist.*

Le rapprochement de ce vocable avec le cas de Mme Lydie Martial s'impose à mon esprit invinciblement : c'est bien une *Belletrist* que cette métaphysicienne manquée.

Elle est un des exemples les plus frappants du désordre que peut causer l'illusion de la science dans une cervelle échauffée de féministe, ignorante des plus élémentaires lois du langage. *Et il en sera ainsi, hélas ! tant que Barbey d'Aurevilly sera mort !*

Je sais ce que me répondrait Mme Martial, si elle ne faisait profession de mépriser la « superficialité » (c'est de son style) des gens de mon espèce. Elle me reprocherait de n'avoir pas su bluter son grain et de n'en avoir tiré que la paille.

Il n'y a pas de ma faute. Je n'avais aucune prévention contre son esprit en abordant ses ouvrages et j'avais une prévention en faveur de sa personne.

Mais le découragement m'a pris à essayer de dévider les fils, emmêlés jusqu'à l'invraisemblance, de sa bobine.

---

1. A un banquet féministe auquel assistait Mme Martial, ma voisine de table m'« interviewait » sur le compte de « la fameuse Lydie » et me demandait de lui donner une idée de sa « manière ». Je m'exprimai à peu près en ces termes : « Madame, ne trouvez-vous pas que ce potage a des combinaisons dont le soulèvement pourrait se sous-entendre sans nuire à l'austérité des fonctions illusoires et des facultés conscientes, selon ce que le fluide cosmique, moteur essentiel et vibrateur de l'Etre peut avoir à manifester ? » Je crois ce pastiche assez fidèle. Comme jeu de société, je le recommande.

Aussi bien l'oraison funèbre qui lui conviendra un jour — fasse le Ciel que ce jour soit encore lointain, car le jargon de Mme Martial manquerait trop à nos plaisirs! — sera quelque chose de ce genre :

Elle resta chez elle et *brouilla* de la laine!

CHAPITRE SIXIÈME

UN CALENDRIER FÉMINISTE, INCIDEMMENT Mme ACKERMANN ET DANIEL STERN, PSEUDO-FÉMINISTES.

I

J'ai trop souvent cité au cours de ce livre *L'Almanach féministe illustré* [1], pour que je puisse poser la plume sans lui consacrer quelques pages spéciales.

D'ailleurs cette petite publication, malgré son insignifiance, soulève implicitement une question d'ordre général que, il est vrai, nous avons déjà rencontrée dans le chapitre premier de ce volume. Cette question, c'est la confusion créée entre les deux idées si opposées d'*empire féminin* et de *féminisme*.

Grâce à cette confusion, involontaire ou malicieuse, je ne me prononce pas là-dessus, la rédactrice a pu aisément trouver les 365 (et même 366 quand l'année est bissextile) *saints* de son calendrier d'un nouveau genre. Mais sans cette confusion elle n'aurait pas eu de quoi garnir un seul mois, même le mois de février.

A l'aide de cette équivoque, elle aurait pu sans peine fournir à une olympiade ou à un lustre, aussi facilement qu'à une année, car les femmes qui ont primé dans un genre *quelconque*, depuis que le monde existe, se chiffrent par milliers et non par centaines.

1. Se trouve à l'*Union fraternelle des femmes*, 13, rue du Moulin de la Pointe, Paris.

Que résulte-t-il de ce dénombrement plutôt « éclectique » où le Père Enfantin, Victor Hugo (pourquoi lui? Lui toujours, lui partout, donc?), Mme de Sévigné, Artémise Ier, Marianne (?) voisinent avec telle chanteuse ou telle ballerine, la Camargo par exemple?

Il en résulte qu'après l'avoir parcouru on ne sait plus où l'on en est avec le féminisme. Tout simplement.

Que faut-il entendre par « féministe »? M. Willy est féministe. Stuart Mill l'est aussi. Octave Feuillet est-il féministe, parce qu'il a pris habituellement les femmes pour héroïnes de ses romans, ou bien est-il antiféministe, parce qu'il a dit que certaines jeunes filles tiennent des conversations « à faire rougir un singe »? M. Marcel Prévost, en tant qu'auteur des *Lettres à Françoise*, ou à *Françoise mariée*, semble féministe, mais en tant qu'auteur des *Vierges fortes* ou des *Demi-Vierges*...

Par un certain biais, Racine, notre grand Racine, est féministe, puisque la femme domine l'homme dans son théâtre, mais par un autre biais il est aussi antiféministe que possible, puisqu'il montre que l'homme trouve en la femme son tourment, son tyran, son ennemi.

Le romancier éloquent qui nous peint la femme dominatrice, mais serve de ses passions, ou le romancier mondain qui nous la peint frivole, vraie poupée de salon, ou le sociologue qui célèbre la femme sérieuse, laborieuse, austère, la matrone enfin, chacun de ces écrivains

Inter quos referendus erit?
... Excludat jurgia fines.

Du côté des femmes, même embarras. Il y a telle femme dont le talent ou le génie a fait honneur à la femme, Mme de Maintenon, Mme de Staël, Mme Ackermann, Daniel Stern, par exemple, mais dont les « opinions », clairement exprimées, ont nettement condamné l' « émancipation » de la femme. Pourtant le *Calendrier* se les adjuge comme « patronnes ».

Telles autres femmes n'ont ni connu ni par conséquent jugé le féminisme, ou ce qui en tenait lieu de leur temps : Mme de La Fayette, Mme Caylus, Mme Tastu, etc. — Rangées aussi au nombre des « féministes » par le *Calendrier*.

Des femmes, célèbres à des titres divers, sainteté, guerre, politique, beauté, beaux-arts, etc. : Jeanne d'Arc, les deux Catherine, Marie de Médicis, Mme Vigée Lebrun, Adrienne Lecouvreur, par exemple, doivent leur gloire à tout autre chose qu'au « féminisme ». Classées néanmoins dans les héroïnes « féministes. »

Bref, l'*Almanach* brouille tout, confond tout, tire au féminisme toutes les gloires, demi-gloires ou glorioles *féminines* indistinctement.

« Féministes » les Romaines Clélie et Cornélie.

« Féministe » Didon, la reine de Carthage.

« Féministes » la Champmeslé, la Malibran, la Ristori... en attendant la Patti.

« Féministes » la Dugazon et la Guimard.

« Féministe » Angelica Kauffmann, « la bonne Angélique » de Gœthe.

Etc., etc., etc.

Viennent brocher par là-dessus quelques réputations masculines : Diderot, Mgr Dupanloup, Lamartine, etc., dont le « féminisme » est tout au moins discutable.

A ce compte, qui n'est pas féministe ?

Il faudra donc appeler aussi « féministes » les femmes-modèles qui posent pour le nu dans les ateliers de sculpteurs ou de peintres, sous prétexte que ces femmes auront été célèbres par la perfection de leurs formes plastiques ! Pourquoi pas, puisque le *Calendrier* se réclame de femmes comme la Guimard et la Camargo, dont on ne saurait dire autre chose que le fameux : *Saltavit et placuit* des Latins ?

Et cependant nos neveux verront à tout jamais exclues de

ce « livre d'or du féminisme » des femmes comme Mme Neera, la romancière italienne dont j'ai parlé plus haut (chap. II), laquelle a illustré son sexe, mais a eu le malheur d'écrire un livre contre les turlutaines et aberrations féministes !

C'est ainsi que le féminisme pratique la justice distributive. La coterie y décide de tout.

Les féministes n'auront pas été heureuses dans leur tentative pour se fabriquer des « lettres de noblesse ». Leur *Almanach* les aura encore un peu plus couvertes de ridicule, ainsi qu'on pourra s'en convaincre en dégustant une tranche, la première venue, du calendrier burlesque qu'il contient.

Soit par exemple le mois de *janvier* de l'année « féministe ».

II

M. 1 (*Jour de l'An*). — AGNODICE, célèbre femme-médecin avant J.-C. 500.

Je connais force féministes, tant vivants que morts, mais j'avoue que je ne connaissais pas *Agnodice* comme féministe, et que je ne la connaissais même pas du tout. Il me semble qu'on aurait pu trouver mieux pour ouvrir l'année féministe que cette obscure émule d'Hippocrate et de Galien. J'ai interrogé des médecins sur le compte d'Agnodice ; ils n'en avaient jamais entendu parler. Décidément *Agnodice* me rend rêveur...

J. 2. — CABET, réformateur et écrivain féministe, 1788-1856.

A la bonne heure ! avec *Cabet* nous voici en pays féministe, mais aussi en pays d'utopie et de communisme. Comment l'*Almanach* n'a-t-il pas senti tout ce qu'avait de compromettant pour la cause féministe le patronage du fondateur d'Icarie ?

V. 3. — SAINTE GENEVIÈVE, héroïne et médiatrice, 422-512.

On éprouve quelque ahurissement à voir rattachée au « féminisme » la glorieuse et sainte patronne de Paris. Comment se fait-il que les féministes se réclament du patronage de certaines *saintes* alors qu'ils rompent en visière à l'Eglise, et que l'Eglise condamne la licence et le dérèglement qui s'enveloppent des oripeaux du féminisme?

S. 4. — Sophonisbe Angosciola, célèbre peintresse italienne, 1535-1620.

N'a-t-on pas exagéré quelque peu la « célébrité » de cette peintresse pour les « besoins de la cause »? Les artistes que j'ai consultés à son sujet me disent que la peinture de Sophonisbe n'avait rien de spécialement « féministe ».

D. 5. — Laure de Surville, née de Balzac, auteur de *Balzac*, *Contes*, etc., 1800-1871.

En fait de Surville, on se serait plutôt attendu à voir intervenir ici la poétesse *Clotilde de Surville*, dont les œuvres gracieuses ont été publiées seulement il y a un siècle. Mais, hélas! pas plus Clotilde que Laure n'a rien à voir avec le « féminisme ». Seulement, comme Clotilde a vécu au XVe siècle, c'était plus flatteur de remonter jusqu'à une contemporaine de Charles d'Orléans et de Villon.

L. 6. — Mme Dorval, célèbre actrice française, 1798-1849.

Mme Dorval fut beaucoup plus l'amie d'Alfred de Vigny, « antiféministe » passionné, que l'amie du féminisme. C'est d'ailleurs une grande illusion des féministes de croire que les actrices, et surtout les actrices célèbres, soient pour eux. Les actrices, et même les simples « acteuses », ont trop à se louer des hommes en général pour pactiser avec les féministes. Le recensement qui doit avoir présidé à la confection du calendrier féministe a été bien mal fait décidément.

M. 7. — Eugénie Niboyet, journaux, ouvrages féministes, etc., 1797-1883.

Va pour Eugénie Niboyet!

M. 8. — Mme de la Sablière, protectrice de La Fontaine, 1636-1693.

Protectrice par conséquent du poète qui a écrit :

> Ce n'est rien... c'est une femme qui se noie.

S'il est permis de juger des opinions féministes de Mme de la Sablière d'après le caractère de son « protégé », il faut la rayer, elle aussi, du calendrier.

J. 9. — Lucile Desmoulins, femme dévouée de Camille D., 1771-1794.

Argument comique. Il suffit d'être la « femme dévouée » d'un homme pour appartenir au clan féministe! Alors pourquoi les féministes cherchent-ils à « démolir » le mariage?

V. 10. — Louise Michel, célèbre révolutionnaire, 1830-1905.

Celle-là, « la Vierge rouge », est authentiquement féministe. Seulement qu'on prenne garde qu'on identifie ainsi officiellement le terme de *féministe* et celui de *révolutionnaire*. Aveu à retenir.

S. 11. — Olympe Audouard, auteur de *Gynécologie*, etc., 1830-1890.

Adopté! Il semble que le prénom d'Olympe vous prédestine au féminisme : Olympe de Gouges....

D. 12. — Charles Perrault, auteur d'une *Apologie des femmes*, 1628-1703.

Charles Perrault possède à son actif heureusement d'autres œuvres que cette plate réponse à la satire un peu grossière de

Boileau contre *les Femmes*. La portée « féministe » de cette polémique n'existe d'ailleurs ni de part ni d'autre : cet incident ne fut qu'un petit épisode d'une grande querelle, celle des Anciens et des Modernes.

L. 13. — Catherine de Vivonne, *salonnière (sic)*, 1588-1665.

Ce mot de « salonnière » me désarme. Il faut tout pardonner à quelqu'un qui appelle la marquise de Rambouillet une « salonnière ».

M. 14. — Jeanne d'Arc, héroïne du patriotisme défensif, 1412-1431.

La crainte de contrister Thalamas et Hervé est pour les féministes le commencement de la sagesse. Admirez cette restriction à « patriotisme » : *défensif!* Ces gens-là semblent préoccupés d'*excuser* Jeanne d'Arc et ne l'admettent que par grâce dans leurs fastes!

M. 15. — Antoinette Bourignon, réformatrice, esprit original, 1684-1780.

Parlons-en mieux : cette femme « originale » fut en réalité une folle, oui, qui fut chassée comme telle de tous les pays où elle cherchait à se fixer. Ses œuvres *mystiques* forment un total de 22 grands volumes! Elle dépasse encore Mme Camille Renooz!

J. 16. — Mme de Sablé, auteur de *Maximes*, 1598-1678.

Je pense qu'il n'y eut guère de « féministe » en la marquise de Sablé que sa séparation d'avec son mari et le peu de régularité de ses mœurs.

V. 17. — Comtesse de Cinchon, importa le quinquina en Europe (?? dates).

Le calendrier féministe ignore que cette découverte se fit au XVIIe siècle, en 1632.

Mais je ne savais pas que le « féminisme » s'étendît jusqu'à la pharmacie. S'il s'était agi de l'*hellébore*, je ne dis pas....

S. 18. — EDOUARD LABOULAYE, *Rech. sur la condit. civ. et pol. des femmes*, 1811-1883.

On pourra lire tout Laboulaye d'un bout à l'autre, on n'y trouvera pas une ligne qui justifie ou approuve aucune des « revendications » des « militantes » d'aujourd'hui. Encore un qui a usurpé sa place !

D. 19. — MME BOURETTE, dite « Muse limonadière », poétesse, 1714-1784.

?

L. 20. — ANG. DUCHEMIN, Vve Brulon, sous-lieutenant, décorée pour faits d'armes, 1772-1859.

Le féminisme s'étant ouvertement rallié à l'hervéisme, il y a quelque impudence de sa part à se réclamer d'une héroïne militaire, dont la vie et le nom même est un désaveu de l'antipatriotisme que prônent nos féministes.

M. 21. — ANNE D'AUTRICHE, régente, fit construire le Val-de-Grâce, 1601-1666.

Si, au lieu du Val-de-Grâce, Anne d'Autriche eût fait construire Charenton ou Bicêtre, il y aurait quelque lieu de rappeler son nom à l'occasion de services rendus au « féminisme ». Mais dans l'espèce je ne vois pas....

M. 22. — DORA D'ISTRIA, érudite et écrivain ; auteur de : *Des femmes*, 1828-1888.

?

J. 23. — MISS HELEN BLACKBURN, directrice de la *English Woman's Review* ?-1903.

Périodique sans notoriété et que c'est tout au plus si quelques « suffragettes » d'outre-Manche connaissent. Il faut d'autres titres pour figurer dans un *calendrier !*

V. 24. — Mme de Duras, « salonnière », auteur d'*Ourika* et d'*Edouard*, 1778-1829.

J'avoue qu'en ma qualité d'antiféministe, c'est-à-dire d' « ami des femmes », c'est une souffrance pour moi de voir affubler d'authentiques grandes dames de cet ignoble caracot : *salonnière*. Si c'est ainsi que les féministes entendent la coquetterie....

Les deux romans de la duchesse de Duras, si distingués de style et si délicats de sensibilité, n'ont aucune teinture et n'exhalent aucune odeur de « féminisme ».

S. 25. — Mme de Genlis, *Mémoires* et ouvrages sur l'éducation, 1746-1830.

Faut-il que la rédactrice de l'*Almanach* ait la main malheureuse! Elle a été dénicher dans l'amas formidable de ce géant du Bas-bleuisme, Mme de Genlis, précisément l'une de ses œuvres les plus éhontées, œuvre sénile où la vieille dame n'avait plus à elle ni toute sa tête... ni toute sa tenue. Mme de Genlis avait été autrefois l' « amie » du Régent... et c'est tout dire sur le compte de ses mœurs. Elle tâcha sans y réussir à faire prendre le change sur ses dérèglements en composant des traités et des romans moraux, « ennuyeux comme la pluie ». Car, lorsqu'on ne défend la vertu que par système ou par politique, il y a un je ne sais quoi qui vous trahit toujours. Beau cadeau pour le « féminisme »!

D. 26. — Anne de Bretagne, capacités politiques, 1476-1514.

Soit, et puis après? Richelieu aussi eut des « capacités politiques », et il portait aussi une robe!

L. 27. — Mme Ehrmann, née Brentano, ouvr. consacrés à l'éduc. des femmes, etc., 1755-1795.

Je dois convenir que « j'ai peu lu cet auteur ». Mais je doute fort que l'*esprit* dans lequel cette Allemande théorisa sur l'éducation des femmes fût « féministe ». Il se peut fort bien qu'on fasse un *Traité sur l'éducation des filles* et qu'on s'y montre fort peu « féministe ». Témoin Fénelon ou Mme de Maintenon. Or une des... distractions les plus phénoménales de l'*Almanach* c'est de ranger, un peu plus loin, *Fénelon* parmi ceux qui ont bien mérité du féminisme. Je vous dis que le dépouillement de ce petit calendrier est quelque chose de très divertissant....

M. 28. — Mme d'Houdetot, amie de J.-J. Rousseau et célèbre par son esprit, 1730-1813.

Encore une qui, peu certaine de l'autre vie, commença par jouir solidement de celle-ci et ne se tourmenta guère d'aucune espèce « d'apostolat » ! D'ailleurs ce devrait être une mauvaise recommandation auprès des « féministes » que d'avoir été l'amie d'un grand *féminin*, mais énergiquement antiféministe.

M. 29. — Falcon, célèbre cantatrice française, 1814- ?

J'attends qu'on me dise en quoi la réputation de la Falcon intéresse le « féminisme ».

J. 30. — Sainte Bathilde, célèbre par sa capacité et sa vertu, ?—680.

Eh ! Madame la rédactrice du Calendrier, si sainte Bathilde a été canonisée pour sa « vertu », c est justement pour cela que les « féministes » devraient s'abstenir de profaner son nom en le prononçant ! Ne sentez-vous pas tout ce qu'il y a de choquant à aligner côte à côte une sainte de l'Eglise et une Louise Michel ? Un peu de goût, si plus ne passe !

V. 31. — Hippolyte Clairon, une des plus célèbres tragédiennes françaises, 1723-1803.

Même observation que pour la Falcon, avec cette remarque de plus que la tragédie française n'avait guère passé jusqu'ici pour être une école de « féminisme ».

III

En résumé, sur 31 noms, il en est 3 qui sont de féministes authentiques, 4 de féministes non identifiés, et 24 de personnes aussi peu féministes que vous et moi.

Voilà ce que nous offre le *Calendrier* pour janvier. Les autres mois sont à l'avenant. Sans aucune vergogne l'*Almanach* s'annexe les talents ou les notoriétés les plus contradictoires avec le féminisme proprement dit : Mme de Staël, qui a réfuté tout le féminisme d'un mot incisif quand elle a dit : « la gloire d'une femme est le deuil éclatant du bonheur » ; Mme Ackermann, dont j'ai cité plus haut (chap. I) diverses réflexions condamnant le mouvement féministe ; Daniel Stern (Comtesse d'Agoult), ce « singe » de George Sand, mais qui se brouilla avec elle et surtout se sépara d'elle dans la question de l' « émancipation » de la femme, tout « émancipée » qu'elle fût elle-même, etc., etc.

L'ANTIFÉMINISME DE Mme ACKERMANN

Le lecteur connaît déjà Mme Ackermann. Il a vu par mainte citation que nous avons faite de cette femme célèbre qu'elle réprouvait nettement toute agitation féministe. Voici une « note » *inédite* qu'elle adressait à Barbey d'Aurevilly au lendemain de la publication des *Bas-bleus* [1].

Vous me demandez mon opinion sur les femmes, la voici :

La femme, comparée à l'homme, est un être inférieur. Elle existe avant tout pour remplir des fonctions physiques. La principale de ces fonctions est la reproduction de l'espèce. La femme con-

---

1. Cédant à des scrupules très honorables, Mlle Louise Read, la pieuse exécutrice testamentaire de Barbey et l'éditrice des *Pensées d'une solitaire* de Mme Ackermann, n'a pas voulu joindre ce morceau aux *Pensées*. Du moins me permet-elle d'en faire tel usage que bon me semblera. « Utor permisso ». Daigne Mlle Read agréer l'expression de ma gratitude profonde.

çoit, met au monde et nourrit, puis elle recommence, jusqu'à extinction de puissance génératrice.

Malheureusement, elle ne peut accomplir son œuvre toute seule; il lui faut un collaborateur. Tous ses désirs, tous ses efforts ne vont qu'à l'obtenir. Attirer et séduire, afin d'induire l'homme à l'acte, voilà la grande affaire de sa vie. Elle l'accomplit d'instinct, à ses risques et périls, et presque toujours inconsciemment. Instrument aveugle entre les mains de la Nature, elle seconde admirablement les desseins de cette mère égoïste et impitoyable. Mais, autant celle-ci n'y regarde pas lorsqu'il s'agit d'atteindre son but, autant elle a soin d'éviter les prodigalités inutiles. Si donc d'un côté elle a doué la femme de charmes divers et irrésistibles, de l'autre *elle lui a refusé toute sérieuse capacité intellectuelle. La femme ne possède qu'une intelligence bornée.* Les conceptions élevées, les notions abstraites n'ont pas de place dans son étroit cerveau. Ne lui parlez pas de déduire ni de raisonner; elle n'obéira jamais qu'à des impulsions aveugles, irréfléchies. Aussi est-ce une véritable bonne fortune lorsque la voie où elle est engagée n'est pas mauvaise, car il n'y aurait pas moyen de l'arrêter. Autant vaudrait, selon le Dr Richet, essayer avec des exhortations et de beaux discours de ralentir une locomotive en marche. Eh bien! malgré cette infériorité intellectuelle avérée, il s'est rencontré de nos jours un certain nombre de femmes qui se sont posées en artistes, en écrivains. *Elles sont sorties de leur sexe* et ont rompu ouvertement avec lui; quelques-unes même, il faut bien l'avouer, ont produit des œuvres distinguées. Mais, quel que soit le succès qu'elles ont obtenu sur ce terrain, il n'en est pas moins évident que *le Bas-bleu est un être contre nature, un monstre dans toute l'acception du mot.* On ne peut concevoir et mettre au monde de deux côtés à la fois.

La société ni la famille n'ont d'ailleurs à se louer d'un pareil phénomène. S'imaginant posséder les facultés du sexe masculin, le Bas-bleu commence par en prendre toutes les libertés. De là le dérèglement ordinaire et presque inévitable de ses mœurs[1]. Lorsque, d'une main, elle prend la plume, de l'autre, elle a déjà jeté son bonnet par-dessus les moulins. Les femmes de cette ca-

---

1. Me sera-t-il permis d'interrompre Mme Ackermann pour confirmer d'un mot ce qu'elle vient si éloquemment d'exprimer? Un des derniers volumes qui aient paru au moment où j'écris ces pages (septembre 1908) est intitulé : *Le Droit au plaisir* (voir ci-dessus, pages 89 et 90). Il a pour auteur une femme naturellement. Il est cynique, naturellement.

tégorie possèdent même une manière à elles d'éveiller le scandale. C'est par là qu'elles mettent le comble à leur monstruosité.

Louise ACKERMANN.

Il sera bien difficile, après une profession de foi aussi décisive, un témoignage aussi écrasant, de continuer à embrigader Mme Ackermann parmi les « féministes ». C'est la fin d'une légende...

J'ai pour finir à faire la même démonstration à l'égard de Daniel Stern que, non moins injustement, les féministes tirent à elles. Voici donc un extrait de ses *Esquisses morales*, qui contiennent en effet des pages exquises.

L'ANTIFÉMINISME DE DANIEL STERN [1]

La femme est plus voisine que l'homme de la nature. En dépit de la Genèse, je serais tenté de croire qu'elle l'a précédé dans l'ordre de la création (p. 130)... Dans ses plus brillantes manifestations, le génie féminin n'a point atteint les hauts sommets de la pensée; il est pour ainsi dire resté à mi-côte. L'humanité ne doit aux femmes aucune découverte signalée, *pas même une invention utile.* Non seulement dans les sciences et dans la philosophie elles ne paraissent qu'au second rang, mais encore dans les arts, pour lesquels elles semblent si bien douées, elles n'ont produit aucune œuvre de maître. Je ne veux parler ici ni d'Homère, ni de Phidias, ni de Dante, ni de Shakespeare, ni de Molière; mais le Corrège, mais Donatello, mais Delille ou Grétry, n'ont point été égalés par les femmes. Et, chose plus singulière, aucune de ces œuvres d'imagination qui retracent en caractères universels les grands mouvements de la passion, les souffrances de l'amour et les types idéals de la beauté féminine, n'est due au sexe qui devait si bien les connaître. *Il y a là de quoi déconcerter un peu les partisans de l'égalité.* Voyons si la science leur sera plus favorable. Hélas! il m'en coûte de le dire, la physiologie moderne leur porte de rudes coups. Elle constate chez la femme une structure plus frêle, une complexion plus molle, et jusqu'à une constitution cérébrale qui

1. Je cite d'après l'édition de 1880 (Calmann-Lévy).

lui rendent difficiles cette vigueur et cette continuité de méditation qui font les hommes de génie (p. 133-4).

Ce qui manque essentiellement à l'esprit des femmes, c'est *la méthode*. Par là le hasard s'introduit dans leurs raisonnements, et trop souvent aussi dans leurs vertus (p. 137).

Ce qui égare les femmes, c'est *l'esprit de chimère*. Elles le portent dans tout, en religion, en amour, et jusque dans la politique, quand elles y touchent (p. 138).

Toute action directe, toute participation aux affaires publiques, étant *par nos mœurs* interdite aux femmes, le talent n'est pour elles qu'une excitation vaine; la célébrité les condamne à un isolement retentissant (p. 139)[1].

Il me déplaît que les femmes pleurent si abondamment. Elles sont victimes, disent-elles, mais victimes de quoi? de leur ignorance qui les rend aveugles, de leur oisiveté qui les livre à l'ennui, de leur faiblesse d'âme qui les retient captives, de leur frivolité qui leur fait accepter toutes les humiliations pour une parure, de cette petitesse d'esprit surtout qui borne leur activité aux intrigues galantes ou aux tracas domestiques... (p. 139).

Les femmes qui ont été malheureuses en ménage demandent le divorce; celles qui aiment leurs maris veulent l'indissolubilité du mariage : voilà toute leur logique. C'est une nécessité de la vivacité de leurs sentiments et de la faiblesse de leur raison de tout rapporter à l'individuel. Qu'elles me permettent à ce sujet une réflexion générale. Etant donnés (*sic*) son infériorité présente, ses connaissances bornées et son caractère amolli, *la faculté de changer d'époux ne serait pour la femme que la faculté de changer de maître.* Qu'y gagnerait-elle? de satisfaire la mobilité de ses caprices? Ce n'est point là le but de la vie. La fin d'un être libre, c'est de parvenir à toute la dignité, à toute l'excellence de sa nature. Or, pour que la femme atteigne cette fin, il est un divorce préalable, auquel je ne la vois pas songer : c'est le divorce d'avec son ignorance, d'avec sa frivolité, d'avec ses passions puériles. Par ce divorce, qu'il dépend d'elle de prononcer dès aujourd'hui, elle entrera en possession d'une liberté morale qui suppléera d'abord, puis nécessitera la liberté domestique et civile. Sans ce divorce intime, l'autre demeurerait sans fruit; la condition féminine n'en serait ni meilleure, ni pire (p. 145-6).

1. Cette phrase sur le « splendide isolement » auquel est condamnée la femme par les mœurs (et non par les lois), semble une paraphrase éloquente du fameux trait de Mme de Staël.

La plupart des femmes passent sans transition de l'hypocrisie au cynisme. Combien peu s'arrêtent à la sincérité! (p. 153).

Penser est pour un grand nombre de femmes un accident heureux plutôt qu'un état permanent. Elles font, dans le domaine de l'idée, plutôt des invasions brillantes que de régulières entreprises et des établissements solides. Leur propre cœur est cette perfide Capoue qui les séduit et les retient souvent à deux pas de Rome.

Les femmes ne *méditent* guère[1]. Elles se contentent d'entrevoir les idées sous leur forme la plus flottante et la plus indécise. Rien ne s'accuse, rien ne se fixe dans les brumes dorées de leur fantaisie. Ce ne sont qu'apparitions rapides, vagues figures, contours aussitôt effacés. On dirait qu'elles n'ont nul souci de la vérité des choses, et que leur esprit n'a commerce qu'avec ces personnages énigmatiques de la scène grecque qu'Aristophane appelle *les célestes nuées, divinités des oisifs* (p. 157).

IV

Après des citations aussi probantes, libre aux féministes d'enrégimenter Daniel Stern parmi les leurs!

Les féministes, *gent qui ne lit pas*, croient que tout le monde est comme eux et qu'il leur suffira d'affirmer quelque chose sans que personne ait l'idée d'aller voir si c'est vrai.

La vérité donc, c'est que Daniel Stern, ce brillant écrivain, a nettement désavoué les féministes sur tous les points principaux : infériorité intellectuelle, morale et physique de la femme; manque d'esprit de suite, goût pour les chimères, incapacité politique, frivolité; *opposition au divorce* (non rétabli alors), impuissance à penser.

Daniel Stern a donné là aux femmes un grand exemple. Bien qu'auteur fécond et qui s'était attaqué à l'histoire et à

1. Oserai-je ajouter qu'en revanche et de nos jours surtout, elles *éditent* beaucoup? Le nombre des femmes-auteurs que la France possède en l'an de grâce 1908 s'élève à *770* (relevé fait par M. Jean de Bonnefon).

la philosophie, elle sentit ce qui lui manquait, la pensée profonde. Bien que séparée de son mari par un esclandre retentissant, elle ne voulait pas du divorce, comprenant qu'au-dessus de son cas particulier, il y avait l'intérêt général de la société.

> O Dieux !...
> Que de raisons pour moi si vous pouviez m'entendre !

semble-t-elle s'écrier avec le poète, en songeant aux féministes endurcis. C'est qu'en effet la féministe-type est une Hermione qui ne veut entendre que ce qui flatte sa passion et lui fait entrevoir l'impossible réalisé.

Le rôle de tout antiféministe est toujours plus ou moins le rôle ingrat de Cassandre ou plutôt le rôle sacrifié d'Oreste.

Qui pourra se flatter d'être écouté des féministes quand une Daniel Stern a perdu avec elles son temps, sa peine et ses peines ?

C'est une grande tristesse pour l'homme civilisé du XXe siècle de voir les femmes bouleverser de gaîté de cœur l'équilibre social si péniblement aménagé par la suite des âges et préparer de leurs propres mains des ruines sous lesquelles seront ensevelis leur dignité et leur bonheur !

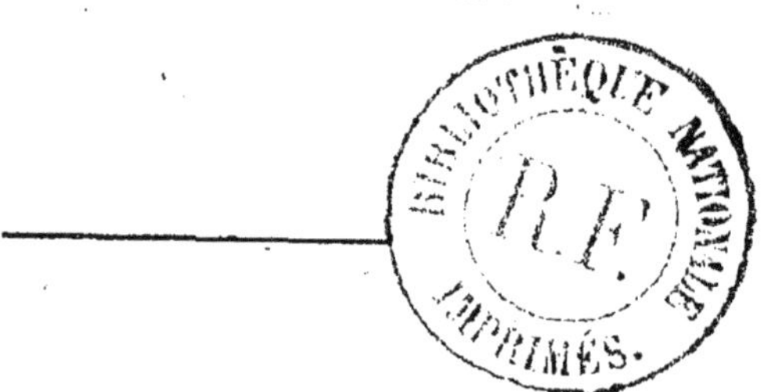

TABLE DES MATIÈRES

CHAPITRE PREMIER

CHAPITRE DEUXIÈME

CHAPITRE TROISIÈME

CHAPITRE QUATRIÈME

CHAPITRE CINQUIÈME

CHAPITRE SIXIÈME

Nous avons entrepris, sous le titre : **Politique, Littérature, Théologie, Philosophie, Arts, Sciences et Religion**, la publication de plusieurs séries d'ouvrages d'actualité, dus à des écrivains de grand mérite et du meilleur renom. Nous recommandons donc instamment ces œuvres faites pour dissiper les doutes et les erreurs dont souffre actuellement l'opinion publique ou pour donner, à ceux qui les recherchent, des distractions littéraires instructives et honnêtes. Ces séries iront chaque jour se complétant. Ces ouvrages sont en grande majorité du format in-8° carré ou raisin.

Collection Arthur Savaète à 0 fr. 25

La Nécessité du parti catholique, par l'abbé Vial.

Les Abeilles, parallèle entre les abeilles et les religieuses dans leur couvent, par le P. Hilaire.

L'union nécessaire (Conférence), par le P. Léon.

Pour nos anciens élèves (Conférence), par le P. Léon.

Politique et le Clergé (La) (Conférence), par le P. Léon.

Devoir des femmes chrétiennes (Le) (Conférence), par le P. Léon

Notre faiblesse (Conférence), par le P. Léon.

Pour la Jeunesse de nos Écoles (Conférence), par le P. Léon.

Politique et Patriotisme : Lettre à M. Lemire, député d'Hazebrouck, par Mgr J. Fèvre. (2e *Lettre au même*, voir collection à o fr. 40 ci-après).

Collection Arthur Savaète à 0 fr. 40

Louis Pasteur, le savant et le chrétien, par l'abbé Flahaut.

La seconde aux Corinthiens, lettre à l'abbé Lemire, par Mgr Justin Fèvre.

Lettre ouverte à M. Massé, député, sur la liberté de l'enseignement privé, suivie du projet de loi relatif à cet enseignement. par X.

Collection Arthur Savaète à 0 fr. 50

Le Concile national, par Mgr Justin Fèvre. In-8° br.

Les Catholiques et les élections, par Mgr Delamaire, archevêque de Cambrai. In-8° br.

Les Jaunes, leur origine et leur avenir, par Ferdinand Cochet, O. P. M.

La trahison du Grand Rabbin de France : révélations accablantes, par l'abbé Vial.

Pourquoi faut-il être antisémite, *du même* (o fr. 50 franco).

Passion et Passion, la Passion du Sauveur et des religieux en France, par Jean Lefaure.

La vénérable Jeanne d'Arc : petite vie abrégée, en vers, par l'abbé Malassagne.

Collection Arthur Savaète à 0 fr. 75

Un poète abbé (Delille), par Louis Audiat.

Proscription des Religieuses enseignantes, par Mgr Justin Fèvre.

Proscription des Ordres religieux (La). Protestation d'un croyant, par Mgr Justin Fèvre.

La crise maçonnique en France, par François Veuillot.

La situation religieuse aux Etats-Unis : Réalités et illusions, par le R. P. At.

Taine, esthète, philosophe et historien, par le P. At. In-8 carré.

Caro, philosophe, par le P. At. In-8 carré.

Une Inspiratrice de Liszt : la princesse Carolyne Sayn-Wittgenstein, par Albert Savine.

L'Abomination et la Désolation. Lettre aux évêques de France, par Mgr Justin Fèvre.

Lettre encyclique de S. S. Pie X sur les doctrines des Modernistes, suivie des propositions condamnées (ou Nouveau Syllabus, in-8°).

Magnificat, élévation et commentaires, par le P. Le Tallec, S. J. Relié : 1 fr. 50.

Les Partis Conservateurs et le Clergé devant les leçons du scrutin, par Paul Lapeyre.

L'Erreur capitale du Clergé français au XIXe siècle et la Liberté de l'enseignement. Réponse aux Fantaisies de l'abbé Garilhe, par le Père Fontaine.

Les Fantaisies d'un Erudit et l'orthodoxie catholique, par le P. Fontaine.

Collection Arthur Savaète à 1 franc

Botrel, le barde breton, poésies et chansons chrét., av. portraits, par J. Renault.

Catholiques ou Francs-Maçons, par X.

Louis Veuillot (sa vie, ses œuvres), par M. l'abbé Louis Bascoul.

Victor Palmé, sa vie, son œuvre par Mgr Justin Fèvre.

Le Juif Talmudiste, par Rolhing et Lamarque.

Le Bienheureux Pape Urbain V, par dom Bérengier.

A qui appartiennent les Églises, par l'abbé Verdier, lic. en droit canon.

La duchesse de La Rochefoucauld-Doudeauville, par Mgr Tilloy.

L'Histoire courte de la Météorologie en Hongrie, par François Fenyve. in-8 carré.

Collection Arthur Savaète à 1 fr. 50

Massacre des Mobiles de la Marne à Passavant (1870), par l'abbé Patoux. In-8°.

Mgr Mery del Val, sous-secrétaire d'Etat de S. S. Pie X, avec portrait, par Mgr Justin Fèvre.

Gratry : Sa philosophie, son apologétique, par le R. P. At.

Clef de « Volupté », Sainte-Beuve, Victor Hugo et Lamennais, par Christian Maréchal.

Constantin-le-Grand. Etudes nouvelles sur son baptême et sa vie chrétienne par le R. P. Philpin de Rivière, in-8°.

L'Église et la Démocratie, par le R. P. At.

Rimes d'un croyant (poésies), par le comte du Fresnel

Rimes d'un Père (poésies), *du même.*

Rimes d'un soldat (poésies), *du même.*

Mise en accusation du ministère Combes, par Mgr Justin Fèvre.

Un missionnaire poitevin en Chine, par dom Chamard.

Primevères (poésies), par dom Fourier Bonnard.

Mgr Le Camus et les études ecclésiastiques au grand Séminaire de La Rochelle, par deux prêtres du diocèse.

Mgr Paul Guérin, *sa vie, ses œuvres,* par Mgr J. Fèvre.

La Passion de Jésus-Christ, drame en vers, in-12 broché, par l'abbé Dubois.

La Langue française et son orthographe devant une chambre académique ou Solution de la Question orthographique, par L. Gonthier, avec approbation de Louis Havet, de l'Institut, et de Paul Passy, directeur de l'Ecole des Hautes Etudes.

Collection Arthur Savaète à 2 francs

Le Centenaire de Mgr Dupanloup, par Mgr Justin Fèvre.

Le cas de M. Henri Lasserre, Lourdes et Rome, par l'abbé Paulin Moniquet.

Pie X, *Pontife et Souverain, avec portrait,* par Mgr Justin Fèvre.

La Puissance divine du sacerdoce catholique, par Mgr Justin Fèvre.

Lettres de Y. à Z. (1re série), Dupanloup et son historien, par Y., docteur en théologie et droit canonique.

Lettres de Y. à Z. (2e série), la Justice de l'Histoire. Grégoire VII et Bossuet *du même.*

Lettres de Y. à Z. (3e série), réponse à M. Ingolt, Bossuet et le Jansénisme, *du même.*

Lettres de Y. à Z. : L'affadissement du sel. Catholicisme et libéralisme, 4e série.

Les Espagnols d'autrefois, par dom Rabory.

Parmi les nôtres, roman, par Dange. In-8° br.

Lamennais et Victor Hugo, In 8°, par Christian Maréchal.

La Fille du Sonneur, par Eliane de Kernac.

Un Complot libéral contre la Sainte Eglise. Réponse à la supplique des vingt-quatre cardinaux laïques à l'épiscopat français, par Mgr Justin Fèvre. In-8° carré.

Etudes sur la Révocation de l'Edit de Nantes : Poètes Cévenols, par l'abbé Rouquette. (*Voir le complément dans les coll. à 3 fr. 50 et 7 fr. 50*).

Histoire de Monseigneur Parisis, évêque de Langres, par Mgr Justin Fèvre.

Etude sur Joseph de Maistre, par E. F. et Arthur Savaète.

Le Sens littéral du texte biblique et les Sciences profanes : Pluralité des Mondes ; les Six jours de la Création ; Job et son livre, in-8 carré, par l'abbé Chauvel.

Voix Canadiennes : *Vers l'Abîme*, documents *inédits* de Mgr Bourget, Mgr Laflèche, etc., par Arthur Savaète. In-8°.

Causeries Franco-Canadiennes : Wilfrid Laurier ; les Biens des Jésuites ; le Tri-Centenaire ; l'Avenir du Canada, par Arthur Savaète.

Le Moine Bénédictin, par Dom Besse.

Napoléon Ier à l'Ecole royale de Brienne, avec 2 gravures. In-18 broché par M. A. Assier.

Liber Psalmorum hebraicæ veritati restitutus, par le P. François de Bénéjac.

L'Emile Zola « de Paris », par Merlier.

Colonel comte de Villebois-Mareuil, l'héroïsme français au Transvaal, par Simon, marquis de Beau-Carré.

Le Trio, juifs protestants et francs-maçons, par Jules Aper.

Catalogues épiscopaux, réponse à l'abbé Duchesne, sur l'origine des diocèses dans les Gaules, par l'abbé Trouet.

Actes de Saint-Denis de Paris, par le chanoine Davin.

Anne d'Orléans, première reine de Sardaigne, par la comtesse de Faverges.

Au pays de Sainte Germaine, étude d'hagiographie et d'art, par Henri Lambercy.

Les idées d'un vieux Goupillon, ou le pourquoi de la guerre atroce que la Toge et le Bistouri font au Sabre ou au Goupillon, essai politique. In-8° br.

Les Etapes d'un poète (poésies), par M. Gérard de Lacmer. In-12 br.

Le médecin et les médicaments chez soi, par le Dr Trosseille, in-12 (recommandé)

La femme et la mère. Soins à donner à l'une et à l'autre, *du même.*

Collection Arthur Savaète à 2 fr. 50

Séjour des jeunes Français et Françaises à l'étranger, par l'abbé Mocquillon. In-12.

Les Liens intimes entre le Paradis Terrestre et le Calvaire : Fruit défendu et l'arbre de vie, par l'abbé Chauvel.

Grande Escroquerie (la), vol légal des Congrégations, par Jos. Lamarque.

Le Concile du Vatican, par Mgr Guérin.

Le Salut National, par Henri Marchand.

Jérusalem, cinq ans après, une fuite en Egypte, par Mme Bazélaire.

Faut-il fermer Lourdes, au nom de l'Hygiène, réponse de 4.500 médecins : Non, par le Dr Vincent.

Collection Arthur Savaète à 3 francs

Nazareth ou les *Lois chrétiennes de la Famille*. Conférences prêchées par le R. P. Constant, des Frères Prêcheurs.

Le Père Aubry et la réforme des Etudes ecclésiastiques, par Mgr Justin Fèvre.

Sainte Marie-Madeleine, d'après les Ecritures et la tradition, tome I, par M. l'abbé M. Sicard. (Tome II, voir collection à 5 francs).

Les Leçons de l'Histoire contemporaine, par Arthur Savaète, in-8°.

Le Socialisme, ce qu'il est, par l'abbé Patoux. In-8° carré.

L'abbé du Chayla ou le Clergé des Cévennes (1700 à 1702). La vérité sur la guerre des Camisards, origine, faits et conséquences, documents inédits, par l'abbé Rouquette. In-8 carré. (Voir complément coll. à 2 fr. et 7 fr. 50).

Le vrai Féminisme, le vrai rôle de la Femme dans la Société, par l'abbé Rouquette, in-8°.

Études de l'Histoire juive, avant Jésus-Christ, par l'abbé Barret, in-8°.

Études de l'Histoire juive : le Messie, *du même*.

Conférences religieuses, par le R. P. Constant, tome III. (Voir tomes I, II, IV et V dans les collections à 5 fr. et 3 fr. 50).

Le Mariage de Paul Larivière, par Gontran de Mérigny, in-8 carré.

Historiettes et petits Riens, par l'abbé Baulez.

Le Roman de l'Espagne héroïque, par Gaston Routier.

Désolation dans le Sanctuaire (La), par Mgr Justin Fèvre.

Abomination dans le Saint Lieu (L') par Mgr Justin Fèvre.

Carnet d'un officier, Œuvre posthume, considérations philosophiques du commandant Léon Guez, chef d'état-major, par dom Rabory.

Zuléma, roman héroïque, par Arthur Savaète.

Légendes Hagiographiques (les), par le P. Delehaye, bollandiste. 2e édit.

Le Bossuet de la prédication contemporaine, par l'abbé Regourd. In-8° br.

Les Pensées de l'éternelle Vie, par Mme Nottat.

Collection Arthur Savaète à 3 fr. 50

Au Cœur du Féminisme, par Théodore Joran. *Dédicace* à Émile Faguet ; *Préface* de Frédéric Masson, de l'Académie française. Volume in-8°.

Autour du Féminisme, par Théodore Joran ; *2e édition*, in-12.

Le Mensonge du Féminisme, par Th. Joran. In-12, couronné par l'Académie.

Autour d'une brochure : Le prétendu mariage de Bossuet. 7 lettres ouvertes à M. Arthur Savaète, directeur de la *Revue du Monde Catholique*, par Z., docteur ès lettres, suivi d'une étude sur le même sujet de Mgr Justin Fèvre.

Notre-Dame de Chartres, histoire et description de la cathédrale, par Alexandre Assier.

Charles Périn, le créateur de l'économie politique chrétienne, par Mgr Fèvre.

L'Histoire du droit canon gallican : 1° L'Organisation nationale du clergé de France ; 2° les remontrances du clergé de France ; 3° curiosités liturgiques ; par le R. P. At.

M. Emile Ollivier, sa vie, ses œuvres, son action politique, par Mgr J. Fèvre.

Jésus-Christ, prototype de l'humanité. In-8° broché, par Mgr Fèvre.

La Chine supérieure à la France, par Tong Ouên Hién, mandarin chinois.

Conférences religieuses, par le R. P. Constant, tome II. (Voir tomes I, III et IV et V dans les collections à 5 et 3 francs).

Rome au XXe siècle, par M. Denis Guibert, Vol. in-12.

Le Cœur de Gambetta, par Francis Laur, documents inédits. In-12 carré.

Les Églises orientales, par Mgr Tilloy.

Le Juif sectaire, par l'abbé Vial.

Dix-huit années de Scolasticat et de Régence, en diverses maisons de la Cie de Jésus, par Jules Romette.

Légendes de Mort et d'Amour, par Gaston Routier, in-12.

L'Art d'être heureux, par Victor Vidal.

Origines de Notre-Dame de Lourdes (Les), par l'abbé Paulin Moniquet.

Roman d'un Jésuite (le), par Beugny d'Haguerue.

La Dame Blanche du Val d'Halid, par Arthur Savaète.

La Main noire, suite du précédent, par Arthur Savaète.

Styles et Caractères, par G. Legrand.

Grandeur et décadence des Français, par Gaston Routier.

Au jour le jour, nouvelles, par Fritz Masoin.

Le Mont Saint-Michel, « au Péril de la Mer », illustré, par E. Goethals.

Les Miracles historiques du Saint Sacrement, par le P. Eugène Couët.

Notre-Dame de Lourdes, par H. Lasserre.

Bernadette, par H. Lasserre.

Les Episodes miraculeux de Notre-Dame de Lourdes, par H. Lasserer.

Collection Arthur Savaète à 4 francs

La Botanique médicale, au Presbytère et dans la Famille. Plantes hygiéniques et leur emploi dans toutes les maladies, par un curé de campagne. In-8° carré.

Choses d'Allemagne, par Théodore Joran. In-12.

Quarante-cinq assemblées de la Sorbonne pour la censure du primat, et des prélats de Hongrie, qui ont condamné la Déclaration du clergé de France en 1682, par le chanoine Davin.

Grippart, histoire d'un bien de moine ; nombreuses illustrations, par le R. P. Charles Clair, de la Société de Jésus.

Un parfait catholique, Jean-Marie d'Estradé, bienfaiteur de Bagnères-de-Bigorre, par l'abbé Paulin Moniquet (franco 4 fr. 50).

Signes de la fin d'un Monde (les), avec suppt, 3e édit., par Jean-du-Valdor.

La Liberté de conscience en face des erreurs modernes, par l'abbé A. Patoux. Gros vol. in-8° br.

L'éternelle Question, par Mme Nottat.

Collection Arthur Savaète à 5 francs

Etude critique sur Bossuet, par le chanoine Davin.

Conférences religieuses : Péchés de la langue ; Merveilles de la loi des saints ; l'Incarnation, la Lumière et divers sujets, par le P. Constant, des Pères Prêcheurs. 2 volumes à 5 francs (voir pour le compl. collections à 3 fr. et 3 fr. 50.)

Les Juifs devant l'Eglise et l'Histoire, par le R. P. Constant.

Vie nouvelle du saint curé d'Ars, par Jean d'Arche.

Soirées Franco-Russes, 4e Soirée, Choses d'Orient, questions arménienne grecque, macédonienne, par Arthur Savaète (voir 1re, 2e et 3e Soirées dans les coll. à 2 fr., 3 fr. et 3 fr. 50).

La Vénérable Jeanne d'Arc. In-8° broché, par l'abbé Malassagne.

Sainte Marie-Madeleine, son histoire et son culte, par l'abbé Sicard, tome II. in-8° (*Voir tome I à la collection à 3 francs*).

Vie de la Bienheureuse Mère Julie Billiart (3e édition), par le P. Ch. Clair, revue et augmentée par le P. E. Griselle, S. J. In-8.

Voyage d'un Allemand en France en 1874, par H. Hansjacob, traduit de l'allemand par M. Virot. Fort in-8°.

Joseph Reinach historien, révision de l'histoire de l'affaire Dreyfus, par Dutrait-Crozon, préface par Charles Maurras.

Chinois et Chinoiseries, illustré, par Pol Korigan.

L'Art de faire un homme (éducation rationnelle et moderne), par l'abbé Mocquillon.

Rivales amies (les), roman, par Arthur Savaète.

Voyage chez les Anciens, ou l'économie rurale dans l'antiquité, par le chanoine Beaurredon.

Rôle de la Papauté dans la Société (le), par le chanoine Fournier.

En Tyrol, Histoire et Légende (poésies) illustré, par le R. P. Ch. Clair S.-J.

Collection Arthur Savaète à 6 francs

L'Allemagne, tome 1er. les Germains et le Catholicisme, par Mgr Justin Fèvre.

L'Allemagne, tome II. Le Protestantisme et l'Empire, *du même*.

Le Pontificat de Léon XIII, tomes 43e, 44e de l'Histoire universelle de l'Église de l'abbé Darras, continuée par Mgr Justin Fèvre. 2 forts volumes, 12 francs. (Nous fournissons tous autres volumes du grand Darras au prix de 6 francs.

Darras, le *tome V* et dernier du petit Darras, par Mgr Justin Fèvre. In-8°. 6 fr.

Estelle, poème en vers français et en vers provençaux en regard, par T. Houchart.

Le divin Voyageur, magn. illustrations.

Le Pape et la Liberté, par le P. Constant.

Notice et Souvenirs de Famille par la Comtesse de Rœderer.

Les Folies du Temps en matière de religion, par Poujoulat.

Le cardinal Gousset, sa vie, ses œuvres, son influence, par M. le chanoine Gousset, in-8° avec portrait.

Collection Arthur Savaète à 7 fr. 50

Études sur la Révocation de l'Édit de Nantes en Languedoc, tome III. Les Fugitifs, leurs biens ; listes détaillées et complètes de tous les émigrés, par l'abbé Rouquette. (Voir tomes I et II dans collections à 2 fr. et 3 fr.)

Fleur merveilleuse de Woxindon (La), par le P. Spillmann, traduit de l'allemand.

L'Exégèse Traditionnelle et l'Exégèse Critique, par l'abbé Dessailly,

Origine et Progrès de l'Education en Amérique, par Charles Barneaud.

Alphonse XIII, roi d'Espagne, illustré, par Gaston Routier.

La Servante de Dieu : *Louise-Edmée Ancelot*. Veuve de Me Lachaud, avocat à Paris, par l'abbé Paulin Moniquet.

Collection Arthur Savaète à 8 francs

Les Représentants du Peuple en mission près les armées 1793-1797. D'après le dépôt de la Guerre, les séances de la Convention, les archives nationales, par Bonnal de Ganges, conservateur des archives au dépôt de la Guerre, 4 volumes.

Tome I. — Le conseil exécutif et les représentants . . . . 8 fr.
Tome II — Les partis et les représentants aux armées. . . . . 8 fr.
Tome III. — Les volontaires et les représentants aux frontières. . . . 8 fr.
Tome IV. — Les représentants et l'œuvre des armées . . . . 8 fr.

Soirées Franco-Russes : 1re Soirée : Mort de Louis II de Bavière ; 2e Soirée : Mort de Rodolphe ; 3e Soirée : Boërs et Afrikanders ; les 3 soirées réunies en un seul vol. avec portrait de l'auteur, par Arthur Savaète. (Chaque soirée se vend séparément : la 1re, 2 fr. ; la 2e, 3 fr. 50 ; la 3e, 3 fr. 50 ; la 4e, Choses d'Orient, 5 francs.)

Passion méditée au pied du St-Sacrement (La), en 3 volumes, par le P. Jos. Chauvin.

Origines et Responsabilités de l'insurrection vendéenne, par Dom Chamard.

Les Anges et les temps présents, par l'abbé Grand Clément. In-8.

Collection Arthur Savaète à 10 fr.

Histoire de l'Abbaye Royale et de l'ordre des chanoines réguliers de Saint-Victor de Paris, de l'origine à 1500, tome I, par Fourier Bonnard. 10 fr.
La même, de 1500 à 1792, par le même, tome II, (ouvrage couronné par l'Académie). 10 fr.

Mgr d'Hulst (recueil de souvenirs), avec un portrait, couverture parchemin.

Bibliotheca hagiographica græca des Bollandistes, 1 vol. 10 fr., relié 13 fr.

Memento. — Nos grandes Publications

Acta Sanctorum des Bollandistes, 66 vol. in-folio, 3660 fr. broché, net. 2400 fr.
Le même, relié demi-chagrin 4150 francs. net 2800 fr.
Le même, relié pleine toile 4000 fr., net 2600 fr.

Acta Sanctorum à la portée de tous : Nous fournissons toute Vie de Saint en feuilles détachées de la grande collection des Bollandistes, à raison de 5 *francs* la feuille in folio de 8 pages sur deux colonnes.

Acta Sanctorum derniers volumes parus : le *Propylæum ad Acta Sanctorum novembris*, in-folio *60 francs* ; le tome II de Novembre (pars prior), fort in-folio *75 francs* ; le tome VI d'octobre (réédition Savaète), *75 francs*.

Auctaria ad Acta Sanctorum Octobris, fascicule de 250 pages, manquant à la plupart des collections : *25 francs.*

Acta Sanctorum des bollandistes, pour paraître en 1908 et 1909, 1° *le tome II de novembre* (pars posterior), 75 francs ; et 2° *le tome III de novembre*, 75 francs. (Souscrire dès ce jour).

Acta Sanctorum : Suppléments aux bollandistes, par l'abbé Narbey, tome I, petit in-folio *60 francs.* ; tome II, les 24 premières livraisons parues *40 fr.*

Gallia Christiana, 12 vol. in-folio, 900 fr., net . . . . 180 fr.

Histoire littéraire de la France, 17 vol. in-4°, 350 fr., net. . . . 100 fr.

Dictionnaire des Dictionnaires, par Mgr P. Guérin, 6 vol. in-4°, 180 fr. net 45 fr. Le même, relié 210 fr., net . . . . 75 fr.

Analecta Bollandiana des Pères Bollandistes, 25 vol. à 15 fr. le volume ; les 25 volumes. . . . . 375 fr.

Compendiosa Sancti Thomæ Aquinatis Summa theologica, par M. l'abbé Maurel, approuvé par S. Em. le card. Bourret. Cet ouvrage réduit en traités avec leurs divisions et subdivisions, avec l'indication des questions de la *Somme* correspondantes, 5 vol. in-12 . . . . 18 fr.

Traité théorique et pratique du Droit canonique (en français) à l'usage du Clergé et des Séminaires, par Mgr Anselme Tilloy.
1. Partie du maître. 2 forts volumes in-8 . . . . 15 fr.
2. Partie de l'élève. 2 forts volumes in-12 . . . . 10 fr.

Monumenta Ecclesiæ Liturgica, par les RR. PP. Bénédictins. Le tome I *Reliquiæ* liturgicæ *Vetustissimæ*. Sectio prima. 1 fort vol. gr. in-4°. CCXVI — 276-204. Prix . . . . 75 fr.
Le tome V. *Liturgica mozarabica vetus. Liber Ordinum*, in-4°, 60 fr. ; rel. 65 fr. Cette collection se composera d'environ 15 tomes qui formeront chacun un tout complet.

S. Bonaventuræ *opera omnia*, par l'abbé Peltier, 15 vol. in-4°. br. . 400 fr.

Joannis Duns Scoti *opera omnia*. 26 vol. in-4°, br. . . . . 800 fr.

S. Thomæ Aquinatis *opera omnia*. 34 vol. in-4°, br. . . . . 450 fr.

Divi Thomæ Aquinatis Catena aurea, 3 vol. 16 fr. ; en gros caract., rel. 24 fr.

Saint Augustin (œuvres complètes), traduction bénédictine, par Mgr Perrone. etc., avec texte latin, 34 vol. . . . . 350 fr.

Saint Jean Chrysostome (œuvres complètes) traduction française de l'abbé Bareille. avec texte grec. 21 vol. in-4°, br. . . . . 420 fr.

— Texte français seul, 21 vol. in-8. . . . . 126 fr.

Saint Jérôme (œuvres complètes) traduit par l'abbé Bareille et Mgr Perrone. 18 vol. in-4°, br . . . . 216 fr.

Summa Summæ S. Thomæ, par Billuart, etc. 6 vol. in-12, br. . . . 26 fr.

Saint Thomas d'Aquin, commentaires des épîtres de saint Paul, traduit par l'abbé Bralé. 6 vol. in-8. . . . . 45 fr.

Saint Thomas d'Aquin, Somme théologique, trad. en français et annotée, par Lachat. 16 vol. in-8 . . . . 128 fr.

Saint Thomas d'Aquin, Opuscules théologiques et philosophiques traduit par Bandel, etc. 7 vol. in-8, broché . . . . 42 fr.

Clypeus theologiæ thomisticæ autore Joanne Baptista Gonet. 6 v. in-4°, br. 120 fr.

Dogmata theologica Dionysii Petavii, S. J, 8 vol. in-4°, broché . 100 fr.

Ioannis de Lugo, S. J, *opera omnia*, 8 vol in-4°, br. . . . . . . 300 fr.

Collegii Salmanticensis Cursus theologicus, 20 vol. in-4°, br. . . 200 fr.
Chaque volume séparé. . . . . 10 fr.

Ludovici Thomassini Dogmata theologica, par Ecalle. 7 vol. in-4°, br. 120 fr.

Louis de Grenade (œuvres complètes), traduites de l'espagnol et du latin par Bareille, etc. 22 vol. in-8°, br. . . . . 180 fr.

Commentaria in Scripturam Sacram R. P. Cornelii a Lapide, S. J., revus par Mgr Péronne et Crampon. 26 vol. in-4°, br. . . . . 200 fr.

Id. **Une collection d'occasion en 26 vol.,** br. . . . . 150 fr.

Œuvres complètes de Bossuet, par Lachat, 31 vol. in-8, br. . . . 100 fr.

Les mêmes, commentaires, par Guillaume. 10 forts vol. in-4°, br. . . . 70 fr.

Œuvres de Saint Alphonse de Liguori, traduit par l'abbé Peltier. 20 v. in-8, broché . . . . 120 fr.

Cours de religion, d'après le P. Wilmers, S. J., par l'abbé Grosse. 7 vol. in-8, br. . . . . 45 fr.

Grand Catéchisme du P. Canisius, traduit par l'abbé Peltier. 7 vol. in-8, br. 36 fr

Bible d'Allioli, traduite par l'abbé Gimarey. 8 vol. in-8°, br. . . . 40 fr.

La Sainte Bible à l'usage des Familles, a paru le tome I, fort vol. in-8° jésus illustré et pouvant être mis entre toutes les mains. L'ouvrage formera 3 volumes. Chaque volume broché, 12 fr., relié. . . . . 15 fr.

Vies des Saints de Ribadeneira pour lecture en famille. 1 fort vol. in-4°, br. 16 fr., relié . . . . 20 fr.

La même, édition originale en un et deux vol. in-folio, reliés plein veau. 50 fr.

Petits Bollandistes (Les), Vie des Saints, par Mgr Guérin, complétés par Don Piolin. 20 vol. in-8, net : 90 fr. — Edition originale, relié veau. . 19 fr.

La Vie des Saints, par Mgr Guérin, d'après Giry, etc. 4 v. in-12, 16 fr., rel. 25 fr.

Les Saints militaires, vies et notices avec martyrologe, par l'abbé Profillet. 6 vol. in-12 . . . . 20 fr.

Histoire universelle de l'Église, par l'abbé Darras, continuée par Mgr Justin Fèvre. 46 vol. in-8°. . . . . 276 fr.

La chasse à travers les âges, par le comte de Chabot, couronné par l'Académie, prix à l'Exposition de 1900, édition rare et recherchée.
Prix, broché : 50 fr. — Papier Japon : 150 fr.

Histoire de saint Vincent Ferrier par le P. Fages. 2 forts vol. illustrés et le Procès de sa canonisation, 1 vol. ; Prix des 3 vol. . . . . . 20 fr.

La Vie des Saints, par Mgr Guérin, illustré par Yan d'Argent, sur japon. 200 fr.

Papier de luxe, 1 ou 2 vol. relié : 65 fr. Édition populaire en 4 vol. in-8°, br. ill. 20 fr.

Episodes miraculeux de N.-D. de Lourdes, par H. Lasserre, broché, 25 fr. relié, 30 et . . . . 35 fr.

N.-D. de Lourdes, du même, broché, 25 fr. Relié, 30 et . . . . . 35 fr.

La Chevalerie, par Léon Gautier, 1 fort volume, relié, 30 et . . . . 35 fr.

Imbert de Saint-Amand, in-4°, ill. La Cour de l'Impératrice Joséphine, 38 fr.
La jeunesse de Louis-Philippe et de la Reine Marie-Amélie. . . . 30 fr.
La Cour de Louis XVIII. 30 fr. — La Cour de Charles X. . . . . 30 fr.
La duchesse de Berry. . . . . 30 fr.

La Papauté devant l'histoire, par le chanoine François Fournier, édition luxueuse et illustrée du portrait de l'auteur, de celui de tous les papes avec leurs armoiries respectives, figurines, lettrines, culs-de-lampes. 2 forts volumes grand in-4° de plus de 908 pages chacun, broché, 50 fr. et relié : 60 et 65 fr.

Les Conciles généraux et particuliers et le Concile du Vatican, par Mgr Guérin, nouvelle édition. 4 vol. in-8° 23 50

Histoire critique du catholicisme libéral en France jusqu'au pontificat de Léon XIII, par Mgr Justin Fèvre, complément de toutes les Histoires de l'Église. 1 vol. in-8, 556 pages . . . . 5 fr.

Vie de sainte Thérèse, par les RR. PP. Bollandistes, un fort v. in-folio ill. 75 fr.

Vita Jesu Christi, par Ludolphus de Saxonia. 1 fort vol. in-folio. . . 50 fr.
Diverses reliures : 55, 60 et . . . . 75 fr.

VA PARAITRE EN OCTOBRE

COMPENDIOSA SUMMA THEOLOGICA
SANCTI THOMÆ AQUINATIS

Par l'abbé MAUREL

En 5 volum s in-12 dont 4 sont en vente

PRIX : 18 FRANCS

C'est, par un travail long et consciencieux, auquel le cardinal Bourre a rendu un précieux hommage., la Somme de saint Thomas réduite en traité méthodique et mise ainsi à la portée de tous.

BOTANIQUE, HYGIÈNE, MÉDECINE.

1° **LA BOTANIQUE MÉDICALE AU PRESBYTÈRE**, par un curé de campagne, vol. in-8°. . . . . 4 fr.

L'*Ami du clergé* (2 janvier 1908) écrit au sujet de ce livre indispensable aux familles : « ... Le *Curé de campagne* vient enfin de sortir de ses tiroirs son répertoire de Botanique médicale. Il a passé sa vie à la campagne, ou mieux, dans les forêts, dans une des régions tempérées de notre France où la flore est la plus riche. Avec le culte des âmes, il a eu toujours au cœur le culte des fleurs ; et dans les fleurs il a vu, non pas seulement le doux reflet de la beauté de Dieu, mais aussi une des merveilles de sa bonté. Il a aimé à y surprendre le secret des trésors que la Providence a déposés dans leur sucs intimes pour le soulagement de l'humanité. Il s'est senti, dès ses premières années de Sacerdoce, *un vif attrait pour la Médecine ;* après quarante ans passés de ministère, il est l'oracle de la région qu'il habite ; et des mécréants qui, dans leur village, refuseraient ou rougiraient de saluer un prêtre, font bien des lieues pour venir implorer l'expérience de ce modeste curé.

C'est le fruit d'une immense expérience que l'on cueillera ici. Ce n'est pas du tout une flore analytique ; l'auteur suppose les plantes connues... On nous en dit le nom scientifique, les noms vulgaires, les propriétés thérapeutiques, l'époque à laquelle il convient d'en faire la récolte, les parties utilisables, les précautions à prendre pour la dessiccation et la conservation, les divers modes d'emploi et de préparation, les doses approximatives minima et maxima, susceptibles d'ailleurs de modifications selon l'âge et le tempérament du malade ainsi que selon le degré de la maladie. C'est une mine inépuisable de renseignements pratiques. Et c'est pour rester pratique qu'on a rangé les plantes tout uniment dans l'ordre alphabétique, en manière de dictionnaire, laissant de côté les plantes exotiques pour se borner aux plantes indigènes, à celles qu'on a le plus aisément sous la main.

Et à ce dictionnaire alphabétique des plantes, on a joint, en appendice, un dictionnaire, alphabétique aussi, ou mémorial thérapeutique des principales maladies avec indication des plantes à utiliser dans e traitement...

2° **LA MÉDECINE AU PRESBYTÈRE**, par un curé de campagne, complément de la Botanique médicale au presbytère. *Du même*. Vol. in-12. 3 fr.

3° **LE MÉDECIN ET LES MÉDICAMENTS CHEZ SOI**, par le Dr A. TROSSELLE, nouvelle édition. Cet intéressant et très utile recueil comprend : hygiène, médecine pratique, formules et conseils pour prévenir et guérir un grand nombre des maladies les plus communes. Un vol., petit in-12, br. de 250 pages. Prix : *(franco par poste)*. . . . . 2 fr. 25

4° **LE LIVRE DE LA FEMME ET DE LA MÈRE**, par le même auteur. Ce livre, arrivé rapidement à sa 4e édition, devrait se trouver entre les mains de toutes les femmes, de toutes les mères soucieuses de l'hygiène domestique. C'est le meilleur guide qu'elles puissent choisir pour conserver et entretenir leur santé et la santé de leurs enfants. Un vol., petit in-12, broché. Prix *(franco poste)*. . . . . 2 fr. 25

5° **ÉTUDES SUR LA PHTISIE PULMONAIRE**, de son traitement par des moyens hygiéniques et du traitement de la bronchite chronique, par le Dr A. BLANC. Vol. in-8., br. 1 fr.

6° **NOTICE SUR LES PROPRIÉTÉS MÉDICINALES DE LA FEUILLE DE CHOU** et sur son mode d'emploi. *Du même*. In-8°, broché. . . . . 2 fr.

7° **CAUSERIE DU DOCTEUR**, par le Dr DEROUET, in-12. . . 3 fr.

8° **ART DE VIVRE SELON L'HYGIÈNE**, par le Docteur DESPINAY, in-12. . . . . 1 fr. 50

9° **L'ART D'AMÉLIORER ET DE CONSERVER SA SANTÉ** par Emile THEONTINE. In-12. 1 fr. 50

10° **CONSEILS AUX FEMMES OU SOINS A DONNER A LEUR SANTÉ**, par F.-J.-X. SERVANS, in-12, broché. . . . . 3 fr.

11° **LE MÉDECIN CHRÉTIEN** ou médecine et religion, par Mgr SCOTTI, In-12, broché. . . . . 3 fr.

12° **L'INFIRMIER DE LA MAISON** ou conseiller médical des Familles, par le Dr LOUIS. In-12. . 3 fr.

Œuvres de Mgr Paul GUÉRIN

Catéchisme politique. 2 forts vol. brochés in 8 . . . . 15 fr.

Conciles généraux et particuliers. Sources du droit canonique. 3 vol. in-8 brochés . . . . 21 fr.

Concile du Vatican. 1 vol. in-8 brochés . . . . 2 fr. 50

Les délices de la Sainte Communion, destiné aux âmes pieuses, pour toutes les circonstances où elles s'approchent de la Sainte Table. Br. 1.50 ; relié. 2 fr. 50

Dictionnaire des Dictionnaires, encyclopédie universelle, Lettres, Sciences et Arts, Langue française, Géographie, Histoire, Biographie, rédigé par les savants, les spécialistes et les vulgarisateurs contemporains les plus autorisés, sous la direction de Mgr Paul Guérin. — Six beaux volumes grand in-4 à 3 colonnes, en solde. . . . . 45 fr.

Le supplément illustré du Dictionnaire des Dictionnaires : 13.500 planches et gravures, 1.300 pages sur 3 colonnes. Prix . 60 fr.

Nouveau Dictionnaire des Dictionnaires illustré, encyclopédie catholique universelle. — Huit forts volumes in-8 à 3 colonnes, brochés, 285 francs ; reliés en demi-chagrin, plats toile . . . . 325 fr.

Élévation de l'âme pieuse. 1 vol. in-12 br. 4 fr. ; relié . . . . 5 fr.

Formulaire de pratiques et de prières indulgenciées. 1 vol, in-32. Broché, pap. ord. sans encad., 2 fr. ; avec encad. rouges, 3 f. ; avec enc. pap. indien. Broché. . . . . 4 fr.

Histoire de Jeanne d'Arc. 1 vol. in-8 br. ill. . . . . 7 fr. 50

Histoire de saint Joseph. 1 vol. in-8 br., ill. . . . . 7 fr. 50

Missel du Mariage chrétien, Edit. de gr. luxe, encadrée de nombreux et magnifiques dessins en teinte gris bleu, et contenant, en dehors des offices du Paroissien romain complet, toutes les Prières et les Cérémonies de la célébration du mariage selon la doctrine de l'Eglise. (Reliures de tous genres). Broché . . . . 8 fr.

Petits Bollandistes (Les). Vie des saints en 20 volumes gr. in-4, compris les trois suppléments. Brochés 145 fr. ; net . . . . . 110 fr.

Petit Dictionnaire populaire illustré. 1 vol. in-12 cartonné 2 fr. 75

Sainte Bible à l'usage des familles (La). Traduction française de la Vulgate par de Carrières, illustrée par la Société de Saint-Jean — 3 forts vol. ill., chaque vol. br. . . . . 12 fr.

Vie des Saints. Texte très complet avec Martyrologe romain : *Vie des Bienheureux et Vénérables,* etc. — 4 vol. in-12 brochés . . . . 16 fr.

Vie des Saints, illustrée par Yan d'Argent, édit. pop., en 4 vol. grand in-8 broché. 20 fr.

La même : édit. orig., gr. luxe reliée 70 et 80 fr. ; sur pap. Japon. 200 fr.

IMPRIMÉ PAR DESCLÉE, DE BROUWER ET Cie, 41, RUE DU METZ, LILLE.

www.ingramcontent.com/pod-product-compliance
Ingram Content Group UK Ltd.
Pitfield, Milton Keynes, MK11 3LW, UK
UKHW021045220726
13924UKWH00005B/2023